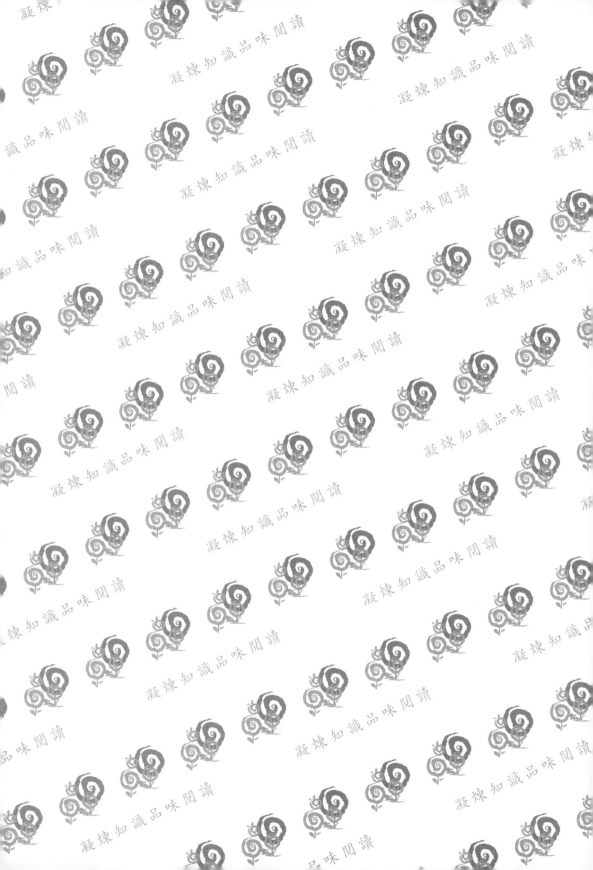

社會學習領域概論

楊思偉　總策劃

李麗日　主編

陳新轉、張峻嘉、楊　翎、
葉憲峻、許世融、江秀鈴、
卓金璉、李麗日、陳斐虹、
陳德鴻、陳昺麟、侯念祖、
李裕民、鄧毓浩、賴志松、
任慶儀、賴苑玲、梁炳琨、
張雪君、陳世金　　合著

五南圖書出版公司 印行

國立臺中教育大學是臺灣的師資培育重鎮

　　臺中教育大學自1899年創校以來，一直培育著建設臺灣的菁英師資，在當前師資培育多元化的環境中，不僅穩定地培育師資，亦積極地提升教師素質，這是一份對師資培育歷史的負責，亦是本校對臺灣教育發展的使命，承繼這份師資培育的光榮使命，臺中教育大學正積極發展為重點教育大學。

　　教育大學在高等教育的發展過程中有其獨特性，係因教育大學非僅教育學術的追求，更重視如何培育出優質教師，所以特重教學專業與地方教育輔導，如果僅做好教育研究工作，而沒有培育出優質教師的教育大學，就不是成功的師資培育機構。培育一位優質教師，需要普通課程、任教學科的專門課程、教育專業課程、實習課程等顯著課程，還需要培育師資所需的環境教育、相關制度所構成的潛在課程。潛在課程在潛移默化的過程中，涵養一位優質教師的言行，做到韓愈所謂的「以一身立教，而為師於百千萬年間，其身亡而教存」的師表風範；此外，普通課程協助培育通博涵養，專門課程建立施教課程之專業，教育專業課程則是孕育相關教育知能。

　　一位優質教師不僅要有教育專業，了解整體教育情境與學生需要，也要有任教科目的專門知能，對學生授業與解惑。不過任教學科的專門知能，不僅要有任教「學科的內容知識」，還要有「『教』學科內容的知能」，所以數學教師，不是只要有「數學」專門知識即可，還需要有「教數學」的專門知識。因此，一位優質教師，要具有學科內容教學知識（pedagogical content knowledge, PCK），融合學科內容和教法的知識，

依據學生性向、能力與興趣，將學科內容知識（content knowledge, CK）傳授給學生。基此，本校自97年起依據中小學九年一貫課程學習領域之規劃，國語文教學、閩南語教學、英語教學、數學教學、社會教學、自然與生活科技教學、綜合活動學習、藝術與人文學習教學（分成美術與音樂兩組）、健康與體育教學等十個教學研究團隊，深入研討各學科之學科內容教學知識，而教育專業研究、幼稚教育專業研究、特殊教育專業研究等三個團隊則是積極研討國小師資、幼教師資與特教師資所需的專業知能。

　　本校各學習領域的教學研究團隊與教育專業知能研究團隊，針對國小師資培育所需的教材教法課程，進行一年的全盤性研討，將陸續出版英語教材教法、本土語文教材教法、數學教材教法、自然與生活科技教材教法、社會領域教材教法、社會學習領域概論、健康與體育教材教法、綜合活動教材教法、音樂教材教法、視覺藝術教材教法、寫字教材教法、幼兒園教保活動與課程、身心障礙教材教法、藝術概論、全球華語教材等，這是本校第一期的師資培育課程系列叢書，未來各研究小組將更加深入各學習領域之相關知能，提供師資培育教學所需，發揮本校對於師資培育之中堅穩力、典範傳承的光榮使命與特色。

楊思偉
國立臺中教育大學校長

主編序

　　「社會學習領域概論」課程，為師資生進入社會學習領域之入門必修課程，也是擔任國小社會領域教師或研究國小社會學習領域課程人員應具備之專業課程，其需求與重要性不可言喻。隨著臺灣社會的加速變遷及新興議題的倡議，時有新興理念與先進方法須帶入課程中，尤其社會領域教材內涵如何融入九大主題軸，並配合基本能力指標，成為新世紀的社會學習領域教科書，是授課教師每年必須認真面對的嚴肅課題。

　　為落實教材的研發，國立臺中教育大學區域與社會發展學系（前身為社會科教育學系），結合校內外相關領域專家學者組成研發團隊，一方面蒐集教材之相關訊息，一方面統整現行「社會學習領域概論」課程教學中學生之意見與反應，最後依據參與團隊之各教師專長領域進行分工式的教材編撰討論與合著。本書內容共分十五章，首先以對九年一貫社會學習域課程的新發展之評議作為開場，最後以對全球關聯現象、問題與國際組織之陳述作為總結，其中則以生態、地理、歷史、人際、倫理、社會福利、人權、政治、經濟、資訊、全球化、多元文化等議題貫穿全書，內容豐富且與真實社會現象相呼應。

　　本書的完成要感謝的人很多。首先感謝本校楊思偉校長的領導與支持，感謝本校師資培育中心工作人員的行政協助，感謝所有撰稿人的努力付出，感謝本系李裕民老師在計畫執行之初，提供豐富的參考資料與建議，感謝學者專家曹治中、林菁、呂宗麟、蔡志展等老師的專業諮詢意見，感謝國小現職老師謝孟芸、陳姵璇、姜明雄、陳美芳、洪馨梅、邱懷萱、吳季如、蔡宛儒、陳湘潔、林香廷、李朝基、胡惠瑱、賴乃綺、王姝媛、王月青、李嘉倩、游豐任、賴曉霈、謝宇澤、曾亞竹等人提供教學現場之實務建議，最後感謝三十位匿名的審稿人之寶貴意見，透過以上所有

人的協助，本書方能順利出書，得以為社會學習領域提供嶄新的教材。

國立臺中教育大學

區域與社會發展學系主任

李麗日

目 次

第 *1* 章

九年一貫社會學習領域課程的新發展——對課綱微調內容之評議

陳新轉

本章綱要

壹　前言

　　九年一貫課程實施已十年，這段期間，社會學習領域課程綱要已進行微調（教育部，民97），包含增訂基本內容、修改部分能力指標、加入海洋教育相關內容等。從課程發展的角度而言，即使課程目標、結構不變，也到了必須回應時代變遷，針對社會學習領域課程設計與教學實踐之需要，進一步闡釋社會學習領域課程新義，提供新的知識內涵。九年一貫課程改革的核心理念之一就是「賦權增能」，以綱要為規範而將課程設計的權力下放，讓關心教育、有意於課程及教材研發製作的基層教師也能參與，成為課程的發展者、設計者，而不只是教科書的使用者。所以，對於課程綱要的內容及其變革意義，應有所了解與批判性的思考，因為教師是促成教育改革的主要動力之一。本文將以社會學習領域課程的重要觀念、課程屬性，對於課綱微調內容提出批判性思考，提供課程設計者與基層教師實踐社會學習領域課程目標之參考。

貳　對課程統整概念的再確認

　　在我國課程史上，社會學習領域課程的前身是「社會科」，不過這個課程名稱，由於我國傳統師資培育制度採分科養成教育方式，故習慣的將它視為一種「學科領域」觀念，認為是社會、歷史、地理或公民等教學科目的統稱。

　　實際上，社會學習領域（social studies）課程觀念，源自1905年美國人湯馬斯瓊斯（Thomas Jesse Jones）因為關懷美國黑人及印地安人這些少數民族要如何融入美國社會，如何了解美國社會制度的運作，以使成為適應美國社會之公民的重大課題，故主張學校應該設置一種全新的課程—Social Studies（黃政傑，民80；張玉成，民81；葉煬彬，民83；陳新轉，民93）。1916年由瓊斯領銜，發表一份「中等教育社會科課程」（The Social

Studies in Secondary Education）報告，提供建議性質的課程綱要，綱要採分科方式敘述，但鼓勵合科或聯科編製，並特別強調社會科教學應從現實社會情境中取材，帶有濃厚的進步主義教育色彩（Armstrong, 1980）。1921年美國全國社會科協會（National Council for the Social Studies, NCSS）成立，進一步推動社會科教育，社會科的課程地位更形穩固重要（張玉成，民81；葉煬彬，民83）。

又根據Jack Zevin（2000）的研究指出，Social Studies是19世紀末、20世紀初才出現的學科。其學習範圍為了滿足多方面的需要，包括維護民主生活方式、適應工業化與技術化的經濟生活、大量新移民的社會化工作。因為目標如此多元，也就使得社會學習領域課程的學習內容必須取材自許多學科，包括歷史、社會科學、心理學、公民訓練之類的學科。從這段課程發展歷史看來，教師應該了解瓊斯當年之所以主張學校課程應設置Social Studies，是因為傳統分科課程如歷史科或地理科，都無法承擔教育學生認識、認同與參與美國社會制度及其運作的任務，而主張以社會生活所必須面對的各式各樣的重要議題當做課程組織核心，打破學科界限，組織課程內容的課程新形式，作為教導現代公民的工具，才能夠培育適應社會，勝任公民職責的素質或能力（competence）。所以，Social Studies的原意是統合學生所屬社會之歷史文化、生活環境、社會、經濟與政治制度等相關知識，探究社會生活的重要議題所構成的統整性「領域課程」。但是Social Studies被日本人譯成「社會科」且為國人沿用近百年（葉煬彬，民83），一般都將「社會科」當成是歷史、地理、公民等學科課程的統稱，分科的觀念根深柢固，因此無法接受以議題為核心統整學習內容的「領域課程」觀念，積習難改令人遺憾，也使得九年一貫社會學習領域課程改革的核心理念之一「課程統整」，變成合科與分科的零和爭論，在實踐上遭遇很大的阻力。

如今，社會學習領域課綱經過微調之後仍然維持統整的課程理念，在增訂的「7～9年級基本內容」的內容中，關於課程設計與實施的建議，特別強調「不鼓勵為合科而做不合理的拼湊，但鼓勵從課程設計與教學中盡量落實課程統整的精神」「進行跨領域間的統整與實踐活動」，期能

擺脫統整即合科、分科即是不統整的迷思，但是對於如何落實「統整精神」，仍然未見課程綱要有任何解說指引。

其實社會學習領域主張課程統整的立場，主要理由從課程理論而言，除了「基本理念」中所提出的四項功能：簡化、內化、類化、意義化之外，更是因為個人或團體在社會情境中所面臨的各種重要問題，無法用學科界限加以分割，故必須提供學生統整的學習經驗。這也是Social Studies課程理念的原始精神。所以，課程統整觀念的實踐，重點不在於建立合科形式的社會科，而在於教師能否掌握統整的觀念，掌握社會脈動、了解學生生活經驗與學習需求，選擇重要議題，應用跨學科思考，設計統整性的學習活動。統整性的課程和教學觀念與傳統的分科教學的觀念比較，Tchudi & Lafer（1996）認為有以下差別：

（一）分科課程傾向於以學科的重要概念為課程核心，而統整型課程則傾向於以議題、主題或問題作為組織課程的核心或教學的起點。

（二）統整型課程較傾向於建構論的知識觀點，強調的是學生主動探索，而不是被動接受教師所設定的學習範圍。

（三）統整型課程比較關注課程與真實世界的連結關係，強調學習經驗的多重來源，故傾向於實作或真實性評量；分科課程則比較傾向於學科知識的學習，與真實世界的連結關係較弱，故比較強調知識性的紙筆測驗。

（四）分科課程將教師視為學科專家，扮演「智者」（knower）的角色，主要任務在闡釋學科概念，並確保學生對學科內容的精熟；而統整型課程則不僅將教師視為學科專家，更扮演「資源」提供者與學習的協助者角色，他必須知道如何協助學生主動去獲得知識以及知識與自我的關係。

 # 對社會學習領域課程的「真實性」增益與缺損

課程真實性（authentic）是指課程內容的三項屬性：（一）可客觀論證的知識，（二）可以從生活中驗證的知識，（三）符應社會變遷、歷史傳

承、自然環境與社區人文實況的知識。

一、影響社會學習領域課程真實性的主要原因

影響課程真實性的主要原因並不在於知識的理解，而在於選擇課程內容的意識型態，其主要因素有三：一是政治的意識型態、二是價值中立的課程意識型態、三是社會學習領域的課程屬性。

(一) 政治意識型態對社會學習領域課程真實性的影響

我國民主化進程尚未臻成熟，社會對立、政治紛擾，關於國家定位、歷史傳承、發展方向等重大議題，內部意見不但無法整合，還形成嚴重分歧。政治勢力獲勝的一方，總是想掌握教育主導權，試圖透過課程修訂，傳播己方重視的意識型態、價值觀與公民素質。

因此，課程內容的抉擇、課程結構的規劃，意識型態的影響不因課程形式而有不同，歷次課程調整或改革，社會學習領域課程的爭議就是非常「政治」——隨當時的政治與社會情勢而變，統派執政訂一套，獨派上臺又改一套，課程內容的選擇與組織方式，始終是政治鬥爭下的產物，而不是教育專業理性參議的結果，真正經由知識界與教育界專業人士的理性溝通之後決定的，反而不多。這種現象在我國國民教育、中等教育階段的社會領域課程的變遷史上，可說是斑斑可考。

(二) 價值中立的課程意識型態對社會學習領域課程真實性的影響

「價值中立」的課程意識型態，課程內容的選擇刻意迴避多元、分歧與衝突的重要事件，而著重於主流、定見的內容。事實上，人類社會的歷史發展，往往必須從重要衝突事件或社會議題，去探究、詮釋其意義與價值。臺灣的歷史、地理與社會文化的特性，充滿多元、歧異與衝突，課程內容服膺特定意識型態，勢必阻隔學生與自身所屬的社會變遷、歷史傳承、自然環境與社區人文的連結，壓抑多元思考的可能，減損社會學習領

域課程的真實性（陳新轉，民96）。

　　檢視我國社會學習領域課程發展史，課程內容的選擇與詮釋，長期受到大中國意識的宰制，領域課程內容一向強調：「中華民國固有領域包括大陸與蒙古」、「臺灣是中國固有領土」、「臺灣的歷史起源於中國」等命題。然而，從臺灣主體性的觀點而言，社會學習領域課程的意識型態則強調：臺灣的歷史傳承是多元的、臺灣是主權獨立的國家、臺灣是海洋國家等命題。當兩種意識型態發生衝突時，強調臺灣主體意識就被打成「去中國化」。為了避免紛爭，通常課程設計者會以「價值中立」為由，迴避爭議性議題與重要題材。但「價值中立」仍無法阻絕政治勢力介入，政治力仍然宰制課程內容的選擇，只是阻礙了多元思考的可能，同時也造成課程內容與臺灣社會實況脫節。

(三) 社會學習領域的課程內容爭議性高

　　按美國全國社會科協會（NCSS, 1994）的定義，學校的社會科課程取材包括人類學、考古學、經濟學、地理學、歷史學、法律學、哲學、政治學、心理學、宗教、社會學等學科的材料，以及人文科學、數學和自然科學中適當的內容。理論上，課程所提供的學習內容必須是「重要的」、「正確的」，但課程內容是「選擇性」的，社會學習領域課程內容取材廣泛，但主要來源是社會科學知識。然而，社會科學知識屬性往往連結某種前提、立場與價值觀，知識的選擇與詮釋往往也是價值與立場的堅持，所以，意識型態對於課程內容的選擇與詮釋的影響性高，自不待言。

二、強化社會學習領域課程「真實性」的策略

　　課程受到各種意識型態的影響是無法避免的，但要注意的是它會扭曲課程內容的真實性（authentic）。如果課程真實性（authentic）是指課程內容的三項屬性：客觀性、可驗證性與符應性，則強化課程真實性的課程發展策略可採取以下作為：

(一) 課程發展應採取「臺灣主體性」的觀點

秉持「主體性觀點」是建立課程內容真實性的必要原則之一。世界各國的社會學習領域課程都是以本國為主體的觀點來建構課程的真實性，讓課程內容更符應社會變遷、歷史傳承、自然環境與社區人文實況的知識，同時使學生更能認知自身所屬之社會的歷史文化、社會人文與自然環境。

所謂「主體性觀點」是指以自己的立場，按照自己的實況、需求與目標，規劃課程架構，選擇其歷史發展與社會變遷的重要議題，並建構或詮釋其意義與價值。從臺灣主體性的觀點看我國社會學習領域課程內容的選擇，臺灣文化的淵源是多元的，傳承自中國，也吸納來自荷蘭、西班牙、日本、歐美的海洋文明。如果以中國為主體，則臺灣歷史只是中國歷史的附屬。從中國的角度看臺灣的地理位置，臺灣只是中國的邊陲；從臺灣為中心的角度看臺灣的地理位置，臺灣是中國走向太平洋的重要門戶。以中國為主體的史觀比較著在陸地發展的歷史，但以臺灣為主體，則更能理解海洋對臺灣的歷史與社會發展的意義。如今課程綱要經過微調與修訂，納入海洋教育的內容，使課程內容貼近臺灣自然環境的真實性，總算是跨出一小步。能力指標「2-3-2探討臺灣文化的淵源，並欣賞其內涵」修訂小組還特別加註：「應該包括『海洋文化』，例如不同時期的臺灣先民（如原住民或其他族群）海洋拓展的歷程，及其和臺灣文化之間的關係」的說明，如此微調的用心希望能夠對基層教師與課程及教材編製者發揮啟示作用，擴張多元思維的可能性，並稍減一元化意識型態的宰制，有助於課程真實性的提升。

(二) 課程發展須注重可驗證性的事實

社會學習領域課程往往承擔培育「民族主義」或「愛國主義」的任務，以至於課程內容會成為「宣傳」而不是「知識」。例如，為了使學生具備愛國、愛鄉的情懷，以往都說臺灣是「寶島」、「樂土」。事實上，臺灣過度開發早已成為多災多難的生活空間，環境災難不斷且災情日益嚴重。另外，國家處境艱難，以至於社會、政治、外交、經濟各方面都出現許多不正

常的現象，宣傳與美化性質的課程內容無助於學生對國家的了解與認同。令人欣慰的是此番課綱微調，在「基本內容」方面強化了對於本國環境的可驗證性內容。微調前關於「臺灣的環境問題」，重點在於說明臺灣各生態環境系統的環境問題與解決方案；微調後變成「臺灣的環境問題與環境保護」，重點在於說明臺灣環境災害與解決方案，真實的反映近年來環境災害日趨頻繁與嚴重的情形。就課程的真實性而言，這是一種進步。

(三) 課程發展須強調「普世性」的道德與價值觀

社會學習領域是培育「公民素質」最直接的課程，故其課程內容除了知識，還包括道德觀與價值觀。人權、民主、法治、公平正義等，都是社會學習領域課程中的重要道德與價值觀，是教導學生如何評判爭議性課題的立論依據，可以超越政治性以及價值中立的課程意識型態，不必為了迴避爭議性，而在課程內容中刻意隱藏重要議題。

肆 對社會學習領域課程的「反省性」的增益與缺損

從「社會重建」的課程理念而言，反省性是社會學習領域課程的特色之一。但課程設計者往往因為「價值中立」與「崇尚和諧」的課程意識型態，迴避「衝突」與「爭議」，在決定社會學習領域課程內容或能力指標時，傾向以正面或中性的方式敘述其涵義，這不但有損九年一貫社會學習領域課程內容的「真實性」、課程改革的精神，也不利於反省能力的培養。其實，「衝突」與「爭議」能給課程內容留下詮釋與討論的空間。從課程設計的角度而言，納入爭議性的教材有其教學上的價值，一者反映課程契合社會實象的真實性；二者啟發學生的批判思考能力；三者促進學習者在知識理解與立場詮釋的多元思考；四者理解多元差異，培養包容胸懷。這些都社會學習領域課程的重要目標，所以，納入爭議性、詮釋性的

課程內容有其必要。

　　但是，課程綱要經過微調，一些具有道德反省意味的能力指標因為具有「衝突」與「爭議」性，反而被修改成中性化而失去原有的意義。例如，微調前能力指標3-4-6舉出歷史上或生活中，因缺少內、外在的挑戰，而使社會或個人沒落的例子，被修改成「舉例指出在歷史上或生活中，因缺乏內、外在的挑戰，而影響社會或個人發展」。原條文對於「挑戰」賦予正面價值，使能力指標的涵義帶有應勇於面對挑戰的道德意義，修改之後只是使語意中性化，卻失去將這種命題列為能力指標引導課程發展的必要性。

　　除此之外，價值中立、迴避爭議、崇尚和諧的課程意識型態，也是使我國社會歷史發展的重要內容始終成為「懸缺課程」的主要原因之一。例如，「平地原住民的社會變遷」，究竟平埔族是如何與漢人融合而消失？不去探討這項問題，難怪身為臺灣人始終是「只知唐山公，不知平埔嬤」。清領時期的「民變」與族群關係沒被提及，下一代如何吸取歷史教訓，解決當前的族群問題？對於國民政府遷臺五十幾年的統治只提「戒嚴體制」，卻不提層面更廣的「黨國體制」問題，如何確實的理解臺灣民主化的意義？民主的觀念一直停留在「少數服從多數，多數尊重少數」的觀念，如何反映臺灣民主化的過程，始終都是少數與弱勢者的抗爭與堅持，迫使多數與強勢者讓步，而後少數與弱勢妥協所獲致的事實？只是教導「少數服從多數，多數尊重少數」的民主觀念，是否會造成只強調「少數服從」、「漠視弱勢」的反民主態度？臺灣社會明顯的政治對立、社會撕裂的現象、國家認同混亂的情形，在課程決定必須「價值中立」、「崇尚和諧」的傳統觀念下被隱藏起來，課程避談差異與衝突，刻意強調社會和諧，是否真有助於臺灣社會的和諧穩定？關於臺灣產業只提第一級與第二級產業，遺漏第三級產業，如何認知臺灣經濟變遷與現況？臺灣不能成為聯合國會員國除了中國的打壓，明明還有國內的統獨之爭，卻加以迴避，凡此都令人覺得反省性不足。

對社會學習領域課程「時代性」的增益與缺損

　　從課程發展的觀點而言，課程綱要發布之日，也是課程進行修訂之時，因為時勢變化、知識更新、社會變遷非常快速，理念課程與操作課程之間始終有落差。既定課程綱要與課程內容無法跟上時代的需求，若不隨時更新，就得背負「以過去的知識教現在的學生去面對未來的世界」的詬病，社會學習領域更是如此。

　　九年一貫課程於民國92年正式公布實施，迄今已過了八年有餘，社會學習領域課程小組原來在課程綱要與能力指標中所設想的重要議題與學習內容，有些地方已不符國家與社會發展需要。民國97年所做的課程綱要微調納入「海洋教育」內容，將能力指標做出增刪修改與加註說明的微調，就是為呼應時代變遷所新增的重要學習內容。除外，許多我國社會所持續關注的議題，諸如新移民、全球化、資訊化、環境保育、政治參與、社區發展、多元文化、人權教育、生命關懷、社會福利與社會正義等，也因為時勢變化，其內涵和意義都有增益與改敘之必要。課程綱要經過微調，環境議題中的污染問題已擴展到海洋與國際法的層次。類似的微調反映出社會學習領域課程的時代性，但這仍無法滿足課程因應社會變遷的需求，未來仍須教師發揮課程發展的專業自主能力，以補課程時代性之不足。例如，政府與對岸簽署ECFA，對我國政經情勢與社會發展必然造成重大影響，類似的重要課題都必須依賴學校本位課程發展，或教師的課程與教學自主能力加以補足。

　　時代性的意義包括以主體性的觀點，加上契合臺灣歷史、自然、社會與人文的真實狀況的思考，選擇課程內容與教學方法，則強化課程的時代性將有助於課程的真實性。例如，傳統以中國史觀為主的臺灣歷史淵源似乎只與中國有關，只是中國歷史長流中的小漣漪，但是從臺灣主題性的角度看歷史，其歷史淵源是多元的；源自中國農業文明的「大地藏無盡，勤勞茲有生」，緊抱安土重遷與落葉歸根的傳統土地利用與開發觀

念，顯然與臺灣地質大多屬於新生代的自然環境特性不相融，也和四面環海，以全球為市場的經濟發展情勢不相符，必須改變；強調「少數服從多數，多數尊重少數」的民主觀念，明顯與臺灣民主化歷程的實況不符合，因為臺灣的民主化過程始終是少數與弱勢者的抗爭與堅持，迫使多數與強勢者讓步，而後少數與弱勢妥協所獲致的結果。若寄望社會學習領域課程的實踐，有助於臺灣社會的和諧穩定，則必須教導學生如何面對臺灣社會當前明顯的貧富不均、南北差異、政治對立、社會不公、國家認同混亂等現象，以及認識多元、差異與衝突的歷史發展，而不是在「價值中立」與「崇尚和諧」課程意識型態下，將臺灣社會的時代性與歷史的真實性隱藏起來。

陸 對社會學習領域課程「能力導向」目標的意義彰顯

從社會學習領域課程理論來看，社會學習領域課程的課程目標，基本上都是導向某種「公民素質」（citizenship）。據Jenness（1990）的研究指出，「公民素質」一直是美、加兩國各地區推動社會學習領域課程教育家的核心任務。在日本自1947年（昭和22年）成立社會學習領域課程以來，公民素質也一直是課程標準所要探究的重心（程健教，民87）。又參照國內專家學者介紹世界各國之公民教育實施狀況（張秀雄，民85），其課程內容與社會學習領域課程的範圍大致雷同的情形來看，可見社會學習領域課程為各國培育公民素質之主要工具，而培養理想公民素質也成為社會學習領域課程的主要課程目標。

因應世界潮流，九年一貫課程以培養十大基本能力為教育目標，社會學習領域秉持相同的理念，訂定十項課程目標、九大主題軸能力指標。按理，「能力導向」是九年一貫社會學習課程目標的主要特性，但是微調前的課程綱要仍將十條課程目標區分成認知、技能與情意三種目標。其實，

能力（competence）一詞的涵義強調實踐與表現，實踐的歷程乃個體或群體依問題情境統整可能的知識、方法、策略與資源，解決問題、達成任務的實踐與表現，是知識與策略的應用，加上適當的方法與技巧的操作、動機與態度的投入，所表現出來的綜合結果，所以能力不只是技能（skill）的表現，而是認知、情意與技能的綜合表現（陳新轉，民93）。民國97年社會學習領域課程綱要微調之後，特別將課程目標的說明內容「以下第1至3條目標偏重認知層面，第4至6條目標偏重情意層面，第7至10條目標偏重技能層面」，修改成「以上目標兼具認知、情意、技能三個層面，三者彼此有不可分割之關係」，更突顯能力導向課程目標的意義。

　　社會學習領域課程設定「能力導向」的目標，意味著教學落實「從知識學習到能力獲得」的歷程，而不只是以知識的習得、提升其認知層次為滿足（陳新轉，民99），這是教師在課程設計與教學歷程中必須努力的重點之一。

 柒 結語

　　從前面的分析，可知「九年一貫社會學習領域課程」是我國課程發展史上的一大改革，「領域課程」概念還原了社會科課程的原創精神。同時提出許多新的課程理念，包括課程統整、能力導向目標、賦權增能（empowerment）理念，賦予基層教師積極參與課程發展的自主空間等。但是，自從課程綱要正式提出到微調大約八年之間，雖然有些修訂與改進，卻始終未見如何實踐這些重要課程目標與理念的方法或原則性指示。課程發展是不斷修正的歷程，民國97年社會學習領域課程完成課綱微調之後，在課程的「真實性」、「反省性」、「時代性」、「能力導向目標」等重要課程特性方面，各有增益與不足之處。課程綱要文本一再強調「參酌」、「彈性調整」、「自行重新組合安排」的字眼，顯示課程規劃小組對教師與課程設計者共同努力，發揮「賦權增能」的精神，使其更臻於完美期待。

參考書目

中文部分

程健教（民87）。日本小學社會科教學趨向的探討。收錄於教育部人文及社會學科教育指導委員會編。**社會科教育之趨勢**。教育部人文及社會學科教育指導委員會。

黃政傑（民80）。社會科課程設計的基礎。**教育資料集刊**，16，頁219～233。

張玉成（民81）。**英國小學社會科課程分析**。臺北：三民。

張秀雄主編（民85）。**各國公民教育**。臺北：師大書苑。

陳新轉（民93）。九年一貫社會學習領域課程發展——從課程綱要與能力指標出發。臺北：心理。

陳新轉（民96）。九年一貫社會學習領域課程綱要微調之評析。發表於中華民國社會科課程發展學會、國立臺北教育大學社會科教育學系等主辦之九年一貫社會學習領域課程綱要實施現況與微調學術研討會。

陳新轉（民99）。課程改革——從「能力觀」談起。發表於臺灣教育學會主辦「2010臺灣教育研究學術研討會」。高雄國立中山大學，2010/11/15～17。

葉煬彬（民83）。**國民中學社會科課程架構研究**。臺灣省中等教師研習會。

英文部分

Armstrong, David G. (1980). *Social studies in secondary education.* New York : Macmillan.

Jenness, D. (1990). *Makings sense of social studies.* New York: Macmillan.

National Council for the Social Studies (NCSS). (1994). *Curriculum standards for social studies: Expectation of excellence.* Washington, DC: National Council for the Social Studies.

Tchudi, S. & Lafer, S. (1996). *The interdisciplinary teacher's handbook: A guide to integrated teaching across the curriculum.* Portsmouth, NH.: Boynton/Cook.

Zevin, J. (2000). *Social studies for twenty-first century: Methods and materials for teaching and secondary schools.* Mahwah, NJ.: Lawrence Erlbaum Associates, Inc., Publishers.

第 章

地理環境與生態

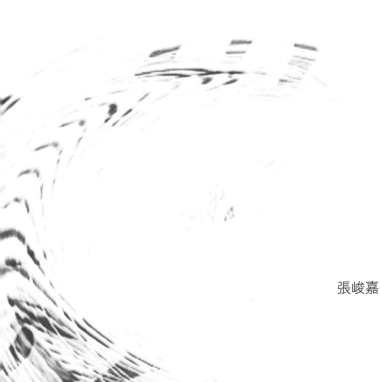

張峻嘉

本章綱要

壹、自然地理

    一、地理位置

    二、地形

    三、氣候

    四、水文

貳、人文地理

    一、人口與族群

    二、聚落與都市發展

    三、經濟

    四、交通

    五、宗教與文化

    六、國際交流與NGOs

參、生態系統

    一、特殊的地理環境

    二、植被生態系統

    三、水域生態系統

        (一)溪流生態系

        (二)湖泊生態系

        (三)潮間帶生態系

        (四)沼澤生態系

    四、特有與稀有生物

肆、自然災害與環境危機

    一、地震

    二、颱風

    三、暴雨

    四、乾旱

    五、土壤流失

    六、水資源不足

    七、生物棲息地破壞

    八、酸雨

伍、自然生態保護區

壹 自然地理

一、地理位置

位於亞洲東部、太平洋西北邊的島嶼，大致在東經120度至122度、北緯22度至25度之間。西臨臺灣海峽，距中華人民共和國平均距離約200公里；北邊與東北隔東海和朝鮮半島、琉球群島相望；西南邊為南海；東邊為太平洋；南邊則隔巴士海峽與菲律賓群島相鄰。臺灣位於由千島群島、日本、琉球群島、菲律賓等眾多島嶼所形成的花綵列島的中樞位置，位於東亞島弧中央區域，為亞太經貿運輸重要樞紐及重要戰略要地。

臺灣全島南北縱長約395公里，東西寬度最大約144公里，環島海岸線長約1,139公里，含澎湖群島總長約1,520公里，面積約35,915平方公里，四面環海，島嶼整體形狀似長條番薯狀，北回歸線從中經過。

二、地形

臺灣島主要是由歐亞板塊以及菲律賓板塊兩個板塊的擠壓產生，擠壓作用分為兩個部分。在菲律賓板塊西邊，歐亞板塊沉入菲律賓板塊下方；在菲律賓板塊北邊，則是菲律賓板塊沉入亞歐板塊下方。擠壓作用使得臺灣島逐漸隆起，花東縱谷將臺灣島一分為二，縱谷東邊的海岸山脈屬於菲律賓板塊，西邊的中央山脈、雪山山脈與玉山山脈則屬於歐亞板塊。

臺灣的五大地形分別為：山地、丘陵、平原、盆地與臺地。山脈大多呈北北東—南南西走向。主要山脈有五個，包括縱貫南北的中央山脈，靠西側的玉山山脈與阿里山山脈，北部的雪山山脈，以及緊鄰東海岸的海岸山脈。最高峰為玉山山脈的玉山主峰，海拔3,952公尺，不僅是臺灣第一高峰，亦為東亞第一高峰。臺灣島亦為世界地勢高度第四高的島嶼，超過3,000公尺以上的山峰高達百座以上。丘陵地帶則大多分布在北部與

靠近山脈地區，這些山地與丘陵共約占臺灣島總面積的三分之二。平原與盆地狹小分散且只占臺灣地形的三分之一，卻是人口分布的稠密地區。主要盆地有北部的臺北盆地、中部的臺中盆地與埔里盆地，以及東部地區的泰源盆地等。來自高山的雨水沖刷，導致了山脈西側沖積平原的誕生。臺灣最大的平原是嘉南平原，除此之外，還有中部的彰化平原、南部的屏東平原、東北部的蘭陽平原，以及東部的花東縱谷等。主要的臺地有林口臺地、桃園臺地、大肚臺地、八卦臺地等。

臺灣島四面環海，北部海岸多為岬灣與岩岸，西部海岸多沙灘、沙丘、潟湖、泥質灘地，南部恆春半島是珊瑚礁海岸，東部屬斷層海岸，坡度陡峻而多斷崖。

三、氣候

臺灣位於北緯22度至25度之間，北回歸線通過臺灣島中南部（經過嘉義縣水上鄉與花蓮縣瑞穗鄉、豐濱鄉等地），將臺灣南北劃分為兩個氣候區，北部屬副熱帶季風氣候，南部則為熱帶季風氣候。

臺灣冬季盛行由蒙古高壓所帶來的東北季風，夏季盛行西南季風，高峻山脈能阻隔季風，形成雨影效應。1月平均氣溫為14°C，7月的平均氣溫達到28°C。5月到9月是臺灣的夏季，每日氣溫經常可達27到35°C。冬季時間短，加上臺灣四面環海，雖然有來自中國北方寒流，但因受海洋暖流的影響，較華南沿海地區氣候溫暖。但在合歡山、玉山、雪山等山區，由於地勢相當高，仍然有降雪的機會。

臺灣平均年降雨量為2,515毫米，但因季節、位置、海拔高低的不同，降雨量也隨之變化，降雨的時間與空間分布並不平均。北部、東部全年有雨，中南部的雨季主要集中在夏季，冬季為乾季。如果夏季雨量不足，到了冬季就容易出現乾旱。

臺灣島經常有颱風侵襲，6月至9月是颱風季，每年平均都有三到四個颱風侵襲臺灣。颱風為臺灣提供了充沛的水分，但也容易引發洪水與土石流等災害。

四、水文

臺灣雨量豐沛，大、小河川密布。由於最大分水嶺中央山脈分布位置偏東，使得主要的河川大多分布在西半部，包括長度最長的濁水溪、流域面積最廣的高屏溪，以及長度與流域面積均為第三的淡水河。其他由北往南尚有大安溪、大甲溪、烏溪、曾文溪等；而東半部主要河川則有蘭陽溪、立霧溪、花蓮溪、秀姑巒溪、卑南溪等。河流川短流急，不僅有岩石外露的河床，也有平沙鋪地的河床，直流型的或曲流型的，甚至有湍急回頭灣，瀑布、壺穴、奇石，遍布臺灣各條溪流上游。

臺灣的天然湖泊不多，最大的是日月潭，以及可能經由隕石撞擊形成的嘉明湖等，其餘大多是人工修築的埤塘、水庫居多。臺灣的河川由於地勢陡峻，河床比降極大，易發生洪水乾旱，因此，各大河川普遍修築水壩，雨季時可蓄水兼發電，旱季則可提供民生用水，已經完成的水庫堰壩計有109座，以曾文水庫最大。其他在離島部分，澎湖縣有8座、金門縣13座，以及連江縣7座。

貳 人文地理

一、人口與族群

臺灣目前總人口約23,133,074人（2010年4月統計），可分為四大族群：原住民、河洛人、客家人、外省人。純原住民約占總人口2%，其餘絕大多數為漢族。其中又分為「本省人」（85%），以及「外省人」（13%）。本省人主要為河洛人（70%）和客家人（15%），已經在臺灣生活許多代。外省人是指1949年跟隨中華民國中央政府來臺的新移民以及其後代。由於混居及通婚，目前除了在部分地區如眷村外，兩者已不易分辨。客家人主要分布於北部的桃竹苗、南部的高屏及東部的花蓮臺東等

客家地區，河洛人則平均分布在臺灣各縣市。

　　近年來由於臺灣經濟以及生活水準的提升，吸引世界各地許多族群來臺工作，其中以東南亞人民為主，例如一些外籍勞工（如：菲律賓勞工、泰國勞工、印尼勞工、越南勞工）、幫傭看護（如：菲律賓幫傭、印尼幫傭、越南幫傭）等。近年來，部分臺灣男子與東南亞或中國大陸的女子通婚，她們在臺灣一般稱呼為「外籍新娘」（外籍女性配偶）或「大陸新娘」（中國大陸女性配偶），以及其婚生子女的新住民族群，已經隱然形成。這些女性希望社會能稱呼她們為新移民女性。由於臺灣人與東南亞國家人民通婚（大部分是臺灣男性和東南亞女性通婚）日益增加，亦有所謂的第五大族群或新住民的稱呼。

　　目前臺灣原住民共有14族，其中傳統9族包含原統稱為高山族的泰雅族、阿美族、布農族、卑南族、排灣族、魯凱族、鄒族、賽夏族及蘭嶼上的達悟族（舊稱雅美族）。近年太魯閣族、賽德克族由泰雅族劃分出來、撒奇萊雅族由阿美族劃分出來。屬於平埔族的則有邵族與噶瑪蘭族也獲得承認。至於其他平埔族族群劃分雖已有學術研究，但官方尚未認定。

二、聚落與都市發展

　　臺灣有文字紀錄的聚落發展約在17世紀初（明末）荷蘭人入侵前後，已有將近四百年的歷史，而臺灣本島之移墾以17、18世紀明末清初最盛，然而在漢人大規模移入開拓前已有先住民居住其間。當時臺灣社會的生產活動多數以農業生產為主，以農業產品輸出外地換取其他生活物資，主要商業活動集中在海河港口聚落及主要行政都市；受限於道路、通訊等基礎設施建設之不足，臺灣社會一直到19世紀初期並沒有出現大規模的都市聚落。

　　19世紀中葉後，清朝政府及後繼的日本殖民政府陸續展開的工商業基礎建設，例如，鐵路、樟腦工廠、茶葉工廠、製糖廠、採礦場、木材加工業及輔助港口等建設，一方面促成臺灣社會逐漸轉型為輕工業社會，加速城鄉人口推拉的都市化現象，另一方面也促成大型都市的出現。

進入20世紀後，臺灣擁有第一個10萬人口的都市——臺北。往後的百年間，臺灣不斷地經歷高度的經濟成長及都市擴張，在20世紀末期成為世界上都市化程度最高的國家之一，約有80%的都市人口。若由開發方向來看，大致是由南到北、由西而東、由沿海到內陸的開發。

臺灣經歷四百年的開發，在都市階層上約略符合「等級規模法則」（Rank-Size Rule），在空間分布上也具有「中地理論」（Central-Place Theory）的特性，因而形成以臺北市、臺中市與高雄市等為核心都市的三大都會區，都會區周邊環繞如：板橋、三重、土城、大里、太平等衛星市鎮，在都會區之外有次區域中心，如：桃園、新竹、臺南、嘉義、屏東、宜蘭、花蓮、臺東等，逐漸發展出完整的都市體系。近年來在政府「一鄉一休閒」、「一鄉一特色」的政策引導下，也有許多具有特色的魅力城鄉，如：新竹內灣、宜蘭員山、臺南白河、苗栗南庄、花蓮瑞穗、臺東關山等（張峻嘉，臺灣大百科，http://taiwanpedia.culture.tw/web/index）。

三、經濟

根據行政院主計處的統計顯示，臺灣地區人均國民生產毛額（GDP），在1961年是153美元，2008年已成長至18,000美元。目前臺灣人均GDP為\$19,000US（來自IMF2010年）。臺灣人類發展指數在世界國家中排名為25名，列為已開發國家。

在日治時期前期，臺灣在日本經濟上的地位是食糧生產基地，僅有少數的食物儲藏加工業和輕工業。太平洋戰爭爆發後，臺灣因戰略地位被日本政府重新定位為南進基地，因此在臺灣南部的高雄一帶發展軍事工業。國民政府遷臺後，將臺灣視為武力反攻大陸的基地，奉行軍事優先和穩定農業的經濟政策。自1960年代起，臺灣輕工業發展快速，重工業則居於次要地位。政府為了增加出口換取外匯，還設立加工出口區來增加外貿收入。

1970年代為擺脫石油危機，政府致力推動十大建設，為臺灣石化業與重工業打下良好的基礎。此時恰逢越戰，美國向臺灣訂購大量物資，這

些因素都促使臺灣經濟快速起飛。由於經濟發展成功，臺灣遂晉身亞洲四小龍行列，亦達到新興工業化國家水準。之後政府注意到重工業在經濟中的地位，實行積極的產業政策，設立中國鋼鐵、中國造船和臺灣中油等大型國營企業，亦有美國華僑返回臺灣設立電子廠，如臺積電、聯華電子等。

　　1980年代，政府成立新竹科學工業園區，大力鼓勵內外廠商投資積體電路、電腦等高科技產業，以耗能少、污染低、附加價值高的技術密集型科技產業取代傳統產業，民間中小企業也被電子產業的蓬勃發展所影響。臺灣的個人電腦主機板產量位居世界第一，1995年2月設置南部科學工業園區。之後在2002年核定成立中部科學工業園區。

　　臺灣是全球第16大經濟體，早年特色為中小型企業眾多，目前經濟結構已經由高科技產業取代原先的勞力密集工業，且農業在GDP中的比重從1952年的35%下降到2%。至今形成服務業與高科技產業合計比例過半的形勢，但也面臨傳統產業快速外移（特別是中國大陸「磁吸效應」）的問題。

　　臺灣的電子工業對世界經濟舉足輕重，大多數電腦電子零組件都在臺灣生產。對外貿易是臺灣的經濟命脈，日本和美國長久以來一直是臺灣前兩大貿易夥伴，但在2005年後退居二、三名，中國大陸成為臺灣進出口貿易第一大地區。臺灣也是中國、泰國、印度尼西亞、菲律賓、馬來西亞和越南的主要投資來源。在中國大陸有5萬多個臺資企業，長期居留的臺商及眷屬則有30～40萬人之多。

四、交通

　　目前臺灣主要鐵路經營管理由臺灣鐵路管理局負責營運。臺鐵的路線主要包括西部幹線、北迴鐵路、南迴鐵路、東部幹線，已完成環島鐵路系統。

　　在臺北都會區，捷運也是主要的鐵路運輸。第一條捷運是1996年3月28日的木柵線，至今已經形成雙十字路網。高雄捷運紅線也在2008年3月

9日通車，高雄捷運橘線則在2008年9月21日正式通車營運。

2007年2月1日，臺北至高雄的臺灣高鐵開始營運，是個規模龐大的民間興建營運後轉移模式（BOT）建設案。其車體技術採用日本的新幹線系統，但軌道卻是使用部分的歐洲系統，是日本新幹線系統第一次將技術輸出海外，也是首次在非日本區域商業營運。從臺北到高雄全程只需90～120分鐘，形成臺灣西部南北一日生活圈。

臺灣有縱貫西部走廊的中山高速公路、福爾摩沙高速公路，以及橫跨東、西部的蔣渭水高速公路等三條南北高速公路。在北中南也有橫向高速公路連接。而省道更遍布全島，許多客運公司專門經營臺灣各大都市間的公路客運運輸，過去這項工作是由公營的臺灣汽車客運公司負責。為了提升競爭力，2001年後，臺汽民營化，並更名為國光汽車客運。目前臺灣的長途公路運輸以國光客運和統聯客運為市場龍頭。

臺灣有桃園國際機場、高雄國際機場兩個主要國際機場，及臺北松山機場、臺中清泉崗機場兩個次要國際機場，多數大城與多數離島地區亦設有機場。原本臺灣本島內的各大都市間，以及和各離島之間，皆有常態班機往來，形成便利的航空網。但受高鐵影響，目前只剩東部及離島航線，可見高鐵的出現強烈衝擊臺灣國內線航空業的生存。

臺灣主要的國際商港有高雄港、基隆港、臺中港、花蓮港與蘇澳港。另外還有1990年代開闢的臺北港和歷史悠久的安平港。高雄港是其中最大的港口，負責臺灣60%以上的貨物裝卸與75%以上的貨櫃裝卸。目前在臺灣本島到澎湖、金門、蘭嶼和綠島等離島，船舶依然是主要的交通工具，每日均有航班。另外，可以從金門直接搭船前往中國的廈門。

五、宗教與文化

臺灣人民廣泛接納各類宗教信仰，且政府與宗教之間政教分離，舉凡佛教、道教等宗教信仰皆有一定的追隨者。就信仰人口而言，佛教與道教（包含民間信仰）為臺灣兩大宗教，大部分臺灣漢人同時信仰佛教與道教；原住民部落則普遍信仰基督教。而其他宗教雖然較不普遍，但也擁有

不少的信眾，如天主教、伊斯蘭教、一貫道。此外，新興宗教、氣功法門等廣義的宗教信仰，在臺灣也各有不少信徒。

以傳統的農曆作為基礎的春節、端午節、中秋節等，在臺灣屬於國定紀念假日。也有不少深具臺灣特色的民俗慶典，如每年一度的迎媽祖、元宵節，著名的地方民俗活動，如苗栗燬龍、平溪天燈、鹽水蜂炮、王爺遶境儀式的東港燒王船、中元普渡時的頭城搶孤、三峽祖師廟神豬比賽等等。神祇陣頭結合武學和藝術的八家將、宋江陣、舞龍舞獅民俗表演，成為臺灣特殊技藝文化，著名的有明華園、霹靂布袋戲、九天民俗技藝團……等，其中有些表演團體已邁向國際舞臺。

以河洛人為代表的河洛文化、客家人代表的客家文化與外省人帶來的新文化，在臺灣島上共處融合。同時，還有原住民所代表的南島文化。原住民文化各族各有其特色，布農族文化為射耳祭（以箭射獸耳，祈禱獵穫豐收）與小米祭、皮衣製作技巧、多音部合唱；鄒族則是戰祭、收穫祭與揉皮技術；賽夏族每兩年舉辦一次矮靈祭；達悟族的飛魚祭；排灣族人的五年祭；魯凱族的陶壺及琉璃珠製作、雕刻藝術；卑南族則為海祭、男性的猴祭及女性的鋤草祭；阿美族的無半音五聲音階等等。

臺灣除了受到中華文化及南島文化影響之外，以日本文化對臺灣影響最大。由於臺灣日治時期長達五十年（1895～1945年），從日治時期受到日本的溫泉、日本酒、雜燴、和室……等影響，到現今卡拉OK、電視劇、漫畫、動畫片、電視遊戲、Cosplay等，影響可謂深遠。許多年輕人喜歡日本偶像明星、蒐集日本流行資訊，這些喜歡日本文化的年輕人，稱為哈日族。除此之外，歐美、韓流也對臺灣有深刻影響。臺灣文化融合了日本、韓國、歐美等地的文化特色，呈顯多元文化的特質。

六、國際交流與NGOs

在政府方面與23個邦交國（包含教廷）保持正式外交關係，截至2010年10月止，為31個國際組織的官方會員，其中包含亞太經合會（APEC）、世界貿易組織（WTO），並致力於加入世界衛生組織

（WHO）、聯合國（UN）等相關國際組織，並且以援外或是人道救援方式進行國際間交流，或以體育、經濟、學術、藝文、國際救援活動參與國際社會，希望藉由非營利機構與志願服務團體等非政府組織（NGOs）融入國際社會。

生態系統

一、特殊的地理環境

臺灣位於亞熱帶與熱帶，以及大陸與海洋的交界處。在數次冰河期間由於海平面下降，臺灣曾經與亞洲大陸數度相連，因此一些古老物種如臺灣杉、臺灣粗榧、臺灣穗花杉等得以遷徙臺灣。這些物種在白堊紀至第三紀時曾廣泛分布於北半球，而後由於冰河影響而廣泛滅絕；在幾次冰河期中，臺灣都未被冰層覆蓋，因此生物不像在北半球其他地方受到毀滅性的傷害，這些古老物種得以生存於臺灣。尤其在第四季冰河期時，全北半球因東亞無東西山脈之阻隔，而受冰河影響較小，所以東亞物種歧異性較高。冰河退卻後，氣候回暖，海平面再度上升，臺灣海峽形成，這些生物因而避居高山，稱為孑遺生物。留在臺灣的物種由於地理上的隔絕，因此演化為獨特的物種。

二、植被生態系統

不同的氣候類型形成不同型態的植被生態系。臺灣由於高度的落差，形成亞寒帶、溫帶、亞熱帶及熱帶等不同氣候類型，也因此陸地的森林種類主要受到海拔高度影響。

海拔500公尺以下，以桑科（如榕樹）和樟科（如大葉楠、香楠）植物為主，森林底層則有許多蕈類生長，是人類活動較頻繁的區域。由於

海拔低，開發早，原始林多已開發消失，現多為次生林與人工林（如相思樹、油桐、綠竹等植物）。海拔500～1,500公尺是闊葉林，由於氣候溫暖、濕度高，土壤肥沃，植物生長茂盛，以樟科與殼斗科（如櫟屬植物）植物為主，還可見到許多附生植物與藤本植物。海拔1,500～2,500公尺的地區為混合林，以臺灣扁柏、紅檜占優勢，為第一喬木層。闊葉喬木較矮小，屬於第二喬木層，如牛樟及九芎等。林下則有灌木與草本植物生長。海拔2,500～3,500公尺左右，與高緯度地區的針葉林相似，較高海拔處以冷杉為主。海拔較低處則以臺灣鐵杉及臺灣雲杉為主。海拔3,500公尺以上的地帶，即森林線以上的地區，稱之為高山寒原，這個地區的生態環境與北極的凍原類似，冬天甚長，常見積雪，年均溫低於10℃，強風吹襲及烈日照射，使得一般植物不易生長，主要組成植物是箭竹和高山芒。

此外，熱帶季風林分布於臺灣南部的恆春半島、蘭嶼及綠島等地。此區夏季多雨，冬季乾燥多風，年平均雨量約3,000公釐以上，年均溫約25℃，屬於熱帶氣候，主要植物有榕屬植物、板根植物及蘭花、蕨類及木質藤本等附生植物等。部分熱帶海岸植物會以海水傳播種子，墾丁國家公園也陸續與他國交換植株，故在此可見許多熱帶植物。

三、水域生態系統

(一) 溪流生態系

溪流上游，坡度大，水流湍急、水溫低、溶氧量高、pH值高，偏鹼性、有機質含量低。能生活在此環境的生物種類不多，如石蠅、臺灣鏟頷魚、臺灣鮭魚等。溪流中游，流速漸減，含氧量減少，有機質含量增加，pH值漸減而偏酸性，水溫較高。生物種類較多，有蜉蝣、溪哥、鯉魚等。溪流下游，河面變寬，水流緩慢，溶氧量更少，人類活動增加，因此水中有機物豐富，僅有少數生物生存，如吳郭魚、羅漢魚、大肚魚、紅蟲等。

（二）湖泊生態系

在湖泊，有些區域光線無法穿透，主要生產者是矽藻、綠藻和藍綠藻等藻類，消費者以魚類為主。在池塘，水淺而光線充足，則有一些挺水性植物（如香蒲和慈菇）、浮水性植物和沉水性植物及其他大型淡水藻類等，消費者以各種魚類、蛙類、節肢動物（如水蚤、蝦、蟹）和軟體動物（如淡水蚌、螺）為主。

（三）潮間帶生態系

潮間帶指海岸高潮線和低潮線之間的地區，陽光充足，有機質多，生物資源豐富。由於潮水漲退的關係，生活於此區的生物都有其特殊的適應方法以抵抗乾燥和海浪衝擊。臺灣的潮間帶因地形差異，可分為泥岸、沙岸及岩岸等不同的生態景觀。臺灣泥岸分布於西南沿海，包括彰化、雲林及嘉義等地，可見文蛤、牡蠣、螃蟹等生物及鷸、鴴等遷移性水鳥。沙岸分布在北部白沙灣、鹽寮、福隆等地，底質不穩定，有機物少，生物種類也較泥灘地少，僅有少數貝類、蟹和環節動物生活其間。岩岸分布於臺灣北部和東部，大型藻類如石蓴、石花菜等為主要生產者，常見動物有海葵、珊瑚、海星、螃蟹、熱帶魚等。

（四）沼澤生態系

沼澤是排水不良的低地、定期被水淹沒，是陸地和水域的過渡地帶，可分為內陸的淡水沼澤與位於河流出海口的河口沼澤。淡水沼澤主要由湖泊、水潭淤積而成，水位不會定期升降，如新竹宜蘭交界的鴛鴦湖地區、墾丁的南仁湖地區等。河口沼澤位於河口附近，鹽度變化大，水位定期升降，是許多魚蝦繁殖的場所，常見動物有沙蠶、招潮蟹、貝類、彈塗魚和水鳥等。臺灣的河口沼澤主要分布於西部沿海地區，較著名的有七美溼地、大肚溪口、四草濕地、曾文溪口等，依植物組成可分為草澤和林澤。草澤的主要植物為蘆葦和茳茳鹹草。林澤主要可分為紅樹林和溪口林（穗花棋盤腳和黃槿等）。紅樹林植物是生長在熱帶及亞熱帶沿海的耐鹽

常綠木本植物，是海邊良好護堤及防風樹種。臺灣原有5種紅樹林植物，目前只剩4種，分別為水筆仔、五梨跤、海茄苳和欖李，已滅絕的有紅茄苳等。臺灣最主要的紅樹林在關渡竹圍紅樹林保護區。

四、特有與稀有生物

臺灣的生態類型豐富而多樣，氣候、地形、土壤等種種環境因素影響了動物和植物的分布，造就了臺灣獨特的生態環境。臺灣有很高的物種歧異度；臺灣現有約4,000種維管束植物，脊椎動物約800餘種，昆蟲近2萬種被記錄。依據中央研究院生物多樣性研究中心「臺灣物種名錄」資料，臺灣現有物種可包含：病毒495種，細菌435種，古菌6種，原生生物1,378種，原藻1,950種，真菌5,934種，植物7,644種，動物34,759種。總計：8界58門130綱645目3,030科17,215屬52,626種。其中臺灣特有生物8,050種（亞種變種）、臺灣化石記錄種235種（僅存化石）、臺灣地區外來物種1,410種、農委會公告保育物種239種、IUCN&國內瀕危保育物種333種（臺灣生物多樣性資訊網，臺灣物種名錄）。

由於棲地破壞和外來種引入，造成臺灣部分物種負面影響，有些甚至瀕臨滅絕或已滅絕。如：福壽螺、美國螯蝦、澳洲淡水龍蝦與吳郭魚這四個外來種引進後，在欠缺天敵的制衡下過度繁殖，導致臺灣原生的田螺、螯蝦和鯽魚大為減少；17世紀時曾經滿山遍野的臺灣梅花鹿，因長期過度捕獵鹿皮外銷日本等地，以至於目前野生的臺灣梅花鹿已經瀕臨滅絕，所幸目前在綠島野放成功。

肆 自然災害與環境危機

從1996年的賀伯颱風重創、1999年的九二一大地震至今，臺灣從中部、東部、北部到南部似乎全都陷入地震、颱風、水災、旱災循環衝擊的宿命中（林倖妃，天下雜誌442期，2010/03）。除此之外，從1960年代到80年代

以來的「全球化」時代，臺灣在國際分工中的角色一直是作為美日等先進資本主義國家的加工出口基地，以廉價勞動力支撐勞動密集產業，也同時犧牲了乾淨的土地、空氣及水資源，造成臺灣環境的危機。

一、地震

臺灣每年平均發生2,000多次地震，其中200多次為有感地震，規模6.0以上的地震約每年3次，而規模7.0以上的地震則約每3年一次。其中，會造成災情的地震，平均每年發生一次（馬國鳳，臺灣大百科）。但最與大眾直接切身的，還是地震所衍生的安全問題。不論都市還是鄉村，住宅、公共建築，乃至於道路、橋梁，都飽受地震的威脅；雖然許多的建築規範，都已隨之慢慢提高標準，但仍然有許多地震帶上的建築物、維生管線等設施，正受到潛在地震的威脅（林俊全，臺灣的十大地理議題）。

臺灣有史以來災情最慘重的地震，通稱九二一大地震。地震發生於1999年9月21日，規模7.3，震央位於南投縣集集鎮附近。集集地震是臺灣陸地上百年來最大的地震，災情遍及全島，主要災區包括南投、臺中、苗栗及彰化，造成2,415人死亡、重傷11,305人，房屋全倒51,711間、半倒53,768間。

集集地震表現出三項特徵：（一）地震位置位於臺灣島正中央，餘震南北分布長達100公里，呈半圓弧狀，圍住「北港基盤高區」。（二）震源深度僅8公里，觸動車籠埔斷層，造成地表激烈錯動，而且斷層東側之上盤比西側之下盤有超出甚多的位移與振動，地質學上稱為「薄皮逆衝理論」。（三）震源破裂由南向北發展，但在臺中縣大甲溪南岸石岡、東勢附近東轉，震波集結放大，造成此區域地表高達9公尺之水平位移。這些特徵與臺灣特殊的大地構造息息相關（馬國鳳，臺灣大百科）。

九二一地震發生前，就有不少地震專家根據諸多線索提出預警，只是當大地震來臨時仍措手不及，整個臺灣社會都受到極大的衝擊。面對這樣難以掌握的威脅，與其冀望地震預測能儘早得以突破，還不如著手建立防災、減災與救災的自然環境災害因應體系，恐怕要務實得多（林俊全，臺灣

的十大地理議題）。

二、颱風

　　颱風是另一種常常造成臺灣巨大損失的災害，颱風帶來的豪雨，可能在山區造成山崩、地滑、土石流等災情，在海岸地帶造成海岸侵蝕，在低窪地區造成洪患，以及造成海堤、河堤的潰決等等。

　　早期國際對颱風並無統一名稱。為了颱風資訊的發布與傳遞，1947年美國聯合颱風警報中心開始為颱風命名，北半球以女性名之，南半球則用男性名；1979年改為男女姓名輪替方式命名。世界氣象組織決議自2000年起，將颱風名稱全部更換，編列140個名字，分為5組，每組28個，由西北太平洋及南海海域國家或地區中14個颱風委員會成員各提供10個，依排定之順序統一命名，複雜而不規律。因此，2000年起，中央氣象局報導颱風消息時，改以颱風編號為主，國際命名為輔。

　　中央氣象局根據近颱風中心附近的最大平均風速，將颱風強度分為三級：風速每秒17.2至32.6公尺為「輕度颱風」，32.7至50.9公尺為「中度颱風」，51公尺以上為「強烈颱風」。統計1958～2005年的資料，共有161個颱風侵襲臺灣地區，平均每年3～4個。其中以8月最多，占28.6%，其次為7月的23.6%和9月的23%。7～9月是臺灣的颱風季節，占整年侵臺颱風總數的四分之三。其中5類路徑的颱風統稱西行颱風，是侵臺颱風主要路線，總計占63%。

　　颱風侵襲時，各地的風力大小除與颱風的強度有關外，亦與地形、高度以及颱風的路徑有密切關係。臺灣地形複雜，而颱風的路徑亦不一致，各地的風力相差甚大。東部地區因地處颱風路徑之要衝，且無地形阻擋，故出現的風力為全臺之冠。中部和南部地區因中央山脈屏障，颱風出現的風力較小。

　　颱風挾帶豐富水氣造成豪雨是引發災害的主因，眼牆與螺旋狀雨帶是颱風大量降水的主要區域。然而在臺灣地區，當颱風登陸後，中心結構常受地形破壞，眼牆結構變得較不顯著，由眼牆上升氣流造成豪雨的機會降

低，反而是源自地形舉升強勁之氣旋式暖溼氣流所致。例如1996年賀伯颱風出海後，亦因西南氣流之強迫作用，所含豐沛水氣在臺灣中南部受到地形舉升，產生持續一日的強烈對流及豪雨。

颱風環流亦可能與其他系統發生交互作用，導致局部地區出現豪雨，典型的例子為1987年造成臺北市災情的琳恩颱風。當琳恩颱風中心通過巴士海峽時，正好有鋒面經過臺灣北部，颱風環流與鋒面後方之東北季風輻合，加上北部山區地形斜坡舉升，於臺灣北部及東北部地區產生持續性豪雨，此種與東北季風共伴之環流型態多出現於秋季，一般稱之為秋颱。

颱風是自然界最具破壞力的天氣系統，也是影響臺灣最重要的災變天氣，每年因颱風造成的經濟損失高達百億元；但颱風帶來的雨量，則是臺灣地區最重要的水資源來源（吳俊傑，臺灣大百科）。

三、暴雨

指短時間內累積極大降雨量的雨，數值大小依地理位置不同而有差異。臺灣通稱為豪雨，依據臺灣中央氣象局定義，日雨量大於130公釐為豪雨，大於200公釐為大豪雨，大於350公釐為超大豪雨。

臺灣汛期為每年5月初至11月底，在這七個月的期間內，是臺灣雨量最豐沛的梅雨及颱風季節。梅雨主要來自大陸長江流域的雲雨系，而颱風則是太平洋低氣壓所形成，兩者皆會帶來連續性豪雨，也是最易發生水患的時刻。

氣候變遷帶來的極端氣候及海平面上升，逐漸改變洪水的發生頻率與嚴重性。近年飽受洪水之苦的臺灣，是全球暴雨最頻繁的地區之一，暴雨紀錄大都很接近世界紀錄，其中90分鐘、2小時及3小時的累積降雨量，更維持世界紀錄。近年很多國內氣象站觀測到日雨量高達1,000毫米，等於平均年降雨量的三分之一到二分之一（黃馨儀，中華民國97年8月10日，中國時報B4科學周報）。

臺灣的暴雨特性為狂、急、烈，臺灣年平均降雨量約2,500毫米，山

區降雨則高達3,000～5,000毫米。在颱風季節期間的暴雨，一小時最大降雨量可達300毫米，一日最大量更可達1,748毫米（1996年的賀伯颱風，阿里山站），幾與世界紀錄1,870毫米並駕齊驅。

2009年8月8日至9日，臺灣受莫拉克颱風影響，嘉義及高屏山區自動雨量站8日單日累積雨量破千，氣象站中臺南8日雨量523.5毫米及玉山9日709.2毫米，均創下該站單日降雨的最大紀錄；阿里山站在8日降下1,161.5毫米，9日更降下1,165.5毫米。屏東尾寮山1,403.0mm，創臺灣所有氣象站中單日最大雨量紀錄。

近年臺灣地區豪大雨發生的機率有明顯增加的趨勢，時雨量超過100公釐的極端降雨機率也大為增加，不僅增加天氣預報工作的挑戰，也使得下游防救災應變面臨極大的調適壓力。

四、乾旱

乾旱是指一個地區因為持續異常的乾燥天氣，導致供水嚴重不足，造成民生及農、工、商等產業蒙受損失的現象。臺灣地區主要降雨期為2～3月的春雨，5～6月的梅雨和7～9月的颱風雨；這些雨季無顯著降雨量時，即可能引起嚴重的缺水。根據中央氣象局的定義，當連續20日以上降水量均未達0.5毫米，稱為乾旱。臺南地區在1962年9月22日至1963年5月25日，總雨量僅只18毫米，為最長乾旱紀錄（徐美玲，臺灣大百科）。乾旱對農作物的影響很大，缺乏灌溉設施的看天田尤其顯著。臺灣水情有三年一小旱、九年一大旱的趨勢。颱風來襲時水庫須洩洪以維持安全，而旱象嚴重時水庫又乾涸見底，足見水資源管理的重要（林日揚，經典，把脈臺灣）。

因各地降雨的季節分布不同，旱災的發生時間也有差異。從歷年的平均月雨量來分析，可以看出，冬春季節，臺灣中南部地區的雨量非常稀少；夏季臺灣北部地區如果遇到空梅，而颱風又都過門不入時，也會鬧旱災，這是受到自然條件限制的關係。中央山脈、阿里山和玉山都順著島形呈南北縱列，對臺灣南北氣候造成很顯著的分隔作用。

根據1971～2000年的乾旱災情統計資料，全臺以冬末至初春的1～2月發生旱災的次數最多。就各別區域而言，則以臺南、嘉義地區的發生次數最多，其次為彰化和桃園地區。中南部的水資源主要源自颱風雨，只要該年夏季颱風沒有帶來足夠的雨水，就可能在9月以後出現缺水現象；旱情可能展延至隔年3月，甚至5月梅雨之前。北部的看天田部分仰賴2～3月的春雨，若春雨不足，缺水情況可能延至5～6月梅雨來臨後才有所改善。臺東和花蓮的乾旱災情則較常出現在3～5月（徐美玲，臺灣大百科）。

在人為因素方面，這與臺灣森林慘遭人為破壞，以致森林面積大減有關。臺灣本來是到處森林連綿、草原莽莽之地，人們不斷從平地往丘陵和高山地帶開拓墾殖，山地中的森林逐漸減少，森林吸收涵蓄雨水的功能也大大縮減，連帶地使得山坡地泥土鬆動流失，增加各水庫的泥沙淤積量，使水庫儲水量愈來愈少，久不下雨時，水庫便很快的乾涸見底，所以才會造成臺灣目前三五年一小旱、十年一大旱的情形。

五、土壤流失

土壤沖蝕乃指地表經由雨滴、水流、風和重力的作用而被移動之現象。移動的過程包括物理性的分散和搬運不可溶之土壤顆粒（砂礫、坋粒、粘粒和有機質）和化學性的帶走可溶性物質。沖蝕過程和土壤流失將使土壤的生產力降低，並造成不可彌補的災害。沖蝕的成因主要為人類的活動，如農耕、森林砍伐和坡地開發等。

臺灣地勢高聳、坡面陡峻，山地分布多於平地，全島平均高度為660公尺，平均坡度25%，如此的地形造成土地利用上諸多限制。平地僅占93萬多公頃，為全省總面積360萬多公頃的26.69%。由於人口的壓力，土地需求甚為急迫，山坡地的開發利用勢在必行，但是此等地區為水土流失最為敏感之地帶，不當的開發行為，衍生了許多水土保持問題，甚至導致水土災害的發生（林俐玲，2004，國政研究報告，山坡地保育與利用之探討）。山坡地保育利用條例出在1976年，直到1994年才有水土保持法，其間二十年臺灣山林遭受破壞的程度，眾所共見。

六、水資源不足

根據中央研究院地球科學研究所研究員汪中和的統計，臺灣用水最主要的來源就是雨水，平均每年大約可以獲得2,500公釐的雨量，換算成水量約為900億立方公尺；經過蒸發、滲入地下及流到海裡後，實際可供運用的只有135億立方公尺的水量。可是目前我們每年需要的水量約為190億立方公尺，地表水不夠的部分就藉抽取地下水來補充，由於供需失衡，水資源不足的問題乃一年比一年嚴重（林日揚，經典，把脈臺灣）。

七、生物棲息地破壞

農委會林業試驗所副所長趙榮臺是生物多樣性方面的專家，他舉例說，臺灣以前有很多毒蛇，因為老鼠多，蜥蜴也很多，表示有足夠的食物供養這些小動物。但人類若濫捕老鼠，或老鼠誤食農藥的殘留毒素而大量死亡，毒蛇也會因食物不足而逐漸絕跡。此外，土地過度開發也會使得蛇類的棲地不斷萎縮，造成族群的滅絕。只要這個生物食物鏈中的任何一個環節出了問題，都會使生命網出現漏洞，導致這個生態系統的改變或崩潰（林日揚，經典，把脈臺灣）。

八、酸雨

根據環保署的定義，酸鹼值在5.0以下的雨水，稱為「酸雨」。1990年4月起，環保署開始對臺灣全島展開長期性的酸雨監測。根據環保署資料，1990～1999年在臺北、桃園、高雄等都會區和工業都市，雨水酸化的情形相當嚴重，pH值皆低於5.0。2000年後則較1990年代有改善的趨勢，其中高雄地區的pH值已明顯改善到5.0以上，但是臺北、桃園一帶的雨水酸化現象依然明顯，pH值仍然低於5.0。環保署在2009年3月15日公布，2008年全臺灣下酸雨最嚴重的地方是陽明山，年平均pH值只有4.5，pH值低於5.0的酸雨發生頻率高達81%。

自然生態保護區

臺灣自然生態保護區是中華民國境內以自然保育為目的所劃設之保護區，可區分為「國家公園」、「自然保留區」、「野生動物保護區及野生動物重要棲息環境」、「自然保護區」等四類型。為保護自然風景及野生動植物，中華民國內政部營建署自1983年起已公告成立8座國家公園。另為保護野生動植物棲息地，自1986年起也陸續公告19個自然保留區。

類別	國家公園	自然保留區	野生動物保護區	野生動物重要棲息環境	自然保護區	總計
個數	8	20	16	34	6	84
占臺灣面積（不含水域）	9.0%	1.8%	0.6%	8.3%	0.01%	19.5%

各類保護區是依照不同法源所設立的，「國家公園」是內政部營建署依《國家公園法》所劃定公告，是為了保護國家特有的自然風景、野生物及史蹟。而「自然保留區」是農委會依《文化資產保存法》所劃定公告。「野生動物保護區及野生動物重要棲息環境」是依《野生動物保育法》，由農委會或各縣市政府所劃定公告。「自然保護區」是農委會林務局依《森林法》經營管理國有林之需要及《自然保護區設置管理辦法》而劃設。

以國家公園為例，根據中華民國《國家公園法》第一條及第六條的規定，設立國家公園是為了保護國家特有的自然風景、野生物及史蹟，並供國民之育樂及研究。其選定標準如下：

（一）具有特殊自然景觀、地形、地物、化石及未經人工培育自然演進生長之野生或孑遺動植物，足以代表國家自然遺產者。

（二）具有重要之史前遺跡、史後古蹟及其環境富教育意義，足以培育國民情操，而由國家長期保存者。

(三)具有天賦育樂資源，風景特異，交通便利，足以陶冶國民性情，供遊憩觀賞者。

由中央或地方單位提出計畫而規劃中之國家公園計有4個，包括：澎湖南方四島國家公園（包含東吉嶼、西吉嶼、東嶼坪、西嶼坪嶼）、北方三島國家公園（包含彭佳嶼、棉花嶼、花瓶嶼）、綠島國家公園、壽山國家自然公園（包含高雄市壽山、半屏山、旗後山、龜山、鳳山縣舊城等地）。此外，能丹國家公園、蘭嶼國家公園與馬告國家公園等3個國家公園之成立計畫，因地方民眾反對而暫緩執行。

此外，自然保護區依據《森林法》第十七條之一：「為維護森林生態環境，保存生物多樣性，森林區域內，得設置自然保護區，並依其資源特性，管制人員及交通工具入出；其設置與廢止條件、管理經營方式及許可、管制事項之辦法，由中央主管機關定之」所設置。

在《自然保護區設置管理辦法》第二條明定出設置條件為：

(一)具有生態及保育價值之原始森林。

(二)具有生態代表性之地景、林型。

(三)特殊之天然湖泊、溪流、沼澤、海岸、沙灘等區域。

(四)保育類野生動物之棲息地或珍貴稀有植物之生育地。

(五)其他經主管機關認定有特別保護之必要。

參考書目

中研院臺灣史研究所，http://140.109.185.220/

中華民國內政部，http://www.moi.gov.tw/

中華民國溼地保護聯盟，http://www.wetland.org.tw/

中華民國環境保護署，http://www.epa.gov.tw/

王鑫（1993）。**臺灣的地形景觀**。渡假出版社，250頁。

石再添等（1996）。**重修臺灣省通志（卷二）土地志（地形篇）**。臺灣省文獻委員會編印，958頁。

林日揚。經典,把脈臺灣。

林俊全(2004)。臺灣的天然災害。遠足文化事業,199頁。

林俊全。臺灣的十大地理議題。

林俐玲(2004)。國政研究報告。山坡地保育與利用之探討。

林朝棨(1959)。**臺灣地形**。臺灣省文獻委員會編印,422頁。

林倖妃,全臺國土大調查——消失的生命之河(1)。天下雜誌442期,2010/03。

郭大玄(2005)。**臺灣地理——自然、社會與空間的圖像**。五南出版,367頁。

黃馨儀。中國時報B4科學周報,中華民國97年8月10日。

楊昭男(1995)。**臺灣的地質構造現象**。中央地質調查所編印,150頁。

維基百科,http://zh.wikipedia.org

臺灣大百科,http://taiwanpedia.culture.tw/web/index

臺灣生物多樣性資訊網(臺灣物種名錄),http://taibnet.sinica.edu.tw/home.php

臺灣環境保護聯盟,http://tepu.yam.org.tw/

劉惠敏,全球化逆流下的臺灣環境,http://linkage.ngo.org.tw/redmole/no5/R0503.
    htm

環境品質文教基金會,http://www.envi.org.tw/

第 3 章

大洋洲島嶼文化 *

楊翎

* 本文感謝兩名審查者提供修改意見書。

本章綱要

臺灣毗鄰世界上面積最大、最深、島嶼最多的太平洋。早在16世紀西方人「地理大發現」之前，這裡大部分的島嶼都有人類探查或居住過的痕跡。包括「澳洲原住民」（Australoids）、「巴布亞語族」（Papuans）和「南島語族」（Austronesians），他們在不同時期移居太平洋，比歐洲維京、葡萄牙和西班牙人的首航，還要早上數千數萬年。然而，這群人的祖先從哪裡來？是什麼樣的條件因素促使他們離開原鄉，組織船隊展開跨海長征？在浩瀚廣袤的水域間，如何辨識航行方向、發現島嶼？形成何種獨特的社會文化風貌？又曾經歷過哪些殖民的衝擊和社會文化變遷？

　　人類之遷徙到太平洋，不是僅侷促海角一隅的故事，同時代表著人類在地球上遷移和探索的最後階段。近年來，由於考古學、民族學、傳統知識、遺傳學、比較語言學、試航實驗、生物證據DNA電腦模擬等研究證據累積，關於太平洋島嶼之間傳播和連結的圖像逐漸清晰。本文擬透過學者們相關的研究成果，以全貌觀點，揭示這段古老神祕的太平洋航程和島民生活經歷的故事。主要分為「大航海、大遷移：太平洋島民的起源與擴散」、「大洋洲的人與自然」、「日常生活、信仰與藝術表現」、「殖民系譜的聚與散」等子題。除了介紹當今學術界關於大洋洲人起源的理論之外，並探討生態環境與生存技術、多樣化的生活智慧與物質文化，從而展望「解殖民」（decolonization）[1]過程後島嶼世紀的未來。

壹　大航海、大遷移：太平洋島民的起源與擴散

　　大洋洲意指太平洋中的陸地，居於歐亞大陸和美洲大陸中間的廣大海

1　第二次世界大戰後，全球有超過200個國家，從殖民地的處境中脫離或獨立，此種過程和狀態，稱之為解殖民或脫殖民。包括透過民主談判、社會抗爭運動或國際人權干預等政治過程，爭取族群平等自主自治自決的地位，以此擺脫殖民宗主國的管制、剝削或帝國意識型態遺緒對在地文化的衝擊和影響，進而尋求族群自尊、傳統語言、歷史文化或記憶的復振及重生（廖炳惠，2007: 69）。

域間，南側為澳洲大陸。大洋洲人的遷移和定居，也經常被喻為是人類在地球上探險和殖民史的完結篇。這段令人嘆為觀止的人類大遷移行動，總計花費了數千數萬年的時光才完成。

　　現代人（*Homo sapiens*）的祖先大約在13萬年前，以步行的方式，從非洲往地球各大洲遷徙。5萬年前已擴散到主要大陸，但是占地球三分之一表面積的太平洋區域，由於無法以步行的方式到達，因此成為地球上最後被人類探索和移民的地方。大洋洲第一批移民，一般推測約於5～6萬年前的更新世末第四冰期，從亞洲大陸的東南沿海或東南亞島嶼，往現今的澳洲大陸和新幾內亞島嶼方向移動，一部分人再續往美拉尼西亞島嶼區域一帶，約於3萬年前到達索羅門群島等地。[2]從大陸東南沿海、臺灣或東南亞出發的「南島語族」，一般推測於5千年前抵達印度尼西亞東部，其後經過新幾內亞北岸、俾斯麥群島，於3千年到3千5百年前到達斐濟、薩摩亞和東加群島，1千3百年前到夏威夷，1千2百年前到達紐西蘭，甚至包含美洲地區；另一支「南島語族」則向西跨越印度洋，到達了馬達加斯加島，可能也到達非洲。現今南島語族已成為世界上僅次於剛果語族的第二大語族，使用人數約3億8千萬，散布區域北自臺灣、東至南美洲西岸復活節島、南抵紐西蘭、西接東非洲的馬達加斯加島（AM, 2006；Howe, 2008: 18; Wikipedia, 2011）。

　　大洋洲文化的特點是海洋文化，島嶼之間的物質文化傳播和交易，依靠的是海圖。航海技術和導航的方法，是橫越大洋的先決條件，包括從無數次航海經驗中，所累積的風向、洋流、星象和海水細微變化的知識。藉由耕作和航海技術的改善，南島語族的先民從「原鄉」出發，操船往返於家鄉和遠方島嶼之間，並帶領著家眷、家畜和植物種源開始向海洋移動，[3]一座接著一座島嶼，航跡遍及整個太平洋區域。約在7百年前，太平

----

[2] 當時海平面比現在低約80～100公尺，印度尼西亞的爪哇、蘇門答臘、婆羅洲與亞洲大陸接壤，澳洲、新幾內亞和塔斯馬尼亞亦有陸橋相連；直到1萬5千年前左右，海平面上升始將島嶼用水域隔開（高山純等，1992: 9-14；印東道子，2000: 17）。

[3] 南島語族先民遷移時，最常攜帶的農畜產品包括：芋頭、地瓜、薯蕷類根莖作

洋上大多數可堪居住的島嶼，大抵都被人類探查和定居過，直到4百多年前，西方殖民國家勢力始深入太平洋，從此島民進入了另一急劇變遷的階段（Bellwood et al., 1995；Bellwood, 2001: 107, 2007: 38；Terrell et al., 2001: 101；民博，2007: 12）。

臺灣原住民族在血緣和語言上，和南島語族有深遠的淵源。南島語族約由1千2百種語言組成，共分為10個子群，其中9個出現在臺灣（Tryon，1995；邱斯嘉，2009：33）。1953年日本學者小川尚義等，首先發現臺灣南島語言保存許多古南島語的特徵，包括語音和語法的現象，這樣的觀念也影響了美國學者Isidore Dyen，其透過臺灣南島語言的資料，對南島古音系統進行比對修正，發現臺灣原住民語言系統呈現較為分歧的狀況。由於語言的分歧演化需要時間的催化，Shutler和Marck採用Dyen語音演變的學說證據，認為臺灣原住民語言分歧，是南島民族的最有可能起源地（Dyen, 1971:14）。此一說法也影響了日後從事比較研究的南島語言學者，對臺灣南島語言材料的重視（李壬癸，1979, 1991），包括澳洲考古學家Peter Bellwood（1991; 2000）和夏威夷大學語言學家Robert Blust（1985）等。至於法國的Andre Haudricourt則認為南島民族起源於中國大陸南疆，介於海南島和臺灣之間；荷蘭學者Hendrik Kern主張是在中南半島；美國學者John Wolff 卻指陳介於臺灣和菲律賓之間（何傳坤，2008）；臺灣考古學家臧振華則提出「多元路徑假說」，認為古南島語族曾分布在閩南、珠江三角洲、海南島和北部灣間的廣大海岸地區，除跨越海峽到臺灣，亦可能沿著越南海岸，到達菲律賓、婆羅洲等地，往太平洋方向擴散（臧振華，2001；2011：49）。

關於大洋洲人的起源問題，除了可以從語言學、考古學、體質人類學等方面分別研究之外，近幾年來，有關族群的遺傳基因研究也有後來居上的趨勢。在人們遷移過程中所留下的線索，主要有下列幾類：文化特徵和地名、物質文化和活動遺跡、人種、動物和植物的特徵、語言的特徵、

物，椰子、麵包樹果、香蕉等果樹，以及豬、狗、雞三種家畜（高山純等，1992: 33；Oliver, 2000: 40-50）。

文化特徵。太平洋地區人群的文化行為，包括地名、命名方式、社會、政治、宗教行為、口傳歷史等，都足以提供過往人群關係的證據。以喇匹塔（Lapita）陶器為例，這類陶器以露天低溫燒製，一般具有梳點壓印紋特徵（邱斯嘉，2009：30），約於3千5百年前，在新幾內亞北方的小島開始出現，3千2百年進入索羅門群島東部和南部島群，大約3千年前，擴散到斐濟、薩摩亞和東加等地；這樣的發展路徑，顯示玻里尼西亞西部的住民，是在短時間內由美拉尼西亞遷移過去的。此外，生物證據顯示，人類粒線體DNA遺傳物質透過母系傳播；玻里尼西亞古代女性DNA顯示他們和臺灣的原住民有關；男性Y染色體則顯示他們和印尼東部的人相關；澳洲原住民和新幾內亞、美拉尼西亞島嶼的原住民族間亦互有關係（高山純等，1992：36；Friedlaender et al., 2005; AM, 2006; Hudjashow et al., 2007）。

　　近年來，在世界南島語族尋根溯源的熱潮中，臺灣為南島語族原鄉地的假說，日益受到了學界和社會的關注，政府有計畫地支持國家機構透過論壇、研討會、展示、節慶活動等方式，企圖與泛大洋地區的南島民族展開交流合作關係，並透過「南島政策」形塑「世界南島語族」的共同體意識，拉近臺灣與太平洋島嶼的距離。因此，南島世界的建構，現今已不侷限於臺灣島內，其已跨越大洋、進入到「世界南島」的認同體系中。充分展現了走出臺灣、體現聚合這塊「想像共同體」[4]圖像的企圖心，同時也帶動了國家文化政策和博物館（美術館）的策展方向。

---

4 「想像共同體」（imagined community）名詞概念，參如註11。

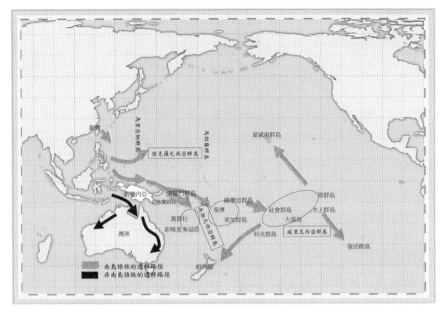

圖3-1　大洋洲島民的移動路徑。藍色：表示「南島語族」的移動路徑；
黑色：表示「非南島語族」的移動路徑（改寫自民博，2007：
12）。

貳 大洋洲的人與自然

　　大洋洲人在濕潤的海島、乾燥的沙漠或高地峻嶺之間，建立其家
園。面對嚴峻的大自然考驗，練就了種種的知識技術，用以適應多樣的環
境，並發展出各種不同的生活型態。更由於經歷了先進國家的政治、經濟
與文化支配，大洋洲人現今多珍視自己世代相傳的傳統，並且開始主張與
生俱有的權利。

　　澳洲是世界上面積最大的島嶼和最小的大陸（李樹藩，2007：217），約
於7千萬年前從南極大陸分離，屬於岡瓦那大陸的一部分。陸地占大洋洲
陸地總面積的86%，年降雨量低於500毫米的草原和沙漠，占全陸地的3分

第 *3* 章　大洋洲島嶼文化

45

之2，而有「乾燥大陸」之稱。[5]其他太平洋島嶼，除了紐西蘭和復活節島外，皆屬於高溫多溼的熱帶海洋性氣候，和澳洲大陸自然環境有著不同特徵。若從地質學的角度，島嶼可分為陸島和洋島兩類。前者大部分集中在大陸邊緣較大的島嶼；靠近太平洋西緣的密克羅尼西亞馬里亞納群島，美拉尼西亞大部分的島嶼（如：新幾內亞、新喀里多尼亞）以及玻里尼西亞的紐西蘭皆屬於陸島，為第三紀末的環太平造山運動所形成，一般具有島嶼面積大、地質和地形複雜、礦物資源種類豐富的特徵（石川榮吉，2000：65）。

相對而言，離大陸遙遠的密克羅尼西亞和玻里尼西亞（紐西蘭除外）島嶼，則多屬於洋島和孤立的小島。洋島分為火山島和珊瑚島（含環礁、隆起珊瑚礁）等類。火山島由海底溶岩噴發而成，屬火山岩質，普遍具有地表崎嶇不平、雨水豐沛、缺乏高山峻嶺等特點。諸如：薩摩亞群島、夏威夷群島、社會群島等是。珊瑚主要沿火山島周邊海水面生成，當島嶼漸被海水淹沒，珊瑚仍續朝海面上增生，於是殘留甜甜圈狀的環礁。環礁標高一般較低，不超過5公尺，呈高溫多溼狀態，一年中降雨量變化頗大，常有雨水不足的情況發生，植生也較貧瘠。環礁內側所形成的礁湖，波濤較外海平靜，除了作為重要漁場，同時也是船舶理想的避難所。楚克（Chuuk）群島、馬紹爾群島、吉里巴斯、土木土群島等，即屬於環礁地形。隆起珊瑚礁則指環礁隆起的部分，東加塔普群島、諾魯、大洋島屬之，後兩島因礁湖窪地長期堆積海鳥糞便，為鳥糞燐礦石的產地（石川榮吉，2000：66；民博，2007：12）。

目前大洋洲公認之地理範疇，主要包括密克羅尼西亞、美拉尼西亞和

---

[5] 就生物地理學而言，澳洲大陸與亞洲間有華萊士線（Wallace's line）和里德克線（Lydekker's Line）等相隔，澳洲的哺乳類動物全為單孔類和有袋類，有胎盤類動物老鼠、蝙蝠於中新世進入，其後才有人類和狗的出現（小山修三，2000：8）。

玻里尼西亞三大島群，[6]廣義範圍則包括澳洲大陸。[7]西方早期航海家、宣教士，便發現玻里尼西亞各島嶼之間的文化有相當的近似性，因該區移民時間較其他島群晚、與外部接觸較少，各島間的文化、語言、方言差異性不大，可追溯來自共同的祖先。但是美拉尼西亞的新幾內亞等島嶼，因地處孤立隔離，語言構成的歧異性高且複雜。密克羅尼西亞因受到印度尼西亞、美拉尼西亞和玻里尼西亞系的影響，地域文化和地方語言組成亦相當的混雜。以下茲依三大島群分述如下：

一、密克羅尼西亞：火山島和珊瑚島

「密克羅尼西亞」意指「小島群」，地處西太平洋美拉尼西亞的北側，包括馬里亞納、加羅林、馬紹爾、吉里巴斯四大群島。馬里亞納群島和附近若干島嶼屬於陸島，馬紹爾、吉里巴斯兩大群島屬於環礁，其餘屬於洋島。火山島因糧食資源豐沛，移住者往往中止遠距離航海而從事近海活動，人口隨之增長，加上傳播和戰爭等因素，逐漸趨向階層社會，形成各自獨特的文化。至於殖民到珊瑚島的人，常與火山島間持續進行航海交易活動，以補充有限的天然資源，並確保在遇到災害時得到援助（印東道

---

[6] 大洋洲三大島群的定義，由法國探險家Dumont d' Urville於1832年提出，「尼西亞」在希臘文字根中指島嶼；這樣的區分，主要採地理上的區分，同時也有文化、人種區分的意涵。而考古學家Green（1995）卻認為三大島群主要依地理區分，在文化史上恐有誤導之虞，因此提出了近大洋洲（Near Oceania）和遠大洋洲（Remote Oceania）兩大地理區的概念，用以涵蓋人類移民擴散的事件和過程。

[7] 澳洲原住民人種與蒙古、高加索、尼格羅人種並列世界四大人種。由300種語言群組成，可再細分為600種方言群。原住民一般皮膚、頭髮呈黑棕色，有寬鼻、長頭、波狀髮的外觀特徵。在18世紀殖民地化以前，數萬年來，過著狩獵採集生活。部落社群人口平均30人，以雙重單系為基礎的分組制（section system）親族組織，有著複雜的親屬稱謂和規定婚制的婚姻法則，即每位男子被指定只能由單向範疇中娶妻，並將宇宙觀的概念，投射在社會關係之中（Keesing & Strathern 2000: 319-320；小山修三，2000：9）。

子，2000：43-44）。

密克羅尼西亞先住民屬於蒙古種的南島語族，皮膚多呈褐色。例如：雅浦島屬父系社會，吉里巴斯則採母系制，由母系系譜決定土地分配和社會地位。共同女性祖先所形成的氏族家系，人數可達數百人。但同屬於母系社會的波納佩和特魯克群島，因受德國和日本殖民統治的影響，現在多採取男系繼承、從夫居制，母系形式逐漸削弱（須藤健一，2000：287）。

波納佩島和科斯雷島的頭目，集政治、社會權力於一身，在階序體制的社會基礎上，發展出首長制國家體系；現存巨形石造建築物遺跡，亦反映了此種政治權力運作的特色。至於雅浦、馬紹爾和吉里巴斯群島社會，存在貴族、平民、奴隸等嚴格身分階層制；但特魯克群島、加羅林群島的中央島嶼，並不存在基於年齡、性別、親族關係以外的社會階層（同上引）。

二、美拉尼西亞：混血與獨特文化的形成

「美拉尼西亞」意指「黑色島嶼」，位於太平洋的西南側，涵蓋約180度經線以西、赤道以南的區域。從新幾內亞往東南方向延伸，包括俾斯麥、索羅門、萬那杜、聖克路斯群島、新赫布里底群島、新喀里多尼亞、斐濟等群島。獨立國家有：巴布亞紐幾內亞、索羅門群島、萬那杜共和國（新赫布里底群島）和斐濟共和國等，地質學上屬於陸島。

美拉尼西亞除了大部分的新幾內亞、周邊的帝汶（Timor）、俾斯麥群島（Bismarck Archipelago）之新不列顛（New Britain）、布干維（Bougainville Island）、索羅門（Solomon Islands）群島等大小群嶼間先住民，屬於巴布亞語族外，其他皆屬於南島語族。巴布亞語族為諸多語言系統的統稱，總數超過8百種，可細分為3千多種方言，約占全世界所有語言的三分之一，複雜性和變異程度位居世界之冠，與其他語言體系並無清晰的語言學關係。有些語言學家主張巴布亞語與澳洲原住民語言間曾經存在著非常古老的同源關係，但目前缺乏證據（Oliver, 1989:72; Bellwood,

2000:14-15）。先住民膚色一般黝黑，具有渦狀捲毛的特徵。過去認為和非洲黑人同屬於尼格羅人種，但最近有些遺傳學研究則持否定的看法，認為和澳洲的先住民屬於同種，因為長久以來小地區的孤立隔離，後來又和南島語族人有不同程度的混血，因此體質特徵依地域而有所差異（石川榮吉，2000：65-68）。

在社會組織方面，「部落」（tribe）常由自發性親屬居處團體組成，強調平權和個人能力，並無中央集權化的政治制度，因此普遍規模較小，低地或海岸地區政治單位不超過2～300人。在巴布亞高地，由「大人物」（big man）[8]控制複雜的交換體系，享有聲譽和相等實權，其地位並非由世襲而來，主要透過個人的能力努力取得（Sahlins, 1970:203; Godelier, 1982:30-34）。地緣群和血緣群間存在各種不一而足的關係，血緣群一般採族外婚制，但也出現地緣內婚情形。因此，部落內成員往往彼此間如果不是親族，就是雙方具有姻親的關係（畑中幸子，2000：295）。

圖3-2　巴布亞紐幾內亞哈根山高地胡利（Huli）族的盛裝（左）。Sing-sing 儀式舞蹈前，頭目為參加的少年畫臉，頭上戴的假髮象徵尊貴（中）。胡利族勇士手持手鼓，隨著節拍擊鼓、跳動和唱和（右）。楊翎攝於 1994 年。

8　Sahlins（1970）指出代表大洋洲政治領導權類型的兩類領袖典型：chief（中譯文：頭目、酋長）和big-man（大人物、強人），前者存於階序社會，後者存於平權社會。郭佩宜（2009：152-154）認為就當地語言對big-man的意義，很難在中文詞彙中找到恰當的對應。

三、玻里尼西亞：巨石文化與階層社會

夏威夷群島、紐西蘭、復活節島所形成的大三角內側為「玻里尼西亞」，意為「多島」之意。三角形底長9千2百公里，一邊約8千平方公里，包括：夏威夷、吉里巴斯的費尼克斯（鳳凰群島）和萊恩群島、吐瓦魯、托克勞群島、薩摩亞、東加、斐濟的羅圖馬島、艾利斯群島、瓦利斯島和富圖納群島、科克群島、紐埃、法屬玻里尼西亞、社會群島、皮特康群島、復活節島和紐西蘭等。此區島嶼部分為自治領土，一些仍屬於美國、法國、英國、智利或紐西蘭的海外屬地或自由結合（Free Association）領土。

玻里尼西亞先住民的體質和語言同質性顯著，人種屬於南島語族。具有長身（平均高度170～173公分）、皮膚呈明褐色、頭髮呈波狀、頭臉大、體格肥滿的特徵。傳統社會屬於階層制，根據出身條件區分頭目、貴族或平民階層的身分。政治權力由頭目群支配，各部落和小地區的小頭目之上，有支配大地域的大頭目。平民向頭目提供物品和勞動力，是親族的義務與習慣，而當頭目個人的消費飽和後，則進行再分配、歸還生產者。頭目的權威往往和傳統宇宙觀結合在一起，頭目的肉體是超自然力量——「馬那」（Mana）的宿主，承繼自祖先神祇，視作力量的泉源。頭目家族成員依出生順序決定社會地位，長子地位最高，政治權威和宗教權威依次由長子、次子往下分散，順位關係也有可能擴大為頭目間的順位。換言之，頭目階層的祖先為眾神，有著數十世代到百世代的系譜，若以遠古先祖先長孫為頂點，下溯成員可形成龐大的世系群，由此反映階序政治的宇宙觀。個人雖然可選擇歸屬父方或母方群體，但一般較重視父方。大部分繼承者為男性，大溪地和夏威夷群島中的少數島嶼由女性繼承，東加和薩摩亞認為女性擁有特殊的靈力，受到尊敬。不過，薩摩亞、烏韋阿島（Ouvea Island）、富圖納島等，則不以出身關係，而是以個人能力決定地位，並未形成人口龐大的世系群聚落（石川榮吉、矢野將，2000：267；石川榮吉，2000：68）。

由於小型珊瑚礁島和大型火山島的生態迥異，因此社會組織和文化

也有所差異。火山島中,以夏威夷的人口眾多且農業發達。玻里尼西亞人雖然以家族作為生產單位,但存在兩種分配剩餘物資的活動類型:一為個人各自利用,另一以頭目為中心所組織的生產單位,將家族併入。特別是火山島,海岸和山區資源迥異的地方,常造成階層性強的社會用以統合資源,形成跨越村落的政治單位(同上引:268)。人口增加、社會階層分化和權力集中的結果,許多島上出現特異型態的巨石建造物(印東道子,2000:40)。諸如復活節島的「毛伊」(Moai)巨石雕像、奧蘭哥(Orongo)祭祀村的石堆祭壇等,可視作宇宙觀和社會權力結合的表徵。

圖3-3　復活節島的巨石雕像。總計 8 百多尊,有的高達 9.8 公尺、重達 80 公噸,多數面向內陸。1995 年被聯合國教科文組織列入世界文化遺產。何傳坤攝。

圖3-4　復活節島奧蘭哥祭祀村的石堆祭壇。該島為南島語族分布的最東界,島民於公元 500 年由社會群島遷徙至此,後因生態資源耗盡而荒蕪。何傳坤攝。

圖3-5　紐西蘭羅托魯阿(Rotorua)Ohinemutu 部落會堂。會堂的建築結構和裝置,除了是毛利人宇宙觀的投射,同時也隱喻社會組織和性別分工的歷史意識。楊翎攝。

3-6　大洋洲人的文面歷史推測有 3 千年歷史。圖為紐西蘭毛利傳統男子（左上）、婦女（左下）、年輕女子背部（右）的文面（moko）。地位高的男子，會在整臉、手臂、臀部等處文面，女子則集中在下巴和口唇部分，是傳統社會身分地位的表徵。楊翎攝於 2009 年。

參　日常生活、信仰與藝術表現

　　太平洋上散布著數以萬計的島嶼，對於熟習航海技術的島民而言，島嶼就是完整的世界。玻里尼西亞先住民因移民時間較其他區域晚，且與外部接觸較少，因此島嶼間文化的同質性高。至於其他島嶼因長久處於孤立和隔絕狀態，往往各自發展出獨特的文化形貌，即使居處在同座大島的居民，也可能因各據一隅，同源的社會結構、神話傳說等，而存在多樣的變異類型。

　　大洋洲豐富的生物多樣性，蘊含著複雜的生計策略。食物的取得掌控人們日常生活。在小規模生計社會中，所有年齡層的人都可能從事採集、

拾貝、捕魚、狩獵、畜養動物或園藝活動，並參與日常器物的製作。在山田燒墾後，常以根莖分株或插芽的方法，栽培薯蕷、芭蕉、甘蔗、椰子等植物，並飼養豬、狗、雞等家畜。此外，島民生活與海洋亦密不可分，傳統以釣、刺、網撈、堆石、石擊等方法捕魚。島民雖然具備精良的造船工藝、操船技術，以及天文、氣象和海洋地形學知識，在造船或遠航時，亦多會舉行一些宗教儀式，以求超自然力量的護佑（石毛直道，1982：153；Oliver, 1989: 361-422；楊翎，2008：145，150）。

交換是島民社會生活的一部分，表現與反映群體或個人彼此建構的社會關係。一如：婚姻須透過聘禮的支付而生效；日常的小型次要交易，為感情和友誼的表達；義務性的禮物往來，則可維持、強化並創造各種合作、競爭或敵對性的社會連結，像是親屬和婚姻連帶、建立新網絡或忠誠關係。再如：新幾內亞東南方分散島嶼上的庫拉（kula）交易圈，以不斷循環的方式傳遞交換貝製臂飾和項鍊。表面上只是一種季節性的儀式活動，事實上島嶼間聯繫成廣大的交換網，個人到另一個島嶼進行庫拉活動時，也會帶著他所剩餘的經濟物品去交換其他的物品。除了具有促進經濟和自然資源再分配的功能，所有交換物品也象徵個體物主的勞動凝結，透過特定個體的勞動而納入到交換當中（Malinowski, 1922:49-80; Damon, 1980:284; Manderson, 1986:16 ;Yan, 1996:4-13；楊翎，2008:71）。

基於對自然和超自然的認知和體驗，島民也發展出獨特的宇宙觀傳統，並藉由各樣的巫術、祈求、占卜等操作行為，和祖靈、精靈、馬那或神祇等超自然作用力溝通。超自然無形的力量亦常被賦予具象的形體，展現在木雕、石雕、骨雕、貝雕、板繪、樂器、樹皮畫、製陶、建築、編織等物質工藝形式之中，成為崇拜、供奉的神聖表徵。綜觀食、衣、住、行的日常器物，往往也透過各式象徵符號來表現它們自身。諸如：手斧、食具、樂器、獨木舟、屋飾板、網袋、貝幣等物件上的裝飾紋樣，常見幾何、重疊、程式化或象徵手法，用變型表現來描繪身體、脫離整體的細節錯位、精緻的對稱及非對稱細節、非邏輯性組合、寫實而非直觀的表現，皆為個人與社會集體再製的載體，展現在地獨特的藝術文化內涵（楊翎，2008：86）。

近代在全球化的浪潮下，部落的儀式神聖物經常被當成原始藝品而大量製造。尤其是1980年代以降，大量的海外觀光客湧入南太平洋旅遊，伴手紀念品需求量大增。由於原寸面具、木缽等物件體積龐大而笨重，於是島民開始製作小件、簡化及兼具實用功能的工藝品。傳統的叉子、棍棒、木缽、陶器、樹皮布等，常做成餐具、裁信刀、托盤、桌布、地墊等紀念品賣給觀光客。從傳統工藝到觀光工藝，透過一次又一次的實踐過程，在觀光客、藝術商或當地人眼裡，物件仍然蘊含著地方自主力量，持續作為傳統文化紀念物的表徵（民博，2007：10；楊翎，2008：86）。

圖3-7 斐濟的樹皮布和編席（左）。東加的草編拂扇、圓盒等工藝品（中）。吐瓦魯的草裙和地墊（右）。上海世界博覽會「太平洋聯合館」中，各太平洋島嶼國家工藝品展示。楊翎攝於2010年。

肆 殖民系譜的聚與散

自16世紀西歐探險家進入大洋洲後，對島民的生活方式產生重大的影響。新的病菌、鐵器、槍械、文明利器、基督宗教等紛紛傳入，夾帶強勢的文化，導致島嶼傳統自給體制、社會組織結構、人口動態等皆產生急劇的變化。幾乎所有的島嶼，19世紀後半皆已然控制在西班牙、英國、法國、德國、美國、荷蘭等西方殖民國家勢力範圍之中。殖民國家除了以經濟剝削掠奪為目的，並常涵括軍事利用、土地開發、阻絕競爭對手進出等各種行為。即使在同座島嶼之中，常也堆疊或結合了複數的勢力，大幅改變了大洋洲的傳統社會（小林泉，1994：18；山本真鳥，2000：7-9）。殖民主

義支配大洋洲的歷程，同時也是世界近代國家建設、現代經濟體系導入的過程。最早對此過程有興趣的是人類學者，他們透過航海者、探險者、宣教師、商人、殖民地行政官員所殘留的片斷紀錄，或進入部落來重建社會變遷前原來的樣貌，並特別針對未有文字記載、書寫歷史較忽略的區塊進行研究。

　　1565年西班牙人占領關島，荷蘭航海家接踵而來，太平洋島嶼遂逐漸成為西方國家爭奪各種殖民形式的草場。1602年荷蘭成立東印度公司，將印尼建立成殖民地，並於1828年兼併巴布亞的西半部。宿敵的英法兩國，則於19世紀前半積極搶食太平洋利益：1840年英國人和毛利人簽訂「懷唐伊條約」（Treaty of Waitangi），宣示對紐西蘭的領土權；法國人則宣布社會群島、大溪地、賴阿特阿島（Raiatea）群島的保護領地。從19世紀後半的勢力分布來看，西班牙據有太平洋西北部的菲律賓、關島、馬里亞納群島、加羅林群島。法國據有東南部，以社會群島為中心的玻里尼西亞，包括新喀里多尼亞島。英國除了澳洲和紐西蘭外，並掌握新幾內亞島的東南部、索羅門群島、斐濟、吉里巴斯、艾利斯群島等之太平洋群島的利益權。美國原本並未抱以帝國主義進出太平洋，而是致力於本土邊陲拓荒、領土統合事業，自美西戰爭勝利後，西班牙賠償加勒比海的波多黎各、亞洲的菲律賓、密克羅尼西亞的關島，再兼併夏威夷，領有東薩摩亞，作為美國海外領土（山本真鳥，2000：10-11）。

　　德國因為內部統一問題，於1870年代後始加入殖民大洋洲行列，領有新幾內亞東半部的領地，南部於1884年被英國兼併，同年，北方的俾斯麥群島成為德國領地。德國以經濟開發為主要目標。除了菲律賓和關島由西班牙割讓給美國，馬里亞納和加羅林群島則賣給了德國。此外，德國也在美國和英國的競爭下，漁翁得利占取了西薩摩亞（現今的薩摩亞）。1914年第一次世界大戰開打後，德國在太平洋的領地被聯合國軍方接管。戰後國際聯盟將密克羅尼西亞歸日本，西薩摩亞歸紐西蘭。德領新幾內亞則歸澳洲委任統治。日本為後起建立殖民帝國，第一次世界大戰後，國際聯盟將密克羅尼西亞委交日本統治，直至第二次世界大戰日本戰敗，再移歸美國接管（同上引，11-12）。

　　二次世界大戰以後，大多數大洋洲殖民地在政治和經濟上，仍無法徹底擺脫對於舊有宗主國的依賴。1960年代以後，一些島嶼陸續從過去殖民或託管狀態，朝向獨立國家方向發展。如：1962年薩摩亞（舊西薩摩亞）脫離紐西蘭、1970年斐濟脫離英國獨立，同年東加王國恢復外交權。1975年巴布亞紐幾內亞、1978年索羅門群島和吐瓦魯、1979年吉里巴斯共和國、1980年萬那杜共和國等完全獨立。密克羅尼西亞聯邦、馬紹爾群島共和國、帛琉共合國則從美國自由結合中獨立建國，紐埃和科克群島則和紐西蘭自由結合，成立自治政府（參如表3-1）。[9]這些在殖民時代以後興起的民族國家，多以近代國家體制為雛型，一方面在經濟上尋求舊有宗主國或先進國的財政援助，以持續維繫國家營運；另一方面，島嶼國家菁英亦致力於政治自律和經濟自立，包括制定國家憲法，以民族主義為基礎，發展立法、行政、司法等政治制度，樹立殖民地時期所沒有的民主經驗。由新興國家獨立之後，其殖民時期的階級結構、經濟依賴和剝削關係常持續不變，加上「部落自我意識」（如：傳統領袖地位、權威、權力和分工）難以和新興國家政治機構接合並存，故往往導致諸多衝突，造成社會發展的混亂（石川榮吉、矢野將，2000：268-269；広野好彦，2000：72）。

　　在大洋洲多數後殖民的民族國家中，「部落」的概念往往被改造成與民族主義式統一國家相為對應的「少數民族」或「土著民族」概念。例如：澳洲、紐西蘭和夏威夷等地，因有大量白人移入，而成為外來人口比先住族群多的殖民化（Colonization）國家；至於法國、美國、英國等國，現在在大洋洲仍然保留部分的海外領地。因此要獨立？還是併入殖

---

[9] 大洋洲計有14個獨立國家：澳大利亞、斐濟、吉里巴斯、馬紹爾群島、密克羅尼西亞、諾魯、紐西蘭、帛琉、巴布亞紐幾內亞、薩摩亞、索羅門群島、東加、吐瓦魯、萬納杜。2個自治政府：紐埃（紐）、科克群島（紐）。14個屬地：阿什莫爾和卡捷島（澳）、珊瑚海群島（澳）、諾福克島（澳）、馬里亞納群島（美）、關島（美）、夏威夷（美）、美屬薩摩亞（美）、新喀里多尼亞（法）、瓦利斯和富圖納（法）、法屬玻里尼西亞（法）、托克勞群島（紐）、皮特康群島（英）、羅圖馬島（斐濟）、復活節島（智利）（維基百科，2010）。

民國家？住民之間的想法頗為分歧。有的先住民族為了爭取政治自主權、土地索賠權和族群認同，發起文化復振或各式抗爭運動，用以尋回流失的文化遺產和強化先住民的身分認同（石川榮吉，2000：65；須藤健一，2008：1）。[10]

　　總括而言，後殖民主義國家狀況或許各有差異，但殖民時代所遺留下來的殖民文化，通常會與因民族文化自覺而興起的本土文化，或兩者之間的混雜型態，構成既矛盾又連合的關係（Beteille 1998; Keesing and Strathern 2000）。此外，地球環境破壞所導致的溫室效應、全球暖化、島嶼陸沈危機以及核子試爆造成的生態浩劫，這些都是大洋洲目前在解殖民時代所面對的難題。

表3-1　大洋洲獨立國家（含自治政府）一覽表

大洋洲區域	國家	首都	面積（平方公里）	人口	殖民屬地／獨立年代
澳洲	澳大利亞	坎培拉（Canberra）	7,686,850	2,247萬	英國／1931年成為英國聯邦內獨立國家
密克羅尼西亞	帛琉共和國	美律坵（Melekeok）	488（由340多座島嶼組成）	2.1萬	西班牙、德國、日本。戰後美國託管／1994年獨立
	吉里巴斯共和國	塔拉瓦（Tarawa）	811（33座島嶼）	92,532	英國、日本／1979年獨立
	馬紹爾群島共和國	馬久羅（Majuro）	181（1,225座島礁）。水域213萬	64,522	德國、日本、美國／1986年獨立，並與美國簽訂自由結合協定

---

[10] 某些太平洋島嶼在殖民時期，除了歐洲人外，還曾引入亞洲勞動力，從事農業開發、礦業開採等工作，諸如：斐濟、法屬新喀多尼亞、法屬玻里尼西亞等，由此發展重組成一個多元文化的社會。由此也反映19世紀後半，世界經濟體系和殖民帝國的影響勢力範圍（童元昭，2009：67-68）。

大洋洲區域	國家	首都	面積（平方公里）	人口	殖民屬地／獨立年代
密克羅尼西亞	密克羅尼西亞聯邦	帕里克爾（Palikir）	702（全國有607個島嶼，波納佩島最大，首都所在）	10.8萬	西班牙、德國、日本、美國。戰後美國託管／1986年獨立
	諾魯共和國	雅連（Yaren）	21.2	1.1萬	英國、德國、澳大利亞、日本。戰後英、澳、紐共管／1968年獨立
美拉尼西亞	巴布亞紐幾內亞獨立國	摩爾斯貝港（Port Moresby）	462,840（新幾內亞島東部及8百座島嶼）	593.1萬	德國。戰後澳洲託管／1975年獨立
	索羅門群島	荷尼阿拉（Honiara）	27,556（9百多座島嶼）	54萬	德國、英國、日本／1978年獨立
	萬那杜共和國	維拉港（Port Vila）	12,190（80多座島嶼）。水域84.8萬	24萬	英國、法國／1980年獨立
	斐濟群島共和國	蘇瓦（Suva）	18,270（332座島嶼）	83萬	英國／1970年獨立
玻里尼西亞	紐西蘭	威靈頓（Wellington）	270,534	437萬	英國／1947年獲全部自主權
	薩摩亞獨立國	亞庇（Apia）	2,934（9座島嶼）。水域10萬	20萬	德國、紐西蘭／1962年獨立
	吐瓦魯	富那富提（Funafuti）	26（9座島嶼）	11,127	英國／1978年獨立
	東加王國	努瓜婁發（Nuku'alofa）	748（3群島及172座島嶼）。水域25.9萬	11萬	英國／1970年獨立
	科克群島（自治政府）	阿瓦盧阿（Avarua）	陸地240	21,750	英國／1965年成立自治政府，與紐西蘭維持自由結合關係
	紐埃（自治政府）	阿洛非（Alofi）	陸地260	2,166	英國／1974年成為自治政府，與紐西蘭維持自由結合關係

（資料來源：李樹藩，2007；中華民國外交部，2010；維基百科，2010）

伍 結語

長久以來，太平洋諸多島嶼間的人口往來、交換流動、甚或戰爭衝突，皆十分頻繁密切。島上存在的小部落政體，曾是人類學者心目中理想「有秩序的無政府狀態」。近世迭經殖民及後殖民等不同時期的交纏，嚴峻的生存挑戰和複雜的族群現象，牽動了社會文化、宗教信仰、政治、經濟、人口組成的各自轉折，代代相傳的文化、信仰、語言、風俗與技藝從而快速流失，同時面臨固有族群認同的迷失。因此，如何脫離弱勢邊緣的困境，保留傳統賦予的主體性和權利，是當代先住民族企待突圍的課題。

戰後仿效西方現代化的全權統治，新興的所謂「民族－國家」（nation-state）紛紛在大洋洲出現。即「民族－國家」中所潛含的「一個民族等於一個國家」之意識型態邏輯，其雖有利於島民脫離西方殖民體系，但因受困於其「傳統」方式和「部落主義」心態，所以往往會造成族群認同的危機，且無法擺脫殖民勢力之影響。一些由多民族結合而成的國家，則呈現Anderson（1991）所謂「想像共同體」（imagined community）[11]的狀態；在一統的國家行政管理、國民化教育體系、警察和軍隊體系之中，共同體所固有的間隙，亦提供民族分立力量的生存空間。

臺灣島地處歐亞大陸和太平洋諸島的交接處，與大洋洲諸島嶼共享太平洋海域，自古以來便存在相互滲透和緊密交織的關係網絡。島嶼民族流動的生命和文化記憶、獨特的歷史發展路徑，以及對外來殖民和後殖民影響的詮釋，對於在同樣面對全球化浪潮、族群混雜共存、本土化承繼問題，以及創造意識崛起的臺灣，無疑提供了更多面向的視野。

---

[11] Anderson（1991）在其同名的專書中，用來指陳民族國家如何透過文字（閱讀、印刷術）、國族符號（國歌、國旗、紀念物、節慶活動）、官方語言、博物館、殖民地考古學等象徵資本，形成屬於同一社群的國家和公民的虛幻觀念，從而達成鞏固民族國家體制運作的目的。

參考書目

中、日文部分

小山修三（2000）。アボリジニ。載於越智道雄、小林泉、百々佑利子（監修），オセアニアを知る事典（頁7-11）。東京：株式會社東京印書館。

小林泉（1994）。**太平洋島嶼諸国論**。東京：東信堂。

山本真鳥編（2002）。オセアニア史。東京：株式會社出川出版社。

王嵩山、楊翎、何傳坤（2006）。大洋洲的人、文化與自然。臺中：國立自然科學博物館。

中華民國外交部（2010）。亞太地區。網路資源，http://www.mofa.gov.tw/webapp/ct.asp?xItem=69&ctNode=1417&mp=1。10月10日。

石川榮吉（1978）。**南太平洋の民族學**。東京：株式會社角川書店。

石川榮吉（1992）。**日本人のオセ`アニア發見**。東京：株式會社平凡社。

石川榮吉等（2000）。オセアニア。載於越智道雄、小林泉、百々佑利子（監修），オセアニアを知る事典（頁65-75）。東京：株式會社東京印書館。

石毛直道（1982）。今日仍在大洋洲行駛的獨木舟——太平洋上精美的帆船，李永熾譯。載於**神祇與自然的崇拜者——柏林世界民族博物館**（頁152-158）。臺北：出版文化事業股份有限公司。

印東道子（2000）。先史時代のオセアニア。載於山本真鳥（編），オセアニア史（頁17-45）。東京：株式會社出川出版社。

何傳坤（2008）。大洋洲南島民族之擴散。載於王嵩山、楊翎（主編），**大洋洲的物件與文化**（頁27-31）。臺中：國立自然科學博物館。

李樹藩編（2007）。**最新各國概況——美洲、大洋洲分冊**。吉林：長春出版社。

邱斯嘉（2009）。從考古的證據看太平洋文化的起源與變遷。載於童元昭（編），**群島之洋：人類學的大洋洲研究**（頁13-104）。臺北：商務印書館。

國立民族學博物館（簡稱民博）（2007）。オセアニア：海の人類大移動。大阪：國立民族學博物館。

畑中幸子等（2000）。メラネシアじん。載於越智道雄、小林泉、百々佑利子

（監修），オセアニアを知る事典（頁294-297）。東京：株式會社東京印書館。

高山純、石川榮吉、高橋康昌（1992）。オセアニア。東京：朝日新聞社。

郭佩宜（2009）。大洋洲的領導類型與轉變。載於群島之洋：人類學的大洋洲研究（頁149-172）。臺北：商務印書館。

童元昭（2009）。踏浪而行：大洋洲人群流動的經驗。載於群島之洋：人類學的大洋洲研究（頁261-281）。臺北：商務印書館。

須藤健一（2000）。ミクロネシアじん。載於越智道雄、小林泉、百々佑利子（監修），オセアニアを知る事典（頁286-289）。東京：株式會社東京印書館。

須藤健一（2008）。オセアニアの人類學。東京：風響社。

楊翎（2008a）。古典大洋洲的當代視野：美拉尼西亞的物與物質文化研究。載於王嵩山、楊翎（主編），大洋洲的物件與文化（頁63-81）。臺中：國立自然科學博物館。

楊翎（2008b）。館藏標本圖錄。載於王嵩山、楊翎（主編），大洋洲的物件與文化（頁83-302）。臺中：國立自然科學博物館。

廖炳惠（2007[2003]）。關鍵詞200。臺北：麥田出版。

維基百科（2010）。大洋洲。網路資源，http://zh.wikipedia.org/zh-tw/%E5%A4%A7%E6%B4%8B%E6%B4%B2，10月20日。

臧振華（2001）。從"Polynesian origins: Insights from the Y chromosome"一文談南島民族的起源和擴散問題。Language and Linguistics, 2(1):253-260。

臧振華（2011）。臺灣是南島語族的起源地嗎？發表於「探索太平洋」國際研討會。臺灣太平洋研究學會、國家圖書館主辦，臺北，2月16-17日。

英文部分

Anderson, Benedict (1991). Imagined Communities: Reflections on the Origin and Spread of Nationalism. London and New York: Verso Books.

Auckland War Memorial Museum (AM)(2006). Vaka Moana. Unpublished Exhibition Panels, Auckland.

Bellwood, Peter (1991). The Austronesian Dispersal and the Origins of Languages.

Scientific American July: 88-93.

Bellwood, Peter (2000).太平洋族群的起源，蔡百銓譯。載於Max Quanchi and Ron Adams（編），太平洋文化史[Culture Contact in the Pacific]（頁11-30）。臺北：麥田出版。

Bellwood, Peter (2001). Comments. In Foregone Conclusions? *In* Search of 'Papuans' and 'Austronesians'. John Edward Terrell, Kevin M. Kelly, and Paul Rainbird. Current Anthropology, 42(1): 97-124.

Bellwood, Peter, James Fox, and Darrell Tryon (1995). The Austronesians in History: Common Origins and Diverse Transformations. In the Austronesians: Historical and Comparative Perspectives. Peter Bellwood, James Fox and Darrell Tryon eds. pp. 1-16. Canberra: The Australian National University.

Beteille, Andre (1998). The idea of Indigenous People. Current Anthropology, 39(2): 187-92.

Blust, Robert (1985). The Austronesian Homeland: A Linguistic Perspective. Asian Perspective, 26: 45-67.

Damon, Fred (1980). The Kula and Generalized Exchange: Considering Some Unconsidered Aspects of the Elementary Structures of Kinship. Man, 15(2): 269-292.

Dyen, Isidore (1971). The Austronesian Language and Proto-Austronesian. *In* Linguistics in Oceania 1. Thomas Seboek ed. pp. 5-24. Mouton: The Hague.

Friedlaender, Jonathan, Theodore Schurr, Fred Gentz, George Koki , Francoise Friedlaender, Gisele Horvat, Paul Babb, Sal Cerchio, Frederika Kaestle, Moses Schanfield, Ranjan Deka, Ric Yanagihara and Andrew Merriwether（2005）Expanding Southwest Pasific Mitochondrial Haplogroups P and Q. Molecular Biology Evolution, 22(6): 1506-1517.

Godelier, Maurice (1982). Social Hierarchies among the Baryua of New Guinea. *In* Inequality in New Guinea Highlands Societies. Andrew Strathern, ed. pp.3-34. Cambridge: Cambridge University Press.

Green, Roger C. (1995). Linguistic, Biological, and Cultural Origins of the Initial Inhabitants of Remote Oceania. Journal of Archaeology, 17: 5-27.

Howe, Kerry, ed. (2008). 大洋之舟——南島祖先的海洋之旅[節譯自Vaka Moana, Voyages of the Ancestors-The Discovery and Settlement of the Pacific]，傅君編。臺東：國立臺灣史前文化博物館。

Hudjashow, Georgi, Toomas Kivisild, Peter A.Underhill, Phillip Endicott, Juan J. Sanchex, Alice A. Lin, Peidong Shen, Peter Oefner, Colin Renfrew, Richard Villems and Peter Forster (2007). Revealing the Prehistoric Settlement of Australia by Y chromosome and mtDNA analysis. The National Academy of Sciences of the USA, 104(21): 8726-8730.

Keesing, Roger M. and Andrew J. Strathern (2000[1998]). 文化人類學——當代的觀點[Cultural Anthropology-A Contemporary Perspective]，吳佰祿、李子寧譯。臺北：桂冠圖書。

Malinowski, Bronislaw (1922). Argonauts of the Western Pacific. The Essentials of the Kula. pp.49-80. New York: E.P. Dutton.

Manderson, Lenore (1986). Introduction: the Anthropology of Food in Oceania and Southeast Asia. *In* Shared Wealth and Symbol: Food, Culture, and Society in Oceania and Southeast Asia. pp.1-25. Cambridge: The University of Cambridge.

Oliver, Douglas (1989). Oceania: The Native Cultures of Australia and the Pacific Island. Honolulu: University of Hawaii Press.

Oliver, Douglas (2000). 太平洋島嶼原住民文化[節譯自Oceania: The Native Cultures of Australia and the Pacific Island]，虹源翻譯社譯。臺北市：行政院原住民委員會。

Sahlins, Marshall D. (1970). Poor Man, Rich Man, Big-Man, Chief: Political Types in Melanesia and Polynesia. *In* Cultures of the Pacific. Thomas G. Harding and Ben J. Wallace, eds. pp.203-215. New York: The Free Press.

Tryon, Darrell (1995). Proto-Austronesian and the Major Austronesian Subgroup. In the Austronesians: Historical and Comparative Perspectives. Peter Bellwood, James Fox and Darrell Tryon eds. pp. 17-38. Canberra: Australian National University.

Wikipedia (2011). Austronesian Peoples. Electronic document, http://en.wikipedia. org/wiki/Austronesian_peoples. accessed Jan. 4.

第 **4** 章

臺灣原住民族的
歷史與文化

葉憲峻

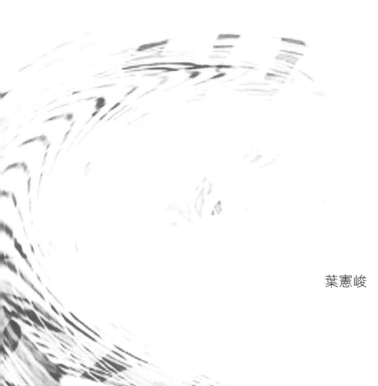

本章綱要

壹 前言

　　從1896年第一個臺灣的史前遺址（臺北市芝山岩遺址）被發現以來，至今臺灣全島被發現的文化遺址已有1千多處。依據這些文化遺址，可知臺灣早在3萬年前即有人類居住。不過，現今臺灣的原住民族尚無直接證據證明與上述舊石器時代有關。依據目前比較可靠的人類學證據判斷，臺灣的原住民族約從6千年前開始移居於臺灣。[1]他們先後從中南半島地區，經中國大陸東南沿海移入臺灣，然後擴散至南洋群島。[2]

貳 原住民族的稱呼

　　清朝統治臺灣時期，將臺灣之原住民族劃分為「生番」與「熟番」兩類。「生番」或稱「野番、高山番」，為居住於沿山、高山或臺灣東部者（部分實際上是居住於平地），不列入統治管理。「熟番」或稱「土番、平埔番」，原居於西部平原，後為漢族移民同化之平埔族。[3]

　　日治時期則初稱原住民族為「蕃人」，1935年以後改稱「高砂族」。「蕃」取「蕃國」之義；「高砂族」之稱，源於17世紀時，日本

1　李壬癸，《臺灣原住民文化基本教材》（上冊），國立編譯館，1998年，頁1。

2　凌純聲，〈古代閩越人與臺灣土著民族〉，刊於林熊祥等著，《臺灣文化論集》（一），臺北市，中華文化出版事業委員會，1954年，頁3；臺灣省文獻委員會，《重修臺灣省通志》，卷三〈住民志同胄篇〉，南投市，臺灣省文獻委員會，1995年，頁19。

3　余文儀，《續修臺灣府志》，臺北市，臺灣銀行經濟研究室，1962年據乾隆25年版，頁78～80、570；沈茂蔭，《苗栗縣志》，臺北市，臺灣銀行經濟研究室，1962年據光緒20年版，頁122；屠繼善，《恆春縣志》，臺北市，臺灣銀行經濟研究室，1960年據光緒20年版，頁106；黃逢昶：《臺灣生熟番紀事》，臺北市，臺灣銀行經濟研究室，1960年據光緒年間版，頁5～12。

商人常停泊今之高雄港，以高雄港地形酷似「日本本州之高砂」。[4]

　　二次世界戰後，國民政府改稱「高砂族」為「山胞」，亦即「山地同胞」之意。至於民間，則俗稱為「山地人」。今日正式使用的「原住民」稱呼，乃是1994年7月28日，由當時的國民大會修憲案，表決通過將原來在二次世界戰後所稱之「山胞」，變更稱呼為「原住民」。這是「原住民」法定稱呼之始（憲法增修條文第10條）。十年後的2005年1月21日，立法院更據以通過「原住民族基本法」。依據2011年1月行政院原住民族委員會所統計，臺灣「原住民族」人口為513,103人（表4-1）。

表4-1　100年1月臺灣14族原住民族人口統計表[5]

族別	人口數
阿美	187,938
排灣	90,303
泰雅	81,633
布農	52,633
太魯閣	26,877
卑南	12,252
魯凱	12,138
賽德克	7,144
鄒	6,815
賽夏	6,007
達悟（雅美）	3,935
噶瑪蘭	1,251
邵	703
撒奇萊雅	561
其他（未申報）	22,913
總計	513,103

[4] 芮逸夫，〈臺灣土著民族劃一命名擬議〉，附錄於：森丑之助，《臺灣蕃族圖譜》，南天書局，1994年據大正4年版，頁37。

[5] 「100年1月臺閩縣市鄉鎮市區原住民族人口──按性別、族別統計表」，行政院原住民族委員會網站／主動公開資訊＞統計資料＞原住民人口數統計資料。http://www.apc.gov.tw/=

臺灣原住民族的分類

　　臺灣的原住民族未被外來政權統治以前，以部落組織「社」為單位，只有部落（社）之領域觀念，並無族群之分。依據17世紀荷蘭人的調查，平地原住民族部落約以數十家或百十家為一社，聚居形成村落。[6]而居於高山地區之原住民族部落則較為散居，由許多小社聚集成大社。臺灣現在使用之地名即有許多是原住民族部落之「社名」，例如：苗栗（貓裏社）、通霄（吞霄社）、大甲（大甲社）、大肚（大肚社）、沙鹿（沙轆社）、南投（南投社）、埔里（埔里社）、水里（水裡社）、斗六（斗六社）、西螺（西螺社）、麻豆（麻豆社）、三地門（山豬毛社）、牡丹（牡丹社）等。

　　臺灣的原住民族可概分為「高山族」與「平埔族」（雖然阿美族、卑南族、達悟族並非住在高山，不過仍因過去東部與離島交通不便，且與西部之間為高山遠隔，而歸稱其為高山族）。日治（1895年）以前，臺灣的原住民族只有「社」之區別，並無「族」之分類，詳細之分類始於日本統治臺灣以後。日本政府基於統治方便，早在日治初期即派遣人類學者，先後對於清代所稱之臺灣「生番」與「熟番」進行語言、習俗及社會組織的調查與分類，[7]因而才有族群之區分。

一、平埔族的分類

　　對於臺灣平埔族的分類，日本學者原以「平埔蕃」概稱。不過，後來對於這些自清代開始逐漸消失的平地原住民族有了較多了解之後，才發現他們之間亦存有不同的語言與文化差異，因而加以分類。

6　劉良璧，《重修福建臺灣府志》，臺灣銀行經濟研究室編，1961年據乾隆5年版，頁106。

7　森丑之助，《臺灣蕃族圖譜》，臺北市，南天書局，1994年據大正4年版，頁9。

　　雖然平埔族的分類早在距今百年前即進行，但是因為平埔族實際上已多漢化，只留存少許片段的語言或祭祀風俗，所以到目前為止，各學者的分類尚無統一的分類共識。茲舉如下兩位學者的分類為例：

1. 李亦園將平埔族分為10族[8]

（1）凱達加蘭族（Ketagalan）：基隆、淡水。

（2）雷朗族（Luilang）：臺北盆地及桃園。

（3）噶瑪蘭族（Kavalan）：宜蘭縣境。

（4）道卡斯族（Taokas）：新竹、苗栗之海岸平地。

（5）巴則海族（Pazeh）：臺中神岡、豐原、東勢。

（6）巴布拉族（Papora）：臺中清水、沙鹿、大肚。

（7）貓霧悚族（Babuza）：大肚溪以南、濁水溪以北之彰化、雲林地區。

（8）和安雅族（Hoanya）：嘉義、南投地區。

（9）西拉雅族（siraya）：臺南、高雄、屏東地區。

（10）水沙連（Sao）：日月潭附近。

2. 李壬癸將平埔族分為11族[9]

（1）噶瑪蘭（Kavalan）。

（2）猴猴（Qauqaut）及其他。

（3）凱達格蘭（Ketagalan）。

（4）龜崙（Kulon）。

（5）道卡斯（Taokas）。

（6）拍瀑拉（Papora）。

（7）巴布薩（Babuza）。

（8）洪雅（Hoanya）。

---

[8] 李亦園，〈從文獻資料看臺灣平埔族〉，《大陸雜誌》，10卷9期，1955年，頁19～29。

[9] 李壬癸，〈臺灣南島語言概論〉，《91年度原住民族語言支援教學人員研習——鄒語研習手冊》，臺中師院，2002年10月，頁26。

(9)　拍宰海（Pazih）。

　　(10)　邵（Thao）。

　　(11)　西拉雅（Siraya）。

二、高山原住民族的調查與分類

　　對於高山原住民族的調查與分類，始於日本殖民臺灣之第二年（1896），東京帝國大學派雇員鳥居龍藏氏來臺，同年，森丑之助氏亦以翻譯身分隨軍來臺從事高山原住民族研究。另田代安氏、伊能嘉矩氏、佐山融吉氏等人，後來亦加入臺灣原住民族調查之工作。迨至1936年，臺北帝國大學（今臺灣大學）「土俗人種研究室」研究員移川子之藏、宮本延人等人，乃依據高山原住民族的語言、習俗及社會組織，分為9個族群：Atayal（泰雅）、Saisiat（賽夏）、Bunun（布農）、Tsou（鄒）、Rukai（魯凱）、Paiwan（排灣）、Panapanayan（卑南）、Amis（阿美、邦則Pangtsah）、Yami（雅美，今族人改稱達悟Tau）。[10]

　　二次世界大戰後，政府沿用日治時期對於高山原住民族之分類。「邵族」原被歸類於平埔族，未列為日治時期的9族分類之中，迨至2001年才在原住民族自我意識增長與政府重視原住民族文化之下，重新認證納入原住民族的第十族。2002年，原居住於宜蘭、後大舉遷居至花蓮的平埔族——噶瑪蘭族，經過族群認同調查後，正式被政府認定為第十一族。2004年，太魯閣族被認定由泰雅族獨立出一個族群，成為第十二族。2007年，原隱身於阿美族之中的撒奇萊雅族（Sakizaya）獨立為第十三族。2008年，另一被包含於泰雅族之賽德克族，經行政院第3089次院會（4月23日），決議通過為臺灣原住民族第十四族。以上是為目前臺灣原住民族十四族分類源由與經過。目前尚有「西拉雅族」、「道卡斯族」等族群之復名行動持續在進行中，[11]可見原住民族群意識在臺灣之增長。

---

10 森丑之助，《臺灣蕃族圖譜》，南天書局，1994年據大正4年版，頁9。

11 《自由時報》，98.2.26、98.4.22、98.6.25。

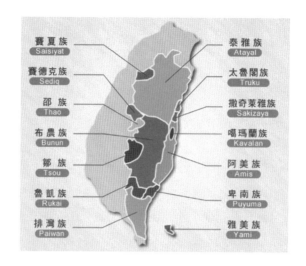

圖4-1　臺灣 14 族原住民族分布圖[12]

三、現今14族原住民族的族名

　　現今臺灣14族原住民族之命名，有7族（泰雅、布農、鄒、達悟、邵、撒奇萊雅[13]、賽德克[14]）是取該族對「人」的發音（「鄒」族原被稱「曹」族，乃因取閩南語發音而後用國語翻譯；達悟族原名雅美族，原取其可能移民自菲律賓巴丹群島最北端之雅美島，後族人反對此說，仿照其

---

[12] 行政院原住民族委員會網站＼原住民族簡介＼原住民族分布
　　http://www.apc.gov.tw/portal/docList.html?CID=6726E5B80C8822F9

[13] 撒奇萊雅族原來分布在奇萊平原（花蓮平原）上，範圍相當於現在的花蓮市區。花蓮舊稱「奇萊」，是因阿美族稱花蓮地區為「Sakiraya」，由此發音擷取「kiray」而來。Sakizaya一詞意義傾向「真正之人」。參見行政院原住民委員會網頁（生活網\原住民簡介\撒奇萊雅族）http://www.apc.gov.tw/life/docDetail/detail_ethnic.jsp?cateID=A000434&linkParent=233&linkSelf=233&linkRoot=8。

[14] 「賽德克」具有四種涵義：(1)族名（名詞），(2)人的意思（名詞），(3)別人（稱呼他人），(4)美麗（形容詞）。參見：〈東賽德克族第一次復名研討會記錄〉，《賽德克族正名誓師大會手冊》，賽德克族正名運動促進會，2007年1月12日。

他族群，以該族語「人」的發音，而自改稱達悟族）；另外7族之族名意義則各有差異，分列如下：

1. 「排灣」是大武山上排灣族發源地地名，也是其中一個部落的名稱。[15]

2. 「卑南族」則因住於卑南平原而被稱之，族人自稱「漂馬」（Puyuma）。

3. 「阿美族」是卑南族所稱「北方人」之意，或阿美族人自稱來自北方的「北方人」之音譯。[16]

4. 「魯凱」為傳統以來魯凱族之自稱，但意義不明，可能與卑南族稱呼其為「深山的原住民部落」（Rukai）有關。[17]

5. 「賽夏」族中的「賽」本意為「哪裡來」，「夏」是積滿雪之處。因此，賽夏族人認為其發源地為大壩尖山。[18]

6. 「噶瑪蘭」為族人所稱之「平原」（蘭陽平原），後轉為自稱族名，以便藉以和居住於山區之泰雅族有所區別。

7. 「太魯閣」族語意為「山腰的平臺」、「可居住之地」、為防敵人偷襲「瞭望臺之地」，後由部落名轉為族名。

四、現今14族原住民族的族語

上述現存14族原住民只是外人的區分，其實他們同一族之間仍因部落遷移而形成同語系的方言語群（如同漢語系的八大方言語群），要列如下：[19]

---

[15] 童春發，《排灣族史篇》，臺灣省文獻委員會，2001年，頁7。

[16] 許木柱等，《阿美族史篇》，臺灣省文獻委員會，2001年，頁2。

[17] 喬宗文，《魯凱族史篇》，臺灣省文獻委員會，2001年，頁44。

[18] 朱鳳生等，《以巴斯達隘（矮靈祭）祭典活動探索賽夏族文化精髓》，順益臺灣原住民博物館，2001年，頁9～10。

[19] 李壬癸，《臺灣原住民文化基本教材》（上冊），國立編譯館，1998年，頁9～13；齊莉莎，〈臺灣南島語言概論〉，《91年度原住民族語言支援教學人員研習

1. 泰雅族：泰雅亞族Atayal。
   (1) 賽考利克Squliq（臺北、南投、宜蘭、桃園、新竹、臺中等縣市）。
   (2) 澤敖利Ts'ole'（苗栗、南投—萬大、宜蘭—四季等、新竹、臺中等縣市）。
2. 太魯閣族（Truku）：原屬於泰雅族賽德克亞族
   花蓮縣秀林、萬榮兩鄉；卓溪鄉立山村；吉安鄉慶豐、南華與福興等三村。
3. 賽德克族（Sediq/Sejiq/Seediq）：原被歸類於泰雅族中之賽德克亞族
   (1) 都克達雅Tgdaya或稱巴蘭Paran（南投縣仁愛鄉大同村霧社與高峰、南豐村、互助村清流與中原等部落）。
   (2) 多達Toda（南投縣仁愛鄉春陽村、大同村碧湖、精英村多達等部落）。
   (3) 德路固Truku（南投縣仁愛鄉合作村、精英村盧山、親愛村布蘭等部落）。
   另有移居花蓮縣秀林、萬榮、吉安、卓溪、玉里，以及宜蘭縣南澳、大同等鄉鎮之都克達雅、多達社群。[20]
4. 賽夏族
   (1) 大隘北方言（新竹縣五峰鄉大隘、花園村；北埔鄉內坪、大坪村）。
   (2) 東河南方言（苗栗縣南庄鄉東河、蓬萊、南江、西村、獅山村；獅潭鄉百壽村）。
5. 布農族
   (1) 北部

——泰雅語研習手冊》，臺中師院，2002年10月，頁12。

[20] 瓦旦吉洛牧師，〈當代祖居賽德克族人分布在南投縣之部落〉，《賽德克族正名誓師大會手冊》，賽德克族正名運動促進會，2007年1月12日。

①卓社群（南投縣仁愛鄉）。

②卡社群（南投縣信義鄉）。

(2) 中部

①巒社群（南投縣信義鄉、花蓮縣、臺東縣）。

②丹社群（南投縣信義鄉、花蓮縣、臺東縣）。

(3) 南部

郡社群（南投縣信義鄉；屏東縣；臺東市；高雄市桃源區、那瑪夏區[21]）。

6. 鄒族

(1) 北鄒（嘉義縣阿里山鄉達邦、特富野、山美、茶山、來吉等村）。

(2) 南鄒

①卡那卡那富Kanakanavu（高雄市那瑪夏區瑪雅里、達卡努瓦里）。

②沙阿魯阿Saaroa（高雄市桃源區桃源、高中里）。

7. 邵族：南投縣日月潭伊達邵地區（原稱德化社），語言人口僅約700人，為最弱勢之原住民族。

8. 魯凱族

(1) 霧臺支群

①霧臺（屏東縣霧臺鄉霧臺村）。

②大武（屏東縣霧臺鄉大武村）。

③大南（臺東縣卑南鄉東興村）。

(2) 下三社支群

①茂林（高雄市茂林區茂林里）。

②多納（高雄市茂林區多納里）。

---

[21] 高雄縣三民鄉於97年1月1日由鄉長伊斯坦大・呼頌宣布更名為那瑪夏鄉，並舉行揭牌典禮；行政院原住民族委員會主任委員夷將・拔路兒蒞臨參加與致詞。《聯合報》，97.1.1.；〈行政院原住民委員會96.12.31新聞稿〉。

　　③萬山（高雄市茂林區萬山里）。

9. 排灣族

　　(1) 西北支（屏東縣）。

　　(2) 東南支（屏東縣、臺東縣）。

10. 卑南族

　　(1) 南王方言（臺東市南王里、寶桑里）。

　　(2) 卑南鄉各村方言（臺東縣卑南鄉各村；大南村除外）。

11. 阿美族

　　(1) Sakizaya（花蓮市；花蓮縣磯崎、舞鶴地區）。

　　(2) 北部方言：南勢群（花蓮縣壽豐、吉安鄉）。

　　(3) 馬太鞍（花蓮縣光復鄉）。

　　(4) 中部方言：海岸群與秀姑巒群（花蓮縣豐濱鄉）。

　　(5) 南部方言：卑南群與恆春群（臺東縣東河鄉；臺東市；屏東縣牡丹鄉）。

12. 噶瑪蘭族：花蓮縣豐濱鄉新社與立德部落、長濱鄉大峰峰與樟原部落、新城鄉加禮宛部落等，是現今噶瑪蘭族人較集中的地區。至於語言、風俗、祭儀、傳統文化（如歌謠、舞蹈、香蕉絲織布等）仍待追尋、重建。

13. 撒奇萊雅族：主要分布在花蓮市、新城鄉、吉安鄉、壽豐鄉、瑞穗鄉等地，而移居都市人口以桃園縣、新北市和基隆市較多。

14. 達悟（雅美）族：臺東縣蘭嶼鄉之紅頭、漁人、椰油、朗島、野銀、東清等6村部落，方言間差異不大。

　　以上各族群語言中，受到其他族群影響較嚴重者為：賽夏族受到泰雅、客家族群同化；部分鄒族（南投縣信義鄉久美；高雄市桃源區、那瑪夏區之南鄒）受到布農族同化；邵族受漢人之閩南族群同化。另外，排灣、魯凱、卑南3族因地理位置相鄰近，在相互影響下，語言關係密切。

臺灣原住民族的文化異動

一、平埔族文化的消失

在17世紀以前，平埔族人過著原始游耕方式的旱田農業，並進行狩獵、漁撈等採集經濟生活，同時實行「女耕男獵」之社會制度。[22]他們與外界的經濟活動，主要是在沿海以鹿皮、林產與中國、日本商人交換布匹和鐵器。[23]17世紀以後，外來統治政權開始影響與改變平埔族的經濟與文化。首先是1624年，荷蘭、西班牙人先後入侵臺灣南、北地區從事貿易與宗教活動。其中尤以殖民三十八年的荷蘭人為了鹿皮外銷，而大量捕殺臺灣的梅花鹿，致使平埔族賴以維生的鹿隻銳減；文化上也受到荷蘭人的基督教化。所幸此時期時間短暫，影響有限。[24]

1661年臺灣為明鄭政權統治以後，臺灣的平埔族開始漢化。尤其到了1683年以後的清代時期，大量漢人移民來臺，平埔族部落土地、文化嚴重流失。康熙朝統治初期（1683～1722年），武官、豪強因為統治規章的粗疏紊亂，藉機介入開墾、強占平埔族土地；雍正朝（1723～1735年）准許平埔族招漢佃開墾收租以及自由轉讓，更造成土地大量流失。即使乾隆20年（1755年）以後，將沿山土地重新配置給平埔族，設立土牛、界碑，以便藉此讓平埔族居住，以區隔漢人與高山原住民族；不過，

---

[22] C.E.S，《被遺誤之臺灣》，譯刊於《臺灣經濟史三集》，臺灣銀行經濟研究室，1956年，頁38～39；六十七，《番社采風圖考》，臺灣銀行經濟研究室，1961年據乾隆12年版，頁2；宇驤，〈從生產型態與聚落景觀看臺灣史上的平埔族〉，《臺灣文獻》，21卷1期，1970年，頁2。

[23] 江樹生譯，《熱蘭遮城日誌》（一），臺南市政府，2000年，頁11。

[24] 宇驤，〈從生產型態與聚落景觀看臺灣史上的平埔族〉，《臺灣文獻》，21卷1期，1970年，頁3、7；張耀宗，〈荷西時期的臺灣教育〉，輯於彭煥勝主編《臺灣教育史》，高雄，麗文文化事業，2009年，頁5～25。

官方仍默許漢人越界設隘開墾。[25]而且平埔族因負責守隘所獲得的番屯埔地（養贍埔地），也因官方常軍需調度而難以專心農務，多數出典或出賣，因而漢人再度侵入平埔族的最後領域，平埔族傳統社會之瓦解已勢不可擋。

面對大量漢人移民的優勢，為求維持族群命脈的平埔族，乃於19世紀之嘉慶、道光年間展開遷徙。其中較具規模的遷徙，為中部平埔族移居今宜蘭縣境、南投縣埔里盆地；宜蘭噶瑪蘭族移居今花蓮、臺東；南部西拉雅族移居臺東。這些遷徙中，尤以中部平埔族移住埔里盆地，規模最大。[26]不過，這些平埔族遷徙的新樂土，漢人隨後亦跟隨湧入，因而難逃漢化之命運。[27]

另在社會文化上，除了政府的綏靖、征役、薙髮、改部落為庄、賜姓，促使平埔族群漢化之外；[28]從康熙朝開始，「土番社學」已在諸羅縣8個平埔族部落建置，開啟原住民族漢化教育的扉頁。到了雍正12年（1734年）以後，全臺土番社學擴增為47所。光緒以後，基於開山輔番政策，政府又在原住民族地區興設義學，導使平埔族與漢移民融合為一。從以上這些平埔族學童接受漢文化教育的過程，看到這些子弟逐漸因為漢文化教育而提升他們在整體儒學文化教育中的地位。他們由嘉慶20年（1815年）開始有人被取為儒學祭孔之佾生，到光緒3年（1877年）則獲准進入類似今日中學程度之儒學就讀，晉身為「秀才」。此正充分顯示平埔族漢化的結果。[29]

---

[25] 柯志明，《番頭家：清代臺灣族群政治與熟番地權》，臺北，中央研究院社會學研究所，2001年，頁374～376。

[26] 李亦園，〈從文獻資料看臺灣平埔族〉，《大陸雜誌》，10卷9期，1955年，頁19～29。

[27] 楊坤仁，《清代草屯漢番關係與宗族社會之建立》，臺中教育大學區域與社會發展學系碩士論文，2010年8月，頁87、94、100～102。

[28] 翁佳音，〈平埔族漢化史略〉，《臺灣風物》，34卷1期，1984年，頁15～21。

[29] 葉憲峻，〈清代臺灣的社學與義學〉，《臺中師院學報》，第18卷第2期，2004年。

過去因為統治政府與漢移民，對於原住民族文化的歧視與忽視，導致平埔族文化消失殆盡。現今平埔族的語言，只剩下少數噶瑪蘭、西拉雅族耆老會說一些單字，已少有人能說出完整的句子。對於傳統歌謠曲調，也僅少部分人會哼唱，但大多無法了解其內涵。至於平埔族的傳統祭祀，僅零散於臺南市大內區頭社里、東山區東河里等極少數村落；[30]近年來遷居於埔里的平埔族人，則企圖藉由「噶哈巫傳統過番年」活動，恢復與保存其傳統文化。[31]

圖4-2　臺南市大內區頭社里「太上龍頭忠義廟」祀神[32]

[30] 〈吉貝耍的平埔族西拉雅文化祭——檳榔、米酒、阿立母〉，《經典雜誌》，第52期，慈濟文化志業中心，2002年11月，頁117～127。
[31] 民國100年1月15日於南投縣埔里鎮守城部落（守城大山山下，大湳、牛眠教會之間），舉辦「噶哈巫傳統過番年」活動，內容有祭祖靈、跳迎賓舞，教阿拉粿製作、走標比賽（賽跑）、噶哈巫文物展，以及噶哈巫語教學、傳統食物品嚐等活動。參見：行政院原住民族委員會網站http://www.apc.gov.tw。
[32] 作者拍攝於2004年2月14日。

圖4-3　臺南市東山區東河里「大公廨」祀神[33]

二、高山原住民族文化的保存與危機

　　長期以來原住民族一直被隔離，這也是原住民族文化得以保存至今的原因。自清康熙61年（1722年）起，無論在清代、日治時期，甚至到國民政府統治臺灣以後，大致上依據臺灣之地形，沿山劃界、立碑、設哨，區隔高山原住民族與漢族移民。這些原住民族因居住於西部山區或未開發的臺灣東部平原、海邊、離島，受到長期隔離，因此才得以保存其以漁、獵為主，也兼粗放農耕（種植芋頭、小米等）的原始生活型態。[34]這些原住民族有時也與漢人進行以物易物的交易，以獸皮、獸肉（如鹿）等，換取珠、布、鹽、鐵、火藥、獵槍等。[35]

　　在清代兩百多年的統治中，這種隔離措施，直至清同治13年（1874年）發生牡丹社（排灣族）事件，引致日軍侵臺以後，才在清廷「開山撫番」政策下，逐漸與外界接觸。日治時期（1895～1945）雖然透過征

---

[33] 作者拍攝於2004年2月15日。

[34] 劉如仲、苗學孟，《清代高山族社會生活》，福建：福建人民出版社，1992年，頁99。

[35] 陳孔立，《臺灣歷史綱要》，人間出版社，1997年，頁159。

伐，強制原住民遷移部落，集中管理。不過原住民族的反抗，讓原住民族的部落文化仍能延續。但是1945年國民政府統治臺灣以後，逐漸取消原住民族居住山地之管制。尤其臺灣於1987年解除戒嚴之後，除了少數原住民族地區（如屏東縣霧臺鄉魯凱族領地）尚須形式上填寫「甲種入山證」申請，才得以進入之外，其餘已完全開放。例如，1986年以前至桃園縣復興鄉的拉拉山、宜蘭縣的太平山等泰雅族領域，均須申請入山證，這種景象已不復存在。原住民族地區的解除隔離，導使原住民族文化快速的流失。

在社會空間開放中，為了適應臺灣社會制度與環境結構的改變，原住民族的生活方式已與平地漢人毫無差異。甚至原住民保留地亦由漢人進駐開發，42.46%之原住民反而至城市中討生活。[36]

另一方面在人口結構上，原住民族僅占臺灣人口極少比例，明顯居於弱勢。在經濟活動、社會制度、人口結構明顯不利之情況下，原住民族文化已面臨如同清代平埔族文化一樣快速消失的危機。以部落世襲的頭目為例，原住民族鄉的管理權、資源分配權已被民選鄉長所取代，傳統頭目對於維護與延續部落文化之功能已嚴重萎縮。尤其在原住民族傳統領地已異主的情況下（除了蘭嶼地區問題較不嚴重外），[37]未來如何認定與回復原住民族傳統領地，將是推動原住民族自治區首須面臨之難題。

---

[36] 「99年9月縣市原鄉都會比例表」，參見：行政院原住民族委員會網站http://www.apc.gov.tw=

[37] 1988年8月臺灣的原住民第一次進行「還我土地」大遊行。近二十年來原住民權利運動所追求的三大目標為：正名、自治、還我土地。

伍 臺灣原住民族的傳統生活技藝與生活文化[38]

一、農耕

　　原居住於中、高海拔的原住民族，與居住於平地漢人的水田耕作環境不同，其以山田燒墾為主要耕作方式。原住民族地區因受限於地形，灌溉不便，乃種植地瓜、芋頭、小米等耐旱性的作物。同時由於山坡地的傾斜度大，耕作面積小而零散，因此多使用簡易的鋤、耙。而居住於平原的族群（阿美族、卑南族）則在與漢人接觸後，也種植水稻，並引進機械式農具。

二、漁獵

　　在野生動物列為保護動物以前，狩獵活動原是臺灣各族原住民主要生計之一。狩獵是男性的職責，女性禁止觸摸獵具，否則會招來不祥或打不到獵物。善於狩獵的男人將被族人視為英雄、勇士，例如，鄒族冠上的羽毛，即為善獵者與勇士的象徵；魯凱族勇士則將鹿角裝飾於帽冠。

　　在17世紀以前，臺灣到處是獵場，西部平原更是梅花鹿成群。但自從荷蘭人、漢人來臺後，將鹿皮、鹿肉脯視為商品，大量捕殺鹿隻，加上平原草埔開墾為農田的結果，野生梅花鹿已消失無蹤（目前臺灣的半野生梅花鹿，放養於墾丁國家公園範圍之社頂公園）。

　　原住民於狩獵前尚須占卜（如鳥占，即聽鳥叫聲以辨別出獵是否有收穫），以決定是否出獵。狩獵的工具以弓箭、火槍、長槍、脫頭槍、佩刀為主，這些獵具大多由族人自製。

---

[38] 行政院原住民族委員會文化園區管理局http://www.tacp.gov.tw網站有關原住民之簡介；臺中縣立文化中心，《高山民族織物之美》，2001年。

另一種狩獵方式是放置陷阱，主要方式為：

1. 大型捕獸夾：專門等待大型動物（如水鹿、山豬）的到來。

2. 小型捕獸夾：用來捕獲山羊、山羌等動物。

3. 夾身陷機：捕捉野兔等小型動物。

捕魚亦是山區、海邊原住民族的生計活動。山區溪流是主要的捕魚場所，通常以撒網或放定置網、甚至以射魚等方式進行。住在海邊善於捕魚的阿美族人，更在農事祭儀或出生、結婚等儀式之後，下海（河）捕魚，以作為整個儀式的終結。

原住民族的漁獵活動，除了各族群有自己的獵區、河段之外，為了永續生計，保障獵物的源源不斷，大多只獵取所需，且遵守動物繁殖期禁獵之規矩。例如，現今達悟族於每年國曆3月舉行招魚祭後，才開始釣捕飛魚，約中秋節以後即結束飛魚的捉捕。雖然此期間也是配合飛魚之迴游期，但為了節約魚獲消耗，即使在飛魚季節也禁止每餐煮食飛魚，以促進繁衍。[39]這也是原住民「樂天知足、只取所需、適應所有」等民風之來源。可惜現代山林開發、獵場喪失、野生動物保護等限制，加上生活方式改變，這些傳統生活已難以進行。或許利用原住民族的傳統專長，規劃聘用原住民為職工，進行臺灣的山林維護（國家公園或風景特定區、保育區）；甚至與原住民族建立共同管理機制，不但可使山上原住民得以續用所長，繁衍物種，也是山下漢人的永續共存之道。

三、飲食

小米、芋頭、地瓜是臺灣原住民族普遍的主食，其中，小米十分適合原住民族地區的耕作環境，且可做成各種食物（小米飯、小米粥、小米薯、小米酒等），因此從小米的播種到收成，均舉行相關祭禮。芋頭是達

---

[39] 董森永，《雅美族漁人部落歲時祭儀》，臺灣省文獻委員會1997年，頁100；財團法人臺灣省文化基金會，《美麗福爾摩沙月刊》，第16期，2002年5月，頁54。

悟族與排灣族最重要的主食，達悟族人至今仍普遍種植水芋；排灣族則將
芋頭製成芋乾，當作狩獵時的口糧。[40]

　　野菜是原住民族常吃的蔬菜，各族中以居住於花東縱谷野菜繁多的
阿美族烹調野菜最具代表，例如其「十心菜」即取用十種植物的莖心部分
做菜，分別是黃藤心、林投心、芒草心、月桃心、檳榔心、山棕心、甘蔗
心、鐵樹心、椰子心、臺灣海棗心。

　　檳榔原為東部、南部族群所嗜食，泰雅族、布農族、鄒族原無嚼食
習俗，後仿效之。據清代文獻所載，吃檳榔可排除臺灣未開發前瘴癘之氣
侵身，為原住民重要的食品和禮品。因此，款待客人以檳榔為敬，遇糾紛
也以彼此互送檳榔為和好。[41]至今西拉雅平埔族後裔祭祀祖靈之公廨（例
如，臺南市東山區、左鎮區），仍以檳榔為祭品；部分地區的漢人因受原
住民族的影響，仍留有結婚時送檳榔作為聘禮之一的習俗。

　　就食器而言，由於各族的飲食習慣不同與居住地的差異，食器的式樣
各有特色，惟材質多以木、竹、籐為主（如以竹筒煮飯、木筒蒸飯）。杵
與臼是各族共有的舂米器具，達悟、排灣、魯凱族人甚至在臼、杵上，雕
有精美的紋飾。而阿美族的石杵以兩隻長條形的石柱中央縛綁籐或竹片加
以固定，有石器時代的遺風。至於臼的造型各族不一，其中以賽夏族之口
大腰細者最為特殊。而有嚴格食器使用規矩者為達悟族，其將陶製食器分
為一般農作物、肉類、魚類、小米等四大類別來裝食物，同時尚有一種陶
形大碗為盛飛魚湯專用，這些食器不得混淆使用。

　　燒煮食物之方式，則有燒烤、烘烤、煨烤（將洞中石頭燒熱，鋪上樹
葉放上食材，再覆上樹葉與土燜熟）、水煮（食材裝於檳榔船型食器後，
以樹葉包裹置於地洞，覆土後在土上生火燃燒煮熟）、蒸煮、石煮（將燒
燙的石頭，放入檳榔船型食器中導熱燒煮）。[42]

---

[40] 財團法人臺灣省文化基金會，《美麗福爾摩沙月刊》，第16期，2002年5月，頁
54～55。

[41] 黃叔璥，《臺海使槎錄》，臺灣銀行經濟研究室，1957年據乾隆元年版，頁58、
167。

[42] 財團法人臺灣省文化基金會，《美麗福爾摩沙月刊》，第16期，2002年5月，頁60。

四、織布與服飾

織布為臺灣原住民族婦女共有的手工藝（泰雅族、賽夏族女子的紋面——巴達斯，象徵織布技術與社會地位。賽夏族原無紋面習俗，因常被泰雅族誤認為平地人而遭獵首，乃與泰雅族協調亦採紋面為標幟[43]）。她們以「水平背帶織布機」（或稱腰機），靠著腰力與雙腳抵住織布筒，席地而坐進行織布工作。目前泰雅、布農、卑南、排灣、魯凱、達悟及阿美族的少部分婦女，仍保存此項織布技術，於部落開設工作坊販賣織品。就原住民族自製的織布衣料而言，傳統多取自苧麻（噶瑪蘭族獨有取自香蕉樹幹），採收後經取纖、浸漚、績麻、捻線、脫膠、漂白、染線、整經、上架等過程，再織成服飾。不過這種傳統過程太繁複，現代大多以紗線——混紡、尼龍、毛線取代。

為了增加色彩上的變化，通常以植物或礦物為染料。各族對色彩的偏好有些差異，例如，泰雅族喜紅、白；布農族愛黑、紅；排灣、魯凱族則將紅、橙、綠襯在黑或藍的底色上。

原住民族的織布紋飾，是人文與智慧傳承的重要符號。以泰雅族為例，二重菱紋代表眼睛；橫條紋代表通往祖靈的彩虹橋；穿著菱紋衣服象徵祖靈保佑。

賽夏族長衣的上半部是白色的，象徵純潔善良；中下半部的紅色菱形紋樣，是朝氣蓬勃的象徵；紋樣周圍搭配黑邊，則代表人不能太黑心；而矮靈祭時除搭配臀鈴外，穿著的長衣則將紋飾設計於衣背，以便舞者面向內圈跳舞時，背後露出華麗的紋飾。

布農族的菱形紋、三角形紋，象徵百步蛇的背脊。據傳布農族原無彩色織紋，後因訝異於百步蛇美麗的麟紋，乃加以仿製，但卻因此而得罪百步蛇（類似今日仿冒他人商標，侵害他人權益），所以族人若遇到百步蛇必須贈牠一塊布或一隻雞以和解，否則將遭百步蛇的報復。

---

[43] 朱鳳生等，《以巴斯達隘（矮靈祭）祭典活動探索賽夏族文化精髓》，順益臺灣原住民博物館，2001年，頁21。

　　排灣族因有社會階級制度，貴族不用參與勞動生產，因此貴族男子有閒從事雕刻，女子則專精織繡。一般平民以黑、深藍色為主，貴族才可穿著色彩豔麗的衣服、花環頭飾。至於象徵貴族始祖百步蛇背脊的菱形紋、人頭紋、人像紋、蛇形紋，僅限於頭目或貴族才能使用。

　　魯凱族因與排灣族為鄰，除也具有社會階級制度外，織布紋樣、意義與排灣族相近，貴族才享有百合花（平民須經頭目認可才能配戴）、琉璃珠、花環頭飾與華麗服飾等特權（平民僅能穿素色衣服，除非以酒或豬向所屬頭目要求特許才能裝飾）。

五、刺繡

　　原住民族刺繡以排灣族與魯凱族最具特色，分為「十字繡」與「琉璃細珠繡」。有關「十字繡」，過去曾被認為與荷蘭傳統刺繡相近，或許與17世紀荷蘭人曾統治過臺灣有關。不過，據筆者至泰國北部山區田野調查發現，由緬甸遷移至泰國北部的少數民族（阿卡族、傜族、老黑族），都有十字繡技藝，基於南島民族的發源地在中南半島，可見臺灣原住民族之十字繡當為自己的族群藝術。刺繡圖案之題材，大都來自神話起源傳說與

圖4-4　排灣族十字繡小提袋[44]

---

[44] 作者典藏品。

口述歷史,例如,使用排灣族象徵頭目的百步蛇、陶壺、太陽,或者選用具有守護神作用的祖靈像或狩獵生活圖像,以及可愛的動物(如鹿)等題材。在製作衣服時,排灣與魯凱族人配合衣服各個部位,先繡出長寬不等的繡片,再將它縫合在布料上。

六、雕刻

　　排灣族、魯凱族因有社會階級制度,貴族不用參與勞動生產,因此貴族男子有閒從事雕刻。他們喜將雕刻品橫掛於屋簷下,以顯示頭目地位的尊貴;並在屋內立柱雕刻大型的祖靈像,以示對祖靈的崇拜。

　　其他族群中較善於雕刻者為阿美族,近年來阿美族地區的小學(如太巴朗國小),相當重視雕刻技藝的傳承。另外,達悟族的拼板舟更是蘭嶼的一大特色。一艘達悟族拼板舟由21至27塊木板拼成,不放一根釘子,完全以榫接的方式組成。對於各部位木材的選用也依照木質的特性,充分發揮達悟人的高度智慧,此法與中國家具的接榫有異曲同工之妙。「船」是達悟族男子的第二生命,因此,族人為船雕飾人形紋、海波紋、魚眼紋。而傳統地下主屋的「中柱」(也稱宗柱,族人視為家族精神傳承物),因是主屋的棟梁,因此雕刻羊角紋,以象徵長壽與命脈承傳。[45]

圖4-5　蘭嶼達悟族拼板舟[46]

[45] 財團法人基督教蘭恩基金會,《朗島野銀風土繪本》,1998年,頁30。
[46] 作者拍攝於2001年4月。

七、冶金

在臺灣的原住民族中，達悟族因位處航海通道，因此能夠由海上貿易交換獲得銀幣、金幣，因而使冶金成為達悟族的工藝文化特色。銀幣、金幣經過族人的冶金技巧，鎚打成薄片，是為貴重的財富象徵。金飾以∞形垂掛於胸前，男女皆可佩戴。銀片打成長條形薄片，再一片片接合製成銀盔，是達悟族男子重要的財富。

八、陶藝

燒製生活所須陶器，為人類共有技能。臺灣原住民族中，特別賦予陶製品特殊意義者為魯凱族、排灣族。魯凱族將肚圓口小的陶壺，視為頭目家族的傳家之寶，也是聯姻時貴重的聘禮，平民不得擁有。排灣族的傳說則認為遠古時在陶壺裡的一個蛋，在百步蛇的守護與陽光的照射之下，誕生了一名男嬰。這名男嬰長大以後，英勇睿智而被族人尊為頭目。因此，太陽、百步蛇、陶壺乃成為頭目的象徵，平民不得擁有陶壺。

九、竹編、藤編、麻繩編、月桃葉編

因為日常生活裝盛物品所需，原住民族取竹、藤、麻等，編成佩戴於背、腰間、額頭之編籃、網袋，以盛放薪材、檳榔、芋頭、地瓜、小米等物品或獵物。這些編器有時也搭配椰子殼、陶罐，以盛裝液態食物。

另外，月桃葉不僅是原住民製作小米糕的包裝材料，更可用來編製蓆子。每當初冬的11月，月桃果實泛紅時，就是割取月桃葉的時候。將葉子剖成約3公分寬度葉片，曬乾後編成月桃蓆，是冬暖夏涼的蓆墊，現今排灣族人仍保有這項技藝。臺灣南部原住民族的月桃葉編和中部地區的苗栗藺草編（大甲草蓆），可謂異曲同工。尤其藺草編原是苗栗地區平埔族——道卡斯族婦女的手藝，後經漢人學習而傳承至今，更顯示臺灣原住民族的編織智慧與手藝。

十、音樂

臺灣原住民族的音樂以歌謠為主，布農族的八部合音更是響譽國際。原住民族的樂器形制較簡單，除了達悟族外，各族都有器樂的演奏。樂器大致上有下列幾種：

1. 口簧琴：各族均有，其中以泰雅族最盛行，是男子追求女子必備的樂器，藉著口簧琴傾訴情意。口簧琴取竹材為體，削薄竹面中間，使成簧片（或內飾銅片），以手拉端線，使簧片產生震動，配合口腔共鳴而發出音律。

2. 弓琴：將弓的一端含在嘴裡，一手接住弓弦的位置以分出音階的高低，一手彈弦，經口腔共鳴發出聲響，為原住民族共有的樂器，目前以布農族較盛行。

3. 縱笛：以五孔最常見，各族都有。原是獵首英雄或頭目才能吹奏的樂器，後來演變成年輕人追求女子傾訴情意的樂器。縱笛分單管、雙管兩種，以排灣族較盛行。

4. 雙管鼻笛：以鼻子吹奏的樂器，一管三孔最為常見，另一管無孔。曲調低沉、悠遠，充滿了哀傷的氣氛。據說早期只有頭目去世時才能吹奏，現在已無此限制。主要用於表達愛意與安慰喪家。目前只有排灣族與魯凱族保有此技法。

5. 橫笛：類似漢人國樂的橫笛。

6. 四弦琴：將鐵線固定於木板上，以彈撥的方式發聲，是布農族特有的樂器。

7. 竹琴：為阿美族特有的樂器，原始用途為田間驅趕野鳥，後來獨立發展成樂器演奏。目前保存於秀姑巒阿美族的奇美村。

8. 木琴：是傳達訊息的樂器，為太魯閣族特有的樂器。

9. 杵樂：以搗米用的木杵敲擊石板，杵音組合音律曲調。杵音音階的高低、音質的表現，決定於杵的粗細、長短。杵樂目前留存在布農族、邵族。

臺灣原住民族的歲時祭儀

　　臺灣之原住民族各有其不同的歲時祭儀，基於不同族群之文化傳統，各個祭儀均有其各自之深層內涵。尤其，這些歲時祭儀是各族群維繫文化與凝聚族群認同之重要活動，因此，各族族人均視參加祭儀為重要義務。不過，隨著現代工商社會發展，族人外出就業，導致傳統祭儀活動逐漸式微。幸近年來行政院原住民族委員會之努力協助，以及國人觀光文化之發展，原住民族的歲時祭儀得在保存文化與觀光活動中，獲得繼續傳承之動力。

一、原住民族歲時祭儀放假日

　　今年（100年）是原住民族歲時祭儀，獲得傳承動力的一年，因為行政院原住民族委員會，第一次公告原住民可以在自己族群的歲時祭儀日放假。無論是軍、公、教、勞工或學生，只要具有原住民族身分，都可以在所屬族群的歲時祭儀日，持戶籍謄本或戶口名簿等證明其族別之文件，向工作或就讀單位請假。[47]

　　從「行政院原住民族委員會公告100年原住民族放假之歲時祭儀日期」，可見現經官方認定之14個族群，族人各可選擇一個祭典的一日放假參與祭儀活動。其中，鄒族3個亞群各有其祭典，族人可自選其中一個祭典參加。另外，東部地區之阿美族，是近幾年來最能配合7～8月份暑假觀光季節，分散豐年祭舉辦時間，以發展觀光之族群。各個阿美族部落協商將豐年祭活動，避免交互重疊，分別輪流排定以促進遊客之參與，族人亦可彼此跨部落參加。

----

[47] 行政院原住民族委員會100年2月24日公告。

表4-2　民國100年原住民族放假之歲時祭儀日期表[48]

族別	放假之歲時祭儀名稱	放假日期
鄒	戰祭（團結祭）Mayasvi 貝神祭Maitungusu 米貢祭Mikong	戰祭（團結祭）：2月1日至3月30日期間，依實際舉辦日期擇一日（100年3月7日）。 貝神祭：3月1日 米貢祭：10月1日至10月31日期間，依實際舉辦日期擇一日（100年10月14日） *以上3個祭儀，擇其中一日放假
布農	射耳祭 Malahtangia	5月第二週星期五 （100年5月13日）
雅美 （達悟）	收穫祭 Mapasamoran so piyafean	6月中旬，依實際舉辦日期擇一日，並於日期確定後另行公告。
阿美	豐年祭（收穫祭） 1.Malalikit 2.Malikoda 3.Ilisin 4.Kiloma'an	7月1日至8月31日期間，依各部落實際舉辦日期擇一日，並於日期確定後另行公告。
魯凱	小米祭 Kalabecengane	7月第二個星期五 （100年7月8日）
噶瑪蘭	豐年祭（收穫祭） Qataban	7月10日至8月10日期間，依各部落實際舉辦日期擇一日，並於日期確定後另行公告。
排灣	豐年祭（收穫祭） Masalut	8月15日
泰雅	感恩節 Ryax Smqas Hnuway Utux Kayal	8月最後一個星期五 （100年8月26日）
邵族	祖靈祭 Lusán	農曆8月1日 （100年8月29日）
賽夏	1.奇數年： 　巴斯達隘（矮靈祭） 　Pasta'ay 2.偶數年： 　祈天祭 　'Oemowaz ka kawas	1.奇數年： 　農曆10月中旬，依實際舉辦日期擇一日，並於日期確定後另行公告。 2.偶數年： 　農曆3月中旬，依實際舉辦日期擇一日，並於日期確定後另行公告。

[48] 行政院原住民族委員會100年2月24日公告。

族別	放假之歲時祭儀名稱	放假日期
撒奇萊雅	火神祭 Palamal	10月第一個星期五 （100年10月7日）
太魯閣	感恩祭 Mgay Bari	10月15日
卑南	年祭 'Amiyan	12月31日
賽德克	收穫節 Qlasan Tninun / Smesung Kmetuy	12月31日

二、各原住民族類似之歲時祭儀[49]

1. 播種祭：目的是藉著播種儀式祈求豐收，各族舉行的時間大多在冬末初春之際。

2. 收穫祭（豐年祭）：臺灣原住民各族皆有收穫祭，大多以此項祭典作為新舊年度的交替。各族豐年祭中蘊含較多宗教意味者為排灣、卑南和魯凱三族。

   (1) 排灣族的收穫祭於8月中旬舉行，主要是感謝神靈眷顧，給神過年之意。

   (2) 卑南族的豐年祭又稱海祭，約7月中旬在海邊舉行，並往蘭嶼方向遙祭，祭拜為卑南族帶來小米種籽的兩位神祇。

   (3) 魯凱族在每年7、8月間舉行收穫祭，收穫祭中有一個烤小米餅的重要儀式（只限男性參加），其利用兩塊石板夾烤小米麵糰，依烤完後的狀態（烤得太乾，表示新的一年可能雨水較少；烤得溫潤，表示雨水豐沛），來判斷下一年農作與狩獵的情形。因此魯凱族之收穫祭，又稱小米祭。

---

[49] 參見行政院原住民族委員會文化園區管理局http://www.tacp.gov.tw/intro/fmintro.htm臺灣原住民介紹。

4-6　花蓮縣阿美族豐年祭[50]

3. 祖靈祭：各族群的祖靈祭，是要感恩並奉獻祖靈供品。其中，泰雅族因西洋宗教與信仰關係，轉換名稱為「感恩節」。另外，邵族的祖靈祭則有漢人祭祀祖先「神主牌」之意味。邵族每一戶供奉一只「祖靈籃」，內裝祖先衣飾，以代表祖靈的存在。農曆8月是邵族傳統的過年月份，會進行祖靈祭以迎接新年。杵音是祖靈祭中重要的項目，族人搗著木杵來紀念過去農忙的日子，唱出憶鄉之情。近年日月潭風景管理處為發展觀光，亦配合於中秋節舉行花火節與演唱會活動。

4. 狩獵祭：主要是祈求獵獲豐收。1985年玉山國家公園設立後，依法公園範圍內不得狩獵；再加上1989年《野生動物保育法》頒布，又規定保育類動物不得獵捕，原住民族的打獵因而遭受限制。現今狩獵祭保存較完整者為卑南族的大獵祭，時間約3天。不過場地改在野地紮營抓田鼠，但仍保有吟唱古老詩歌的習俗。

5. 海河祭：此項祭典以捕魚為主的達悟族、阿美族為代表。達悟族為感謝魚神教導族人捕食飛魚的方法與召來魚群，每年3月起開始舉行飛魚祭。祭典當天清晨，長老會帶領村中男子至海邊，以手指沾雞血，塗在海邊的卵石上，並向海面呼喊「飛魚回來哦」！之後各家船主撿拾5顆卵石，將卵石放在屋前的曬魚桿及4個支架

---

[50] 作者拍攝於2002年8月。

下面，並加以搖晃，以象徵曬魚架因掛滿了飛魚而搖晃（祈求豐收）。阿美族則在舉行豐年祭之前（約6、7月）舉行捕魚祭，以代表當年的終止。現今則大多配合豐年祭，於豐年祭的第一天或第二天舉行。

三、各原住民族特殊歲時祭儀

1. 布農族射耳祭（打耳祭）：為全部落性的祭典，傳統上於每年4月月缺時，於當年獵獲最多的勇士家門前舉行，以射鹿耳來祈求狩獵及農作豐收。現今因無狩獵，改於5月舉行，並以練習射箭技能為主。

2. 鄒族的戰祭（敵首祭、凱旋祭、團結祭）：傳統上在勇士征戰榮歸或男子會所（kuba）修建時，藉由戰祭祈求戰神降臨，保佑族人能團結一致戰勝敵人。現今已無族群間的征戰，因此戰祭或稱為「團結祭」。祭典則由阿里山鄉達邦、特富野兩大部落輪流舉行，且仍存傳統由大頭目帶著族內男子迎接戰神下凡，與為族內青年男子進行成年禮之儀式。[51]

3. 卑南族年祭（猴祭）：年祭活動由少年猴祭開始，少年會所中的少年組進行獵猴，然後面向北邊對神及創造者和土地神獻祭。之後，由兩位少年執桿搖動猴子，面向北方連唱3次猴祭禱歌。在年祭期間，青年由服役級晉升為可交女友的成年級，年長者並帶他們到各戶遊訪，特別是向有未婚女子的家庭介紹這些男子。

4. 賽夏族矮靈祭：矮靈祭是賽夏族最重要的祭典，用以祭祀傳說中教導該族農作，卻因輕侮該族女子而遭設陷跌落深淵的小黑人（傳說居於今新竹縣五峰鄉上坪溪上游右岸半山腰岩洞內）。現今矮靈祭約在農曆10月中旬分別於苗栗縣南庄鄉向天湖和新竹縣五峰鄉大隘地區舉行，每兩年舉辦一次小祭，每十年舉辦一次大

---

[51] 2011年3月6日《自由時報》。

祭（最近一次十年大祭，於2006年舉行）。整個祭典主要區分為
迎靈、娛靈、送靈等三階段。矮靈祭原為私密祭典，現今已發展
為觀光性質。

圖4-7　苗栗縣向天湖賽夏族矮靈祭[52]

5. 排灣族五年祭：五年祭（Maleveq）為人神盟約祭，是排灣族最盛
   大的祭典，其目的為感謝女神教導農作種植與頭目婚禮等儀式。
   儀式以燃燒小米梗為記號，請女神降臨接受獻祭。祭典中有特殊
   的刺藤球活動，刺中者未來一年將帶來幸運與福分。

6. 達悟族大船下水典禮：10人大船下水典禮舉行時間，多在召魚祭
   之前，是全島的盛事。事前婦女們要在田裡挖芋頭，直到芋頭的
   數量足夠覆蓋整隻大船，以象徵未來的豐收。當日村民們會盛裝
   與會，船主則分贈禮肉、禮芋。船主及青年們則穿著丁字褲，在
   大船四周舉行驅逐惡靈儀式，隨後抬起大船（船主站於船上），
   拋向空中數次。接著，青年們抬起船向海邊走去，行進途中反覆
   做出驅逐惡靈的動作，直到新船下水，在海上滑行。2011年6月
   24日一艘由內政部經費補助的18人拼板舟，於蘭嶼東清灣舉行
   下水典禮，這是蘭嶼有史以來最大的拼板舟。該舟命名為「拜訪

---

[52] 作者拍攝於2006年12月2日。

號」，自6月29日起航向臺東、屏東、臺南、臺中、新竹、臺北，展開18天創舉航程。[53]

7. 太魯閣族感恩祭：感恩祭意在感謝神賜予豐富的東西，並祈求來年神靈給予更多的獵物及農作物的豐收。[54]

8. 撒奇萊雅族火神祭：火神祭為撒奇萊雅族後人對祖先的追思祭典，體驗及追緬先民落難情境。在祈福儀式後，舉行火葬儀式，燃燒火神太花棺，祈求火神的靈魂能與族人一起浴火重生。

 結語

　　臺灣多元的原住民族文化，是舉世獨特的文化資產。可惜在過去被動或主動靠攏漢族文化，以及為追求現代化過程中，臺灣的原住民各族群文化嚴重流失。今日僅靠弱勢的原住民族已難以維繫其文化於不墜，惟賴政府與全民共同體認與積極作為，方能挽救這些寶貴的文化資產。臺灣多元的原住民族文化是世界唯一，也是臺灣的色彩。

....

[53] 2011年6月25日、6月29日《自由時報》。

[54] 臺灣原住民數位博物館—各族傳統文化—祭儀文化—歲時祭儀／節慶—太魯閣族
http://www.dmtip.gov.tw/Aborigines/Article.aspx?CategoryID=3&ClassID=9&TypeID=19&RaceID=10

第 5 章

影像紀錄與常民生活

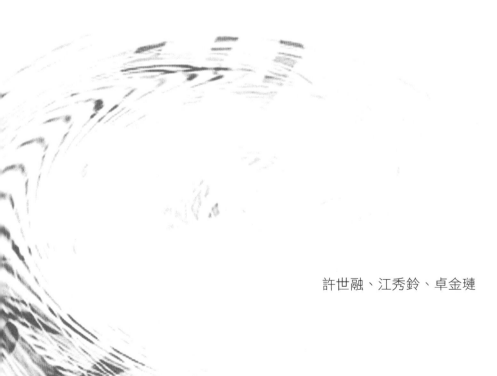

許世融、江秀鈴、卓金璉

本章綱要

壹 前言：歷史解釋的多樣性

20世紀初期，中國的史學家梁啟超曾經批評中國傳統史學有四大缺失：知有個人而不知有群體、知有朝廷而不知有國家、知有陳跡而不知有今務、知有事實而不知有理想。約莫同時期，法國的史學界也出現了強調書寫多數人歷史的新研究潮流。凡此，皆指出了以往歷史研究的闕失：將焦點放在擁有「豐功偉業」的帝王公侯身上，卻忽略了絕大多數推動歷史前進的無名英雄。

然而，造成傳統史學的闕失也不是沒有原因。歷史研究講究的是史料，正如同法官辦案講究的是證據一般，所以，胡適之先生曾說過「有幾分證據說幾分話，有七分證據不能說八分話」。在歷史發展中，公侯將相是較容易受到注目者，相關的記載在正史或地方志書中不難發現。相形之下，所謂的庶民大眾，人數雖遠較引領歷史風騷的公侯將相或王孫貴冑為多，但除了少數曾修撰過譜諜家傳者外，其餘的相關描述（特別是官方正史）卻付之闕如。再者，以往從事歷史研究，較著重的是文字史料，對於非以文字呈現的素材，一來是缺乏分析工具，二來是囿於傳統觀念，遂不甚加以重視。

隨著觀念的改變，史學研究者愈來愈察覺到傳統史學所忽視的影像與圖像的重要性。1988年，美國史家懷特（Hayden White）在《美國歷史評論》（*American Historical Review*）首創「historiophoty」時，所說的定義是「以視覺的影像和影片的論述，傳達歷史及我們對歷史的見解」。而國內最早提倡「影視史學」的周樑楷教授則把「影視」的範疇擴大為「影像視覺」，亦即凡是任何圖像符號，不論靜態或動態的，都屬於這個範圍，所以影視史學所指的有：（一）以靜態的或動態的圖像、符號，傳達人們對於過去事實的認知；（二）探討分析影視歷史文本的思維方式或知識理論。[1]

---

[1] 周樑楷，〈影視史學：理論基礎及課程主旨的反思〉，《臺大歷史學報》，第23

　　當科技愈來愈進步時，也意味著有更多精密影像或圖像紀錄得以被建構，正足以彌補文字素材的不足。更重要的是，鏡頭（不論是攝影機或相機）或畫筆下所呈現的畫面及人物，並不會侷限在建立功業或引領風騷的重要人物身上，透過這些非傳統史料，正可以建構一個較為廣大的庶民大眾的歷史。

　　本章的目的，即在利用17世紀以後在臺灣或者針對臺灣所出現的影像紀錄，來重構當時多數平民的生活概況。基於影像史料產生的時間，以及行文的方便，大致區分為清代（1684～1895）、日治（1895～1945），以及戰後初期（1949）這三個階段。文字的史料固然無法偏廢，但更希望的是透過當時留下的圖像來「說故事」，讓新生代的國小學生在社會科中，可以從較為熟悉的影視圖像等素材讀出不一樣的臺灣史。

貳 清代文獻中的原住民圖像

　　三百多年前的臺灣，也就是臺灣甫入清朝版圖時，西半部除了臺灣府（今臺南）之外，泰半是平埔族生活的場域，但歷經兩百年漢人的不斷遷徙，到了日本統治時期所做的調查顯示，西部平埔族的處境已岌岌可危，不但許多傳統族社已銷聲匿跡，在言語及風俗習慣上更是與占多數族群的漢人無異。究竟這些在臺灣生活的時間遠比晚到的漢人要早的平埔族人，其長相與生活方式為何？本節將利用清代時期的圖像紀錄來加以了解。這些資料包含了18世紀初期周鍾瑄主編《諸羅縣志》中的《番俗圖》、乾隆時巡臺御史六十七命畫工所畫的《番社采風圖》，以及19世紀（1860年代）臺灣開港後西洋旅行者所拍攝的照片。從這些現存的影像中，一方面可以了解到17到19世紀平埔族的社會與文化，另一方面也可見到在強勢文化的影響下，平埔族自身的文化流變，以及最後消失的原因。

期，1999年6月，頁446～7。

一、平埔族的社會與文化

(一) 平埔族的相貌

清代方志中不乏對平埔族相貌的相關描述，如《諸羅縣志》提到：

> 醜怪髮黑，塗鹿脂以禦風雨；斷髮鬖髻，束以韌草，或
> 挽髻前後、或攢雙髻於左右；無髭鬚，毛附體者盡拔之。文其
> 身，遍刺蝌蚪文字及蟲魚之狀，或但於胸堂兩臂，惟不施於
> 面。跣足，上體常裸，以幅布稍蔽下體前後，曰遮陰。文身皆
> 命之祖父，刑牲會社眾飲其子孫至醉，刺以鍼，醋而墨之；亦
> 有壯而自文者，世相繼，否則已焉；雖痛楚，忍創而刺之，云
> 不敢背祖也。
>
> 男女各貫兩耳，以細硝子穿綴為珥，東西螺、大武郡等
> 社，男女好貫大耳，初納羽管、嗣納筆管，漸可容象子；珥以
> 大木環，或海螺、蠣粉飾之，乃有至斷缺者。[2]

「醜怪髮黑」應是出於大漢沙文主義下的審美觀，不過就現有的影
像來看，大略知道臺灣的平埔族正如郁永河說的「狀貌無甚異，惟兩目拗
深瞪視似稍別」。[3]而清代所畫的圖像中，成年男子的特徵為大耳（采風
圖「乘屋」），也印證了方志中平埔族人喜歡穿耳的習慣其來有自。耳洞
的大小，可以達到羽管、筆管的程度，且不論是細硝子、大木環、海螺、
蠣粉皆在裝飾品取材的範圍之列；再者，不論老幼都不留髭鬚，符合上述
《諸羅縣志》所說的「無髭鬚，毛附體者盡拔之」，也因此老人看起來都
像是老嫗（采風圖「舂米」）。

---

2 周鍾瑄，《諸羅縣志》，臺灣文獻叢刊第141種。臺北：臺灣銀行經濟研究室，
  1962，頁155。
3 郁永河，《裨海紀遊》，臺灣文獻叢刊第44種，卷下。臺北：臺灣銀行經濟研究
  室，1959，頁33。

(二) 平埔族的衣飾

1. 髮型及髮飾：《諸羅縣志》提到：「由諸羅山至後壠，番女多白皙，牛罵、沙轆、水裡為最，唯裝束各異。髮皆散盤，後壠、竹塹諸社，髮在周圍者悉除之，中留圓頂，剪而下垂，狀若頭陀，更以為美」。[4]很顯然的，與清代漢人被要求「薙髮留辮」的形象大異其趣。根據杜正勝的研究，平埔族男子的髮型分成三類：第一類為散髮剪短（頭陀狀），為兒童的髮型，如《采風圖》中的「捕鹿」；第二類用稻草綁一束在頭上或腦後；第三類為綁兩束在頭兩側，後兩類為成年男子髮型（采風圖「乘屋」）。[5]至於女子則是束髮盤頭或束成一結，用花草或雞尾羽毛做裝飾，如《采風圖》中的「織布」及「迎婦」，並綁紅色頭箍或頭巾。

2. 服飾：男子的服裝打扮方面，如郁永河所說：「夏則裸體，惟私處圍三尺布，……亦有用麻者，厚可一錢，兩幅連綴，不開領胿，衣時以頭貫之，仍露臂；又有袒挂一臂，及兩幅左右互袒者。」（采風圖「織布」）[6]年輕未婚男子則在腰間別有竹片圍成的「箍肚（腹）」，作用很類似現在的束腹帶，讓肚子不至於太大，以利於行走（采風圖「捕鹿」）。女子的衣服分成三部分：上衣蓋住胸部，但露出肚子；中衣橫裹，僅遮住私處，不及膝蓋；第三個部分是以黑布圍住臀部。這三個部分互不相連，或分兩部分，上衣短露出肚子，下半部以青布圍腰下，稱做桶裙；同時女子有打綁腿的習慣（采風圖「迎婦」）。另外，在飾品方面，不論男女，多半會配戴項鍊、手環，其材質為鐵、銅或瑪

---

4 周鍾瑄，《諸羅縣志》，臺灣文獻叢刊第141種。臺北：臺灣銀行經濟研究室，1961，頁155。

5 引自杜正勝，《番社采風圖題解——以臺灣歷史初期平埔族之社會文化為中心》。臺北：中央研究院歷史語言研究所，1998，頁18。

6 郁永河，《裨海紀遊》，臺灣文獻叢刊第44種，卷下。臺北：臺灣銀行經濟研究室，1959，頁33～34。

瑙，男子的腰間另有佩刀（采風圖「揉採」），其功能主要為製
作工具。[7]

（三）平埔族的居處

平埔族房屋的特色是地板皆高於地面，分成兩類：一是建於土臺基
之上，大都分布在臺灣南部（采風圖「揉採」、「舂米」、「乘屋」、
「迎婦」）；另一則是搭在木構支架上，稱為「干欄式」，大都分布在臺
灣北部（采風圖「織布」、「瞭望」）。[8]其營建方式是在高臺上削竹編
織成牆，再立三根柱子於高臺的中間當柱子，最後再把事前做好的茅草屋
頂中的大樑插在三根柱子上。[9]屋子的前後有門，門上畫有花草動物，一
家大小住在裡面，而裡面並無隔間。在屋子的四周種有樹木（采風圖「揉
採」、「舂米」、「乘屋」、「迎婦」、「瞭望」），若附近有生番出沒
則會種植刺竹（采風圖「守隘」）。

（四）平埔族使用的器具

捕鹿使用弓箭及鏢（采風圖「捕鹿」），其方法是「三面縱火焚
燒，前留一面；各番負弓矢、持鏢槊，俟其奔逸，圍繞擒殺」。[10]而捕魚
用弓箭及鏢或簑篛（采風圖「捕鹿」），都是用竹子做成。在織布圖中，
婦女用「圓木挖空為機，以苧麻捻線，或用犬毛為之，橫竹木桿於機內，
卷舒其經，綴線為綜，擲緯而織」（采風圖「織布」）。[11]此外，葫蘆是

7　郁永河，《裨海紀遊》，臺灣文獻叢刊第44種，卷下。臺北：臺灣銀行經濟研究
　　室，1959，頁35中云：「腰間一刃，行臥與俱，凡所成造，皆出於此。」
8　杜正勝，《番社采風圖題解——以臺灣歷史初期平埔族之社會文化為中心》，臺
　　北：中央研究院歷史語言研究所，1998，頁23。
9　黃叔璥，《臺海使槎錄》，臺灣文獻叢刊第4種，卷五。臺北：臺灣銀行經濟研
　　究室，1957，頁95。
10　黃叔璥，《臺海使槎錄》，臺灣文獻叢刊第4種，卷五。臺北：臺灣銀行經濟研
　　究室，1957，頁166。
11　黃叔璥，《臺海使槎錄》，臺灣文獻叢刊第4種，卷五。臺北：臺灣銀行經濟研
　　究室，1957，頁106。

經常使用到的器具，在家可成為儲存酒的器皿，出外當隨身行李，可放衣服，因為遇雨不濡，遇水則浮（采風圖「乘車」、「渡河」）。睡覺時以竹片鋪地（采風圖「織布」），有的則用鹿皮。

（五）平埔族的飲食

在《采風圖》中所見到的平埔族人維生方式，計有捕魚、捕鹿、揉採、種芋等。此外，平埔族也種稻，只是跟漢移民不同的是少用工具，也不用牛耕田，稻子成熟時以手摘取稻穗（采風圖「刈禾」），食用的前一晚才去其糠，當天清晨將米煮熟，等到要吃的時候再加水進去。魚或鹿肉的食用方法，有時是生吃，有時是煮熟再吃，半線（彰化）以北的地方會用鹽醃製。至於芋頭，則是「掘坎積薪燒炭為火窯，投芋於中，灰覆之，乃掩以土」，[12]其方式頗類似今日休閒農業中常見的「控窯」。另外，平埔族釀酒的方法是把糯米放在嘴中咀嚼後吐進葫蘆中，等到要喝的時候再加水稀釋。

（六）平埔族的生命禮俗

1. 出生：小孩出生後與產婦一起到河裡洗澡，可去除污穢；生病之人取水灌頂，如病人渾身煙發表示病可痊癒（臺灣內山番地風俗圖「浴兒」）。[13]
2. 婚嫁：在《風俗圖》中是夜晚男子吹鼻簫或口琴（采風圖「瞭望」），女子如果喜歡會邀男子入室，隔天清晨回去，等到數月後或女子生小孩後，由女子去迎娶（采風圖「迎婦」）。結婚後男子才可以割斷箍腹。新婚夫婦會鑿下犬齒兩顆互送對方。
3. 喪葬：《風俗圖》中並沒有喪禮的相關圖像，但文獻上則有提到

---

12 周鍾瑄，《諸羅縣志》，臺灣文獻叢刊第141種，卷八。臺北：臺灣銀行經濟研究室，1962，頁158。
13 六十七，《番社采風圖考》，臺灣文獻叢刊第90種。臺北：臺灣銀行經濟研究室，1961，頁6～7。

親人死後沐浴，用鹿皮裹身，葬於屋內。[14]

二、平埔族的漢化圖像

(一) 耕作習慣

原本的平埔族經濟方式，是由男性負責打獵，女性負責耕作，不過到了18世紀後期的《番社采風圖》已見到男子從事耕種，同時在耕作方式上也不再侷限於傳統的人力，而開始學習漢人「牽牛握犁」，使用牛隻來協助耕種（采風圖「耕種」）。

(二) 社會制度

平埔族社會中原本並沒有特別尊貴或擁有權威的人，陳第的《東番記》中記載「道路以目，少者背立，長者過，不問答」。荷蘭時期在各個歸順的社中設置長老，平埔族開始出現階級分化，但並不嚴重，因而在《采風圖》中並沒有出現任何政治或宗教建築，仍是相對較為平等的社會；不過清代之後，在各社設立土官，擔任管理者，造成土官是漢化最深的平埔族人。例如，在《采風圖》的「渡河」中土官穿鞋，但傳統的平埔族人並不穿鞋。

(三) 服飾

1. 裸體：17世紀初期，陳第的《東番記》云：「地暖，冬夏不衣。婦女結草裙，微蔽下體而已。」一百年後，在《諸羅縣志》《番俗圖》「舂米」中，男女依舊裸露上半身。另外，老人和小孩亦

14　陳第，《東番記》云：「家有死者，擊鼓哭，置尸於地，環偎以烈火，乾，露置屋內，不棺；屋壞重建，坎屋基下，立而埋之，不封，屋又覆其上，屋不建，尸不埋。」

是一絲不掛。[15]不過到了18世紀末期的《采風圖》，則但見小孩裸體（采風圖「織布」）。

2. 紋身：前引《諸羅縣志》中提到：「文其身，遍刺蝌蚪文字及蟲魚之狀，或但於胸堂兩臂，惟不施於面。」郁永河《裨海紀遊》中也只提到番人紋身，而且離臺灣府愈遠，紋身愈多。[16]不過到了18世紀後期的《番社采風圖》中，並未見到裸身的平埔族人有紋身的情形，若非有地區性的差異，就是由於漢化所造成的結果。

3. 服裝：在19世紀來到臺灣的西洋旅行者所拍攝的相關影像中發現，平埔族人都已穿上漢人寬鬆的長褲、中國式的上衣，男子頭上圍著像《采風圖》糖廍中漢人的頭巾，而且男子的髮式已改成清朝漢人常見的「薙髮留辮」式的髮型。

三、平埔族的漢化根源

有關臺灣的平埔族在清領時期大量漢化，已有不少學者討論，其原因不外是學習漢人的耕作習慣、漢移民（如社商、通事）的剝削壓榨、官方的差役、大量的土地流失，以及番漢通婚、番童教育等。而《番社采風圖》中的一幅畫，或許可以為平埔族的漢化根源作一個最佳的詮釋。

《番社采風圖》中有一幀「社師」，圖中的番童正孜孜不倦的跟隨社師就學。社師的相貌，正是典型的漢人學究，前額無髮，手搖蒲扇，彷彿正督促著面前的番童背誦課文；而番童的打扮，更清楚可見漢化的痕跡：頭上綁髮髻，身穿傳統漢人服裝，足踏步履，手捧經書。根據黃叔璥《臺海使槎錄》的「番俗六考」提到：「半線番童楚善讀下孟，大眉、盈之俱讀下論，宗夏讀上論，商國讀大學。」[17]在所謂的「文明」教化之下，從

---

[15] 郁永河，《裨海紀遊》，臺灣文獻叢刊第44種，卷下。臺北：臺灣銀行經濟研究室，1959，頁34中云：「老人頭白，則不挂一縷。」

[16] 郁永河，《裨海紀遊》，臺灣文獻叢刊第44種，卷下。臺北：臺灣銀行經濟研究室，1959，頁18。

[17] 黃叔璥，《臺海使槎錄》，臺灣文獻叢刊第4種，卷五。臺北：臺灣銀行經濟研

下一代開始，平埔族人的文化逐步流失。以言語而言，到20世紀初期，會說族語的人數愈來愈少，取而代之的是操了一口流利的鶴佬語或客語。[18]

 ## 日治時期臺灣人的影像、寫真與「毛斷」生活

《跳舞時代》是一部描寫20世紀上半庶民生活與音樂的紀錄片，片頭的老唱機播放著將近八十年前的歌曲，從歌詞聽來便可知當時的男女深受西方文明影響。片中的男女穿著時髦，一起跳著華爾滋、狐步舞，一起到湖邊划船散步，自由自在的享受他們的「毛斷」生活。而「毛斷」，也就是「modern」，可說是一個社會現代化的表徵。

20世紀是社會文化變動相當劇烈的世紀，許多國家在接觸到外來文化，尤其是源自工業革命發源地西歐文化後，加速了現代化的腳步。儘管在過程中，新的價值觀常常會與原本的傳統文化發生衝突，然而，在新舊文化的融合與協調過程中，現代化的步伐依舊昂首闊步的向前行去，而新的價值觀念於焉產生。[19]

20世紀的臺灣，亦不能自外於這股浪潮，歷經不同政治勢力的移出與移入，儘管造成政權不穩定，卻為臺灣文化注入更豐富的生命力。本章將以日治時期（1895～1945）為主要描述對象，藉由當時所留下的寫真、影像，乃至於產品廣告，一窺彼時的時尚風潮，以及庶民如何享受他們的「毛斷」生活。

究室，1957，頁117。

[18] 根據日治時期的臨時戶口調查結果顯示：1915年新竹廳（含新竹、苗栗兩縣）的平埔族僅剩下8%的人仍使用母語，其他多數已被閩南語或客語同化了。參見大正4年第二次臨時臺灣戶口調查集計原表地方之部（上），頁2～3、856～857。

[19] 曾翔姿，〈在地文化與現代化的衝擊〉，敘述設計資訊中心，http://home.educities.edu.tw/lingyf/na/col029.html（檢索日期：2010年10月29日）。

一、食

隨著社會的分工愈細，外食的人口愈來愈多，有不少人的三餐乃至
宵夜都是在路邊攤解決。現在的路邊攤多半是以小推車或者改裝貨車的形
式出現，那麼20世紀初期臺灣的路邊攤又是如何呢？以前賣小吃的路邊
攤，被稱為「點心攤」，靠著一根扁擔和兩個擔子就可以走遍天下。他
們通常會聚集在廟口或市集等眾人經常出入的地方，講究一點的會擺放桌
椅，設備較為簡陋的則沒有備置桌椅，客人拿著食物蹲在地上食用的情形
也非罕見，這種低成本又具有行動力的買賣方式，非常符合當時人民的生
活需求。

這樣的情況到了日本統治日趨穩定之後，開始悄悄的發生變化。
1910年代以後，日本政府開始進行市街改正，一條條筆直寬廣的道路陸
續開設，緊接著市街兩旁的商店如雨後春筍般出現，加上殖民政府有計畫
的引入新式市場，使得這些挑擔人逐漸沒落，其行蹤逐步限縮於鄉間或交
通不便之處。於是臺灣人的飲食習慣，也起了不小的變化。

由於臺灣政經情勢日趨穩定，吸引許多日本人到臺灣來開設西式料理
店、日式食堂、咖啡店、喫茶店等臺灣人聞所未聞的飲食場所，臺灣人也
開始嘗試新的飲食型態與口味。1905年的《臺灣日日新報》中有一則很
有趣的報導：

> 嘉義市街。內地料理店營業。一係城內土名總爺。醉月
> 樓。土名內教場。富士館。一係城外。土名西門外。浪花樓。
> 新玉樓。松鶴樓。玉島樓。山月樓。筑紫樓。嬉野樓。計其場
> 所。共有九處。邇來甚然笑市。其各料理店。每日收入金額。
> 多者約有七八十圓。少者約有五六十圓。如其飲食。不啻內地
> 人已也。即本島人亦群趨之。目下猶有內地人者。欲擴張新開
> 料理店業。擇近於貸座敷地。現在興工建築。因此而西洋料理

店之事業。比前尤盛矣。[20]

　　另一個歷史的見證則是赫赫有名的波麗路餐廳。創立於1934年的波麗路餐廳，至今仍靜靜的座落在臺北市民生西路的街頭上，第一代的老闆原本在日本人開設的西餐廳修習廚藝，之後在友人的建議與鼓勵下自行創業，以「鄉村咖哩飯」和「精緻西餐套餐」聞名，[21]成為當時大稻埕首屈一指的西餐廳。由此可知，本島人已能逐漸接受外來飲食。

　　除了能登大雅之堂的套餐料理之外，零食小點心也悄悄的跟上流行的腳步。以下舉巧克力與汽水為例：

1. 巧克力：巧克力在西方早先是種飲品，經過不斷改良，才形成今天我們所熟悉的固體形狀。開啟日本巧克力史的「森永」，於1925年在臺北設立「森永製品臺灣販賣株式會社」，[22]而另一個知名廠牌「明治」，則在1929年於臺北本町二丁目（即今臺北市重慶南路、懷寧街、漢口街和襄陽路圍起來的區域）設立「明治製菓販賣所」，兩間公司的競爭相當激烈。當時的牙膏管狀巧克力，售價有5錢或10錢的，看似不貴，但畢竟是屬於較為少見的零食，在城市中較為風行，因此，巧克力在當時可與現在的「馬卡龍點心」相媲美。[23]

2. 汽水：日治時期為「清涼飲料水」的一種，[24]這裡是指含有碳酸的清涼飲料，酸酸甜甜的味道加上氣泡，喝起來十分爽口，因此，

---

[20] 〈西洋料理店之盛〉，《臺灣日日新報》（漢文版），1905/12/20/04版。

[21] 玻麗路餐廳網站，http://www.bolero.com.tw/index1.htm（檢索日期：2010 年10月29日）。

[22] 陳柔縉，《臺灣西方文明初體驗》。臺北：麥田，2005，頁30～35。

[23] 馬卡龍（Macaron），近年來流行於臺灣的時尚點心。相傳為義大利點心，但在法國被發揚光大，以其多彩的顏色和甜而不膩的內餡風靡全球。

[24] 日治時期將清涼飲料水分成五種：(1)含有碳酸的飲料水。(2)摻有果子水、薄荷水和桂皮水的飲料。(3)將果子汁或果子蜜加水製成的飲料。(4)以牛乳作為原料的酸性飲料。(5)除上述種類外，總督府規定之飲料。見〈第三十課清涼飲料水取締〉，《語苑》，頁37～42。（語苑為日治時期期刊，出版日期未載明）

自1895年日本統治臺灣後逐漸傳入臺灣，並且在當時成為夏季相當受歡迎的飲料，其受歡迎的程度可以從以下這段文字敘述中得知：

> 金融商況內地人之商況。因內地財政不振。授受資金多有緊縮之狀亦本島人之商況。因茶及米盛出。金融頗覺圓潤。若尋常之商況。海產物因內地市之不況價格□然低落□麥酒及清涼飲料等。現正值需要盛期。如清涼飲料水。乃空前好況。其他日用雜貨及洋貨類。邇日來不勝閑散者。更將產業之狀況而舉之。早季米雖或有減收之處。然大禮猶不歉於常年。茶之授受。亦甚順調。以是觀之。可知一切金融之活動矣。[25]

二、衣

在《跳舞時代》這部片中，我們可以發現當時女性穿著的不再是大襟衫加上長褲，取而代之的是俏麗可愛的小洋裝，或者是著重身材曲線的旗袍。這與當時總督府對臺灣陋習所採行的風俗改良政策有關。日治初期，總督府即認為「斷髮解纏」為必要實施之政策，但是為了減緩臺灣人的反抗，在執行上採取漸進策略，因此，民間仍多延續大陸移民的衣著形式。根據片岡巖在《臺灣風俗誌》裡的記載，當時臺灣人服裝與中國大陸人民無異，惟在裙、袖、襟的長短和剪裁方法等略有不同，而且衣服大多無花紋，而以白、黑或青色做衣褲。[26]較明顯的特色為女性大多纏足，男性則一律都是留辮髮。然西風東漸，流行的風還是吹進了臺灣，一向走在時代前端的臺北商賈，早就嗅出時尚的走向，率先斷髮易服。以當時有名的富商李春生為例，他在1896年所寫的《東遊六十四日隨筆》中指出他的清

---

[25] 〈金融商況〉，《臺灣日日新報》（漢文版），1908/08/11/03版。
[26] 片岡巖著，陳金田譯，《臺灣風俗誌》。臺北：大立，1985，頁82～84。

國裝束「沿途頻遭無賴輩、擲石謾罵之苦」，所以決定改裝易服。[27]

　　但是，並非人人都能像他有如此遠見與氣魄。據報載，直至1902年統計，斷髮者僅僅28人而已，改穿西式服裝者更是寥寥可數。[28]一直到1910年代以後，各地開始積極的推行「斷髮解纏」活動，於是臺灣人的穿著打扮有了明顯的改變，著洋服與日式和服的人愈來愈多，女性穿著洋服、套裝出現在街頭的比例愈來愈高，而男性在斷髮後也開始嘗試穿西裝。儘管當時有些保守派知識分子將之視為是「背棄祖先」的行徑，但是這種想法終究抵擋不住時代的潮流，舊式穿著還是得從時尚舞臺中優雅的下臺。

三、住

　　清領時期，臺灣人的住屋延續中國南方的家屋形式，大體上可分為兩種：一種為院落式，一種為連幢式。院落式就是普通家屋，除了主屋外，另左右兩邊如兩袖伸出，稱之為「護龍」，並在前方留下「埕」的空地；連幢式即是市街店舖，兩家共用牆壁，並在屋簷下設立通路。[29]

　　在日本治臺之前，清朝政府並未進行所謂的「都市計畫」，因此街道寬度大小不一，令人感覺雜亂無章。自1900年開始，日人有感於街道系統的紊亂，而且缺乏下水道、路燈等設施，因此在各地開始進行一系列的市區改正計畫，除了拆除清代城牆、闢建道路外，較具特色的是強制街屋設立騎樓，使得街屋店面內縮，店家不得不在門面部分掛上招牌，反而使得建築本體淪為配角，這是與其他城市街景相當不同的地方。

　　建築風格方面也常因主流住民的意識型態而受到影響。日本人明治維新後，建築界從歐洲引入當代的建築風格，有不少即在其第一個殖民地臺

---

[27] 李春生原著，李明輝、黃俊傑、黎漢基合編《李春生著作集》第4冊。臺北：南天，2004。

[28] 陳柔縉，《臺灣西方文明初體驗》。臺北：麥田，2005，頁291～292。

[29] 片岡嚴著，陳金田譯，《臺灣風俗誌》。臺北：大立，1985，頁73～74。

灣進行試驗，使得臺灣街頭出現如此眾多仿歐洲式樣的建築。因此當時的臺灣建築風格相當多元，其風貌大約可分成：原住民住屋、閩客體系的中國傳統建築、日式木造的公教宿舍、巴洛克式的仿歐式建築、和洋混合風格等。[30]許多當時的建築仍保留至今，成為當代歷史最好的見證。

四、行

　　臺灣現存的交通建設中，有部分必須歸功於日本人的設計與規劃，最明顯的就是縱貫線鐵路與基隆、高雄等港口。雖然說當時建設的目的不必然是為了便民，但為臺灣的交通建設奠定良好的基礎則是不爭的事實。

　　在公路方面，1895年日軍登陸臺灣後，為了方便軍事動員，利用工兵修築公路。至1900年之後，凡是公路指定用地，沿途拆遷民房，並徵稅作為修路費用。[31]有了公路，陸上的交通工具自然就會多了起來，舉凡腳踏車、人力車、汽車、長途公車等紛紛出現在街頭，而汽車可以說是摩登生活的代表。根據陳柔縉在《臺灣西方文明初體驗》一書中指出，1912年臺北街頭便出現了第一部汽車，這部車的車主是知名的「日之丸館」的經營者杉森與吉，當時這部車子除了自用外，也用來服務客人。只不過這部車在1914年便隨著「日之丸館」發生大火而燒得只剩骨架。1916年，總督府舉辦「臺灣勸業共進會」，一些日本總公司的商號，紛紛從日本內地運來汽車以壯聲勢，從此以後，汽車的數量日益增多。以1931～1935年的統計為例，當時臺灣人擁有的汽車數便達196輛。[32]以現在的眼光來看或許會覺得少得可憐，但是就當時物價而言，汽車可是奢侈品。如以1934年福特v-8型汽車為例，當時價錢為3,550到3,775圓，而一個

---

[30] 丁榮生著，莊永明總策劃，〈建築風華變幻多樣〉，《臺灣世紀回味——生活長巷篇》。臺北：遠流，2001，頁104～106。

[31] 郭明亮、葉俊麟著，楊蓮福總策劃，《1930年代的臺灣》。臺北縣：博揚文化，2005，頁102。

[32] 陳柔縉，《臺灣西方文明初體驗》。臺北：麥田，2005，頁180～187。

普通公務員的薪水也不過才50圓，其價值由此可知。[33]

　　鐵路則可以說是日治時代最發達的交通建設。19世紀末期，劉銘傳積極推動鐵路建設，但因經費不足，只修築基隆到新竹約100公里的路段。自1899年後，日本政府開始積極修築西部縱貫鐵路，此工程總共歷時九年，直至1908年全線完工，從此以後臺灣交通進入新的一頁。當時的鐵路分成四種：公營、民營、林業專用道路與輕便鐵路：[34]

1. 公營：連接主要城市的幹線，如臺北到高雄。
2. 民營：由於總督府財政不足，因此引進民間資本興建鐵路，加上日本資本家想要發展糖業，為了運送甘蔗而出錢興建，間接造成私鐵的發達。主要以貨運為主，兼以客運為輔。
3. 林業專用鐵路：為總督府所有，具有載客、運輸之功能。
4. 輕便鐵路：大多鋪設於山區或偏遠的鄉間，行駛於鐵軌上的交通工具稱為「臺車」。臺車必須由人力推動，逢上坡或貨物太重才用水牛牽引。[35]輕便鐵路可以說是都市與鄉間的連接通道，有其存在的必要性。然而自1920年代之後，客運汽車的普及逐漸取代臺車，使得輕便鐵路逐漸從交通系統中消失。

五、娛樂

　　「阮是文明女，東西南北自由志」、「男女雙雙，排做一排，跳Trot（狐步舞）我上蓋愛」，這是日治下1930年代都會女性的心情寫照。《跳舞時代》這部紀錄片正記錄著當時庶民生活的活潑性與多樣性，無論是男性或女性，搭配音樂翩然跳起雙人舞，早就打破「男女授受不親」的傳統界線。作為日本第一個殖民地的臺灣，受到明治維新後的日本所影

---

[33] 陳柔縉，《囍事臺灣》。臺北：東觀，2007，頁212～217。

[34] 郭明亮、葉俊麟著，楊蓮福總策劃，《1930年代的臺灣》。臺北縣：博揚文化，2005，頁99～101。

[35] 鄧文淵、李淑玲著，《臺灣古早生活圖繪》。臺北：玉山，2002，頁37。

響，對於西方文明自然不陌生，更透過日本而大量吸收引進西方的娛樂與文化。以戲劇而言，早期臺灣庶民流行看野臺戲，故事內容多以中國歷史人物和小說人物改編而來，上流士紳則比較喜歡看京劇。臺灣人看戲但不懂戲的內容，因此與其說是看戲，倒不如說是看熱鬧還貼切一些。1930年代初期，電影自上海輸入臺灣，觀賞電影的人變多了，形成另外一種時尚的風潮。

又如音樂，早期臺灣多是南管、北管、歌仔戲等民俗類型的音樂，然而隨著電影的傳入，音樂的傳播方式開始有了改變。當時的電影屬於默片電影，需要辯士（電影解說員）從旁解釋，而片商為了宣傳影片找了流行歌手錄製唱片，藉以提高民眾觀賞的意願。第一首臺語流行歌「桃花泣血記」，就是在這樣的背景下產生的。[36]此後，日本企業家看準這樣的商機，便開始大量製作出版臺灣本土創作音樂，節奏則包括華爾滋、狐步等。目前仍為人所熟知的歌曲有雨夜花、河邊春夢等。

肆 終戰時期的庶民境遇——《海角七號》的幻影與真實

2008年的秋天，《海角七號》在臺灣影壇上掀起一股風潮，除了片中呈現出風光明媚的墾丁景致和男女主角亦莊亦諧的愛戀情節之外，那七封相隔近六十年卻無法投遞出去的信，可以說是另外一個扣人心弦的劇情。更重要的是，這一部影片難得的串起了臺灣兩代、甚至三代人對日本的複雜情結，不論是懷念日本統治或者是因為喜好日本產品而引領的哈日風潮；同時，它也道出了以往鮮為人注意的「灣生」（在臺灣出生）日本

---

36 郭明亮、葉俊麟著，楊蓮福總策劃，《1930年代的臺灣》。臺北縣：博揚文化，2005，頁172～173。此外，《跳舞時代》一片的主要拍攝背景，即是以1930年代最重要的「古倫美亞」唱片公司的興衰為主軸，透過當時員工的口述回憶，見證臺語流行歌曲的繁華歲月。

人的處境與心理感受。

　　至於祖先數代始終定居在臺灣的原住民與清朝以來的漢移民，對於臺灣的統治者與主權轉移，從來無法置喙，此時更陷入究竟是戰勝國抑或戰敗國的尷尬處境。對於新的接收者，從熱烈歡迎到極度不解，甚至轉而懷念日本統治時代，遂導致「光復」不到一年半即發生了殘酷的「二二八事件」。曾獲威尼斯影展金獅獎的《悲情城市》，即提供了若干的影像觀察。

　　本節主要將透過上述兩部電影，以及1945年前後的影像紀錄，來了解變局下的庶民境遇——包含日本人，也包含臺灣人。

一、歸鄉？離鄉？終戰時期的日本人

　　　　　　友子：
　　　　　　才幾天的航行，
　　　　　　海風所帶來的哭聲已讓我蒼老許多，
　　　　　　我不願離開甲板，也不願睡覺，
　　　　　　我心裡已經做好盤算，
　　　　　　一旦讓我著陸，
　　　　　　我將一輩子不願再看見大海。
　　　　　　海風啊！為何總是帶來哭聲呢？
　　　　　　愛人哭、嫁人哭、生孩子哭，
　　　　　　想著你未來可能的幸福我總是會哭，
　　　　　　只是我的淚水，
　　　　　　總是在湧出前就被海風吹乾，
　　　　　　湧不出淚水的哭泣，讓我更蒼老了！
　　　　　　可惡的風！
　　　　　　可惡的月光！
　　　　　　可惡的海！

十二月的海總是帶著憤怒，

我承受著恥辱和悔恨的臭味，

陪同不安靜地晃盪，

不明白我到底是歸鄉？

還是離鄉？

——《海角七號》第四封情書

　　歷經日本統治五十年後，臺灣的發展已經與中國大陸脫鉤，居民的組成也更趨複雜，除了原本住在島上的原住民、清朝時大量前來的漢移民外，還有一些在20世紀初年起從日本渡海而來的新移民。他們之中，有人是第一代的臺灣移民，有人則是在臺出生的「灣生」日本人，居住在臺灣可能有數十年之久，甚至有些人連墓地都已買好，視臺灣為自己的新故鄉。然而當1945年8月14日「天皇玉音」放送日本無條件投降的消息，民眾有的痛哭流涕，有的如釋重負。戰爭確實結束了，但是「戰敗」這個事實卻讓人難以接受。在臺日人的感受，可以當時任教臺北教大的鹽澤亮繪製的《自臺中雙冬疏散學園至歸還日本》畫卷一窺究竟：

　　翌日15日清晨，學生小林律子的母親從二水趕來，帶來天皇的廣播及謹載大詔的報紙號外，始知日本承諾無條件投降，眼淚不禁奪眶而出，無法自抑。即時，臨時呼集學生於第六室，遙拜宮城，舉行恭讀詔書典禮，哽咽得讀不出聲，滿堂學生痛哭流涕，過了數小時沒人走出室外。[37]

　　另一方面，國府依照麥克阿瑟第一號命令，陸續派軍隊來臺準備接收事宜，原本居於統治者身分的日本人，在臺灣瞬間變為戰敗國的子民。他們普遍士氣低落，從吳濁流的回憶中可了解當時日僑與臺灣人對於接收所呈現的兩樣情：

---

[37] 鹽澤亮，《雙冬疏散學園繪卷》。臺北：臺北市立教育大學，2009。

在等待復等待中，國軍終於在10月17日光臨了。全島六百萬的同胞都齋戒沐浴去迎接。臺北市民不管男女老幼，全部出來，整個都市沸騰般的熱鬧。在長官公署前面，日本的中學生、女學生、高等學校的學生、民間團體、紳士，甚至大學教授都出來，立在大馬路兩側，乖乖的排列著。在這些行列前面，大鼓聲、鑼聲以及長長的行列浩浩盪盪地走過去。……我不由得往日本人那一邊看去，發現他們默默而寂寞地看著，這時沒有一個人吵，他們心中不知道怎麼悔恨。那秋陽仍舊噴灑著酷烈的光照射他們。日本人的心中，大概做夢也沒有想到會向『支那兵』投降吧。然而，這是活生生的現實，他們吞下無限的眼淚，乖乖地站在歡迎的行列中。[38]

戰爭甫結束時，臺灣總督府曾對當時的在臺日人進行歸國志願調查，32萬餘人中，志願留臺者14萬餘人，志願歸國者18萬餘人。[39]可見當時有將近一半的在臺日人渴望留下，而他們之所以願意以戰敗國子民身分留在臺灣的原因，除了大半輩子奮鬥的家業都在這裡外，對於日本本土經過多年盟軍的猛烈轟炸，早已滿目瘡痍，物資糧食普遍缺乏，相較之下，臺灣較為穩定，因此益增其留臺意願。不過在政策未明朗前，不少傳言已讓這群前途未卜的在臺日人感到憂心不已。如鹽澤亮提到：「我們已被改稱『日僑』，日僑的財產，不分私產，或財團法人在海外（臺灣）的產業全部被沒收，有許多報紙如此報導。」[40]此後，國府一連串的政策與處置措施，印證他們的疑懼並非空穴來風。行政長官公署不但決定儘速遣返在臺日人，更凍結其在臺財產家業，僅得攜帶現金1,000圓及簡單行李返國，以致一生努力成果化為烏有。

---

[38] 吳濁流，《無花果——臺灣七十年的回想》。臺北：前衛出版社，1993年，第五版，頁169。

[39] 參見歐素瑛，〈戰後初期在臺日人之遣返〉，《國史館學術集刊》，3期，2003.9，頁201～227。

[40] 鹽澤亮，《雙冬疏散學園繪卷》。臺北：臺北市立教育大學，2009。

　　至於一時尚未遭受遣返的在臺日人，其生計也出現重大改變：無留任之必要者均遭革職，就算沒被革職的也只能維持標準薪資，因此生活頓時陷入困境。加上1945年10月中旬後，通膨情形日益嚴重，為了生活，不僅婦人，連少女、小孩都得到市街擺路邊攤，販賣一些家具，或者是紅豆餅、豆腐等食物，藉以貼補家用。除此之外，一些臺灣本島人開始進行破壞的暴行，如殺害日本警察、搗毀日本人的住屋、毆打日本學生等，治安狀況每況愈下。然大部分臺灣人仍對日本人保持友善，但為了避免事端，對於相關情事只得噤聲不語，因此使得破壞社會秩序者更顯張狂。其治安敗壞之情形從以下這段文字便可窺見：

> 　　帝大教授桂老師等人說在元旦也要值夜勤，包括松山療養院的住宅附近頻繁的遭受集團掠奪，一月中間精一的鄰居便有兩間屋舍隔週遭襲，各被強盜襲擊一次，
> 　　……，我也因為週六週日去那邊體驗到，即使只是老鼠跑過的聲音我也會以為是盜賊而驚醒，後來在枕邊放了石油的空罐和棒子以便能馬上反擊盜賊。[41]

　　經濟困頓加上治安敗壞，改變了在臺日人留臺的意願，愈來愈多日本人聚集在大都市，等待遣返的日子。而遣返作業也從1946年3月開始展開，直至1948年止，共計遣返日人32萬餘人。[42]

　　關於當時遣返的狀況以及遣返者的心境，可以立石鐵臣（Tateishi Tetsuomi, 1905-1980）及其畫作為代表。立石是在臺出生的日籍畫家，在皇民化最盛期，他與金關丈夫投入《民俗臺灣》美編工作，忠實的記錄保存臺灣的本土民俗文化。戰爭末期應召入伍，戰後被留用在臺北師範學校任教。1948年12月，立石鐵臣終於踏上遣返之路，他從基隆港出海。1962年，立石先生在日本家中，按捺不住對臺灣的思念，畫下了《吾愛臺灣》

---

[41] 鹽澤亮，《雙冬疏散學園繪卷》。臺北：臺北市立教育大學，2009。

[42] 參見歐素瑛，〈戰後初期在臺日人之遣返〉，《國史館學術集刊》，3期，2003.9，頁201～227。

一圖，忠實呈現他被遣返的那一刻。

　　返回日本的在臺日人，得在日本本土展開新生活，而臺灣則與日治時期揮手道別，重新適應一個陌生的「祖國」。

二、接收？劫收？戰後初期的臺灣人

> 張燈結彩喜洋洋，勝利歌兒大家唱，
> 唱遍城市和村莊，臺灣光復不能忘。
> 不能忘，常思量，不能忘，常思量。
> 國家恩惠情分深長，不能忘。
>
> 有錢難買真情意，有錢難買真爹娘，
> 今朝重見天和地，八年血戰不能忘。
> 不能忘，常思量，不能忘，常思量。
> 加緊建設為國增光，不能忘。
> 張燈結彩喜洋洋，光復歌兒大家唱，
> 唱遍城市和村莊，民族精神不能忘。
> 不能忘，常思量，不能忘，常思量。
> 中華民國天長地久，不能忘。
>
> ——「臺灣光復歌」

　　1945年10月25日，陳儀代表二次大戰的盟軍在臺北接受日本末代總督安藤利吉的投降，同時宣布臺灣人自即刻起全部「恢復」中華民國國籍，臺灣從此回歸「祖國」的懷抱，此後每年的10月25日就訂為所謂的「臺灣光復節」。就在上個世紀末以前，每逢本日，各級學校不但要製作相關壁報，還必須教唱上述這首「臺灣光復歌」。

　　然而，臺灣人的「光復」喜悅並沒有持續太久，戰後進行接收的行政長官公署，表現出種種失政，諸如貪污腐敗、人事不公、通貨膨脹、經

濟蕭條、治安敗壞、失業嚴重等，都讓臺灣人不滿之心日甚，終於在接收不到一年四個月，爆發了大規模的反抗政府行動——「二二八事件」。由於其後遷臺的蔣介石政府實施威權統治，在長期戒嚴下，這個事件成了敏感的圖騰，嚴禁碰觸，遂被迫罩上了一層神祕面紗，長期湮沒在歷史洪流中。直到1986年，畢生為爭取百分之百言論自由而奮鬥，甚至因此犧牲生命的鄭南榕先生開始為平反二二八而奔走；解嚴之後，電影界也開始嘗試去碰觸這個議題，如侯孝賢執導的《悲情城市》即是其代表。

本片內容描述自1945年臺灣脫離日本統治回歸祖國的懷抱起，到1949年中華民國政府迫遷臺北的這段歷史。透過劇中林家四兄弟的遭遇來訴說臺灣「光復」初期的社會情形與人民生活樣貌，片中也呈現出臺灣人的心情從喜悅、失望到絕望的轉折。全片由林家長子文雄得子，取名為「光明」，加上文雄的新店開張，店名稱做「小上海」開始，整個氣氛是熱鬧歡愉的，就像當時大多數臺灣人內心的想法一樣，認為從此以後不必遭受異族統治，未來的前途將一片光明。當時臺灣人普遍期待成為中華民國的一省，從街上自發性懸掛國旗、唱國歌（可參考《天馬茶房》一片中男主角林強從上海帶來國歌唱片，大家專注凝聽、興奮激動的畫面），到知識分子唱著祖國的歌曲「流亡三部曲」，在在流露出當時臺人脫離日本統治的喜悅之情。另外，由「臺灣光復致敬團」團員李建興的日記中寫出對祖國的氣魄山河及人文薈萃的景仰，可知臺灣人是多麼希望重回這個夢想中的祖國懷抱。[43]

平情而論，戰前臺灣人為抗拒異族日本人統治，以至於對同文同種的「祖國」加以理想化實屬必然。不過實際的情形是：在經過日本五十一年的統治後，儘管臺人遭受到不平等的對待，但日本人為展現其帝國主義能力，並為了掠奪臺灣資源而投資興建的設備，卻也促成了臺灣邁向現代化。反觀同一時期的中國，卻是飽受戰火摧殘，國力不斷消耗，奉派前來接收的七十軍一身殘破不堪的裝扮，以及敗壞不已的軍紀，更令臺人對想

---

[43] 許雪姬，〈由四種日記看「臺灣光復致敬團」始末〉，《日記與臺灣史研究——學術研討會論文集》。臺北：中央研究院臺灣史研究所，2010，頁7。

像的祖國開始產生懷疑。另一方面，日治後期推行皇民化運動，使得戰後初期的臺灣仍充滿濃濃的東洋味，看在剛打完對日戰爭的大陸人士眼裡，不免挑動了內心排日的情緒，認為臺灣人已被日本人奴化，所以來自大陸的接收大員自然以「征服者」自居。

再就當時的臺灣社會來看，戰後很多的臺籍士兵回國找不到工作，原本在政府機關工作的職員因不懂「國語」或因大陸牽親引戚的關係而被解僱，加上大量的物資送到中國，及大陸來的官員營私舞弊造成通貨膨脹、物價上漲，使得1945年後的經濟環境反而不如日治末期。《悲情城市》一片中的知識分子即在一次聚會中，指出回歸祖國後的諸多問題，包括米、糖等民生用品走私到中國大陸，嚴重的通貨膨脹、失業問題，法律上的不公平，及內地中國人對於臺灣人的不信任與歧視，以至於臺灣人無法擔任重要的公職。整個聚會就在劇中的林老師反政府的呼籲中結束，要所有受苦的老百姓勇敢站起來為自己而反抗。[44]

而這樣的場景，在文字記載的史料中也是俯拾即是。在《民報》1946年7月6日的社論「臺胞幸福了麼」中記載：

> 海外歸來的幾十萬青年皆在失業了，國內的失業群眾拚命的往臺灣撈金來了，臺灣的米、茶、糖及其他大宗工業生產銳減之下，臺灣的物資由政府往外不還流的輸送，往島外的匯款無限制的匯出，物資外送，資金外流，島民的失業者群沒有去路，試問如此狀況之下，臺灣經濟破產不破產？[45]

10月28日《民報》的社論「要預防年底的危機」中更提到：

---

44 林文淇，〈「回歸」、「祖國」、「二二八」：「悲情城市」中的臺灣歷史與國家屬性〉，《當代》，第106期，頁103。

45 《民報》（臺北），中華民國35年7月6日，版2。轉引自許世融，《1946年的臺北市——一個財政面向的考察》。

　　　　長官的班底，多不肖之徒，越法舞弊，致政府威信墜
　　地，人民不能信用官吏，使守法有良心的公務員，束手無法可
　　施。……失業者的思想一天一天的惡化起來了。對每晚在花天
　　酒地的公務員和發光復財的地主和豪商階級，都抱了大不滿。
　　為飢寒所迫，而幹出破廉恥事的，指不勝屈。犯罪案件十中之
　　九都是為吃飯問題而生的。[46]

　　又有一幕是片中林文良和上海人勾結走私日治末期日本人印製沒有
序號的日幣。還有上海商人利用懲治漢奸條例，將林文雄及文良當作漢奸
通緝，文雄說：「法律他們在設的，隨在他們翻起翻落。咱們本島人最可
憐，一下什麼日本人，一下什麼中國人。眾人吃，眾人騎，就沒人疼。」
證諸美國記者William Newton在1946年3月的報導，臺灣人抱怨美國人對
臺灣人跟日本人有差別待遇，美國人對待日本較臺灣仁慈，何以對日本僅
使用原子彈，對臺灣竟使用華軍也。[47]戰後臺灣社會流行一句話「狗去豬
來」，狗（日本）雖然很凶惡會壓迫臺灣人，但是狗會看門，可是豬（國
民政府）好吃懶做，吃完不擦嘴，接收日人的資產當成自己的私人財產，
把公營的機器設備偷走或以便宜的價錢賣掉，官員來到臺灣就可以五子登
科了。[48]

　　二二八事件使回歸祖國的夢想破滅，國民黨被視為恐怖的統治者，將
臺灣本土菁英趕盡殺絕，或迫使其亡命天涯，二二八成為「外來政權」迫
害「本土族群」的符號，也成為「外省人」和「本省人」衝突的源頭。在
經歷了不合理的迫害後，他將日本人和中國人並置，認為「祖國」與日本
是同等的殖民者。我們可以看到影片中當二二八事件發生，臺灣民眾開始
追打外省人時，聽見臺灣人說：「你以為你是來這裡做王的嗎？」因此，

---

[46] 《民報》（臺北），中華民國35年10月28日，版1。轉引自許世融，《1946年的
　　臺北市——一個財政面向的考察》。
[47] 陳興唐，1992，臺灣「二・二八」事件檔案史料（上）——南京第二歷史檔案館
　　藏。臺北：人間出版社，頁65。
[48] 引自李筱峰，〈戰後初期臺灣社會的文化衝突〉，頁298。

臺灣人民在二二八當中起來抗暴，在《悲情城市》中清楚地指出是一種憤怒地反中國殖民的心態興起。儘管陳儀在廣播中一再以「臺灣同胞」相稱，但行為上卻是一個新的殖民者。[49]最後一幕透過餐桌上只剩下老人、女人和小孩在吃飯，配上寬美描述文清被國民黨帶走的信，透過影片，不著文字的刻畫出二二八事件後臺灣人家破人亡的淒涼處境。

從《海角七號》日籍教師對政權轉換無法去反抗、無法依照自己的心意留下；《悲情城市》中文清第一次下獄，獄警叫兩個獄友開庭，文清茫然坐在鐵窗下，突然傳來兩聲槍響，接著獄警叫「林文清開庭」，如此讓人驚心動魄，愈發覺得在戰後初期政權轉換的過程中，平民百姓原來是如此渺小，命運如浮萍一般，莫論何去何從，就連生死也無法預測，「悲情」一詞，實道盡了當時無數臺灣人的悲哀。

伍 結論：大眾史學——歷史學的新方向

本章的內容嘗試用兩組比較對照，來陳述三百年來臺灣歷史當中的庶民生活：一組是清代的平埔族與日治時代的漢移民，另一組則是1945年終戰時期的臺灣人與日本人。透過圖像的紀錄，對比了清領時代受到大量漢文化影響下的原住民（特別是平埔族），以及日治時代受到強勢殖民統治者所帶進的現代化影響下的漢移民；也透過影音的傳遞，對比了戰爭結束時兩個不同族群的命運發展。雖然不能完全省略文字來敘述歷史，但是已可見到大量非文字史料的運用。

在文字尚未發明以前，人類長時期一直以語言或者圖像傳達他們種種的歷史記憶，遠者如數萬年前的岩畫，近者如臺灣原住民的口傳歷史。不過在距今約兩百年左右，伴隨著現代國家的形成，開始有專業史學家的出現。其寫作和思考模式，幾乎都環繞在Nation-State為單位；其撰寫方

---

[49] 林文淇，〈「回歸」、「祖國」、「二二八」：「悲情城市」中的臺灣歷史與國家屬性〉，《當代》，第106期，頁104。

第5章 影像紀錄與常民生活

式多半是採用「大敘述」或「通史」，強調國家歷史之中有「文化傳統」和「核心的民族」，所以是以「國史」的角度來思考；而其使用的媒介，90%以上是傳統的文字。在強調分工的時代，任何領域的研究工作，都需要由所謂的專家來進行。歷史這個學門也不例外，因此從題目的擬定，史料的蒐集、整理、考訂、分析、批判，進而從事撰述，學院當中都一一提供了專業課程作為堅實基礎。

　　然而，1970年代以來，專業史家不斷的遭到內部和外部的挑戰。內部來自於新理論的威脅，外部則由於就業人口大量增加，求職相對困難。另一方面，學問掌握在菁英、學院派人士手中的情形，也在1960年代之後開始變化。自從1960年代以來的社會運動層出不窮後，人們開始注意到，大眾的文化、大眾的歷史都值得重視、研究；不僅如此，也應該肯定大眾也有史觀，他們的主體意識也影響著歷史。換言之，不只應該寫大眾、群眾的歷史，而且要突出群眾如何影響歷史，以及由下而上的作用力；更重要的是，歷史不只由少數專業學者執筆，大眾本身也要書寫歷史，人人都可以撰寫歷史的工作。這種趨勢到了1990年代更為普及。學者為大眾史學所下的定義是：

> 　　每個人隨著認知能力的成長都有基本的歷史意識。在不同的文化社會中，人人可能以不同的形式和觀點表述私領域或公領域的歷史。大眾史學一方面以同情了解的心態，肯定每個人的歷史表述，另方面也鼓勵人人「書寫」歷史，並且「書寫」大眾的歷史供給社會大眾閱讀。大眾史學當然也應該發展專屬的學術及文化批評的知識體系。[50]

　　這種寫給大眾看，也鼓勵大眾書寫的歷史，其傳達的形式是多元的，可以有文字的、影像的、語音的、文物的，甚至用數位化的、多媒體

---

[50] 周樑楷，〈大眾史學的定義和意義〉，收錄於周樑楷編，《人人都是史家——大眾史學論集》第一冊。臺中：采玉出版社，2004，頁28～32。

的。在傳統的史學描述下，究竟「被髮左衽」和「束髮右衽」會有怎樣的差別，我們可能還得發揮一些想像力。但是透過鮮明的圖像，我們可以知道資料所要傳達的那個時代的庶民穿些什麼？做些什麼？甚至他們的長相如何？所以，不論是書寫大眾的歷史，或是大眾來書寫歷史，學習對於影像的解讀，應是一個不錯的起點。

參考書目

壹、古籍

六十七

　　1961，《番社采風圖考》，臺灣文獻叢刊第90種。臺北：臺灣銀行經濟研究室。

郁永河

　　1959，《裨海紀遊》，臺灣文獻叢刊第44種。臺北：臺灣銀行經濟研究室。

陳夢林、周鍾瑄（編修）

　　1962，《諸羅縣志》，臺灣文獻叢刊第141種。臺北：臺灣銀行經濟研究室。

陳第

　　1959，〈東番記〉，收於沈有容輯，《閩海贈言》，臺灣文獻叢刊第56種，頁24～27。臺北：臺灣銀行經濟研究室。

黃叔璥

　　1957，《臺海使槎錄》，臺灣文獻叢刊第4種。臺北：臺灣銀行經濟研究室。

貳、近人著作

王雅倫

　　1997，《法國珍藏早期臺灣影像：攝影與歷史的對話》。臺北：雄獅。

王正雄（編）

　　1994，《往日情懷──大甲老照片微展專輯》。臺中縣：中縣文化。

片岡巖（著），陳金田（譯）

　　1985，《臺灣風俗誌》。臺北：大立。

杜正勝

　　1998，《番社采風圖題解——以臺灣歷史初期平埔族之社會文化為中心》。
　　臺北：中央研究院歷史語言研究所。

　　《景印解說番社采風圖》。臺北：中央研究院歷史語言研究所。

李春生（著），李明輝、黃俊傑、黎漢基（編）

　　2004，《李春生著作集》第四冊。臺北：南天。

李筱峰

　　1996，〈戰後初期臺灣社會的文化衝突〉，《臺灣史論文經選》下，頁273～
　　302。臺北：玉山社。

吳濁流

　　1993，《無花果——臺灣七十年的回想》，第五版。臺北：前衛。

林柏維

　　1996，《文化協會的年代》。臺中市：中市文化。

周樑楷

　　1999，〈影視史學：理論基礎及課程主旨的反思〉，《臺大歷史學報》，
　　23：446～447。

　　2004，〈大眾史學的定義和意義〉，收於周樑楷編著，《人人都是史家——
　　大眾史學論集》，頁28～32。臺中：采玉。

林文淇

　　2004，〈「回歸」、「祖國」、「二二八」：「悲情城市」中的臺灣歷史與
　　國家屬性〉，《當代》，106：94-109。

許世融

　　2007，《1946年的臺北市——一個財政面向的考察》，中央研究院近代史研
　　究所，臺北市志書編纂研討會論文。

許雪姬

　　2010，〈由四種日記看「臺灣光復致敬團」始末〉，收錄於《日記與臺灣
　　史研究——學術研討會論文集》，頁1～39。臺北：中央研究院臺灣史研
　　究所。

莊永明

   2001，《臺灣世紀回味——生活長巷》。臺北：遠流。

郭明亮、葉俊麟

   2005，《1930年代的臺灣》。臺北縣：博揚文化。

陳興唐

   1992，《臺灣「二・二八」事件檔案史料（上）——南京第二歷史檔案館
   藏》。臺北：人間。

陳柔縉

   2005，《臺灣西方文明初體驗》。臺北：麥田。

   2007，《臺灣囍事》。臺北：東觀。

張建隆

   1999，《看見老臺灣》。臺北：玉山社。

歐素瑛

   2003，〈戰後初期在臺日人之遣返〉，《國史館學術集刊》，3：201-227。

鄧文淵、李淑玲

   2002，《臺灣古早生活圖繪》。臺北：玉山。

Nancy Hsu Fleming（著），蔡丁貴（譯）

   2009，《狗去豬來：二二八前夕美國情報檔案解密》。臺北：前衛。

鹽澤亮

   2009，《雙冬疏散學園繪卷》。臺北：臺北市立教育大學。

作者不詳，《語苑》。

參、影像資料

侯孝賢（導演）

   1989，《悲情城市》。臺北：年代。

林正盛（導演）

   1999，《天馬茶房》。臺北：青蘋果。

郭珍弟、簡偉斯（製作、導演）

   2003，《跳舞時代》。臺北：公共電視。

魏德聖（導演）

2008，《海角七號》。臺北縣：博偉。

肆、其他

〈西洋料理店之盛〉，《臺灣日日新報》（漢文版），1905年12月20日，4版。

〈金融商況〉，《臺灣日日新報》（漢文版），1908年8月11日，3版。

曾翔姿，〈在地文化與現代化的衝擊〉，敘述設計資訊中心，http://home.
educities.edu.tw/lingyf/na/col029.html（檢索日期：2010年10月29日）。

伍、延伸閱讀

跳舞時代預告片，http://www.youtube.com/watch?v=WWOEX4rE6u0

玻麗路餐廳網站，http://www.bolero.com.tw/index1.htm

作者不詳（1945）。〈遣送日僑日俘歸國〉，《數位典藏聯合目錄》，http://
catalog.digitalarchives.tw/dacs5/System/Exhibition/Detail.jsp?OID=3250298
（2010/11/22瀏覽）。

作者不詳（1947/10/25）。〈臺灣省慶祝第二屆光復節大會〉，《數位典藏聯
合目錄》，http://catalog.digitalarchives.tw/?URN=3250321（2010/11/10瀏
覽）。

第  章

人際關係

李麗日、陳斐虹、陳德鴻

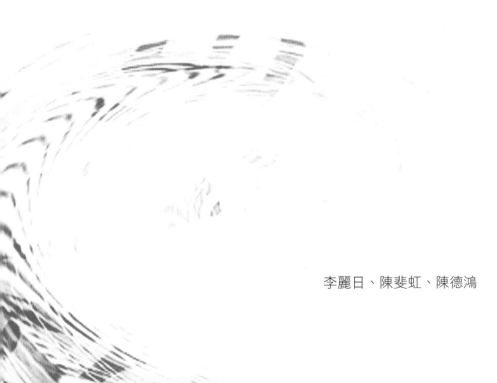

本章綱要

壹、前言

貳、人際關係的定義與理論基礎

　　一、人際關係的定義

　　二、人際關係的理論基礎

　　　　(一)人際關係人格論

　　　　(二)人際關係三向度理論

　　　　(三)社會交換理論

　　　　(四)相互依賴理論

參、人際關係與自我概念

　　一、自我概念的意義

　　二、自我概念是人際關係的基礎

肆、人際關係與人際吸引

　　一、個人特質

　　　　(一)個人的溫暖特質

　　　　(二)能力

　　　　(三)外表容貌

　　二、相似性

　　三、熟悉性

　　四、情境因素

　　　　(一)空間距離的接近性

　　　　(二)個人情緒的感受性

　　　　(三)內在的結盟需求

伍、人際關係與溝通技巧

　　一、「周哈里窗」概念之運用

　　二、溝通的技巧

　　　　(一)有效的語言溝通

　　　　(二)非語言的溝通

陸、結語

前言

　　日常生活中人際的互動無處不在，在不同的成長階段中，每個人因所處的環境和所接觸對象的不同，而存在著不同的人際關係。在教育部九年一貫課程綱要中社會科領域的第五主題軸，導引著學生探索「自我、人際與群己」之間的互動關係。良好的人際關係在兒童的人格發展與適應歷程中扮演重要的角色，因此本文將以人際關係為主軸，針對人際關係的定義與理論基礎、人際關係與自我概念、人際關係與人際吸引、人際關係與溝通技巧等四個部分進行闡述與探討。

人際關係的定義與理論基礎

　　人是社會性動物，有其獨特之思想、背景、態度、個性、行為模式及價值觀，人際關係指人們透過相互交往的過程中，在思想、情感和行為上作出互動，產生相互關係。各學者對人際關係的定義與理論基礎，有不同的觀點與解讀。

一、人際關係的定義

　　徐西森等人（2002）將人際關係分為廣義和狹義的定義。廣義的人際關係包括親子關係、兩性關係、手足關係、勞資關係、師生關係等人與人之間任何型態的互動關係；狹義的人際關係專指友伴、同儕、同事的人際互動關係。鄭佩芬、王淑俐（2008）指出人際關係可以定義為兩個個體在一連串互動後，彼此互相熟識、影響，並且相互依賴而產生良好的人際關係，使參與互動的雙方都感到滿意。周典芳（2009）認為人際關係可以說是一個建立關係的過程，也可以說是一個由生疏到親密、由內到外的歷程。DeVito則將人際關係發展的歷程分為六個階段：分別由接觸期、

捲入期、親密期、惡化期、修復期至解除期（引自邱美華，2008）。綜合上述看法，人際關係是指兩個或兩個以上的人為了某種目的，透過彼此的知覺、評價、了解及反應等模式，表現出吸引、排拒、合作、競爭、領導、服從等行為，而與他人產生交互作用的狀態或歷程。在互動的過程中，會互相影響彼此的感受和言行，互動關係的和諧與否，也會影響個體本身的情緒對生活及事物的看法與態度。

二、人際關係的理論基礎

有關人際關係的研究很多，因學者的見解不同，而發展出許多理論。以下就人際關係理論分別敘述之。

(一) 人際關係人格論

美國學者蘇利文（Sullivan, 1953）從社會心理學的觀點，認為人格乃是人際間交互作用的結果，建立了「人際關係人格論」（Interpersonal Theory of Personality）。他提到幼年的生活經驗對個體發展成人人格的重要性。發展正確、無焦慮的人際關係始於嬰兒期，在青春期階段進一步發展與同儕間親密關係的需求，對未來能否達成圓滿的人際關係，更是個關鍵階段。個人在與他人交互來往中獲得安全感而免於焦慮，也逐漸形塑自己的人格（林宗鴻譯，2006）。個體自出生後，產生對母親的依賴，受到家庭的照顧，到了學校與同儕朋友互動，一直到青少年時期都渴望建立親密的關係，得到團體及社會的接受和支持，滿足了人際的需求，也形成未來人際發展的助力。因此，父母在兒童的成長階段扮演舉足輕重的角色，親子間良好的互動，有助於孩子養成積極正面的人格與自我價值。

(二) 人際關係三向度理論

舒茲是最早提出人際關係三向度理論（Three-Dimensional Theory）的學者（Schutz, 1973）。他認為每個人都有人際關係的需求，而一段關係的開始、建立或維持，仰賴雙方所符合的人際需求程度。人際關係的滿足

與否，是影響自我觀念形成的重要因素。不同需求類型的人，會發展成不同的人際反應特質，而人際需求包括歸屬、控制和情感三種類型：

1. 歸屬：歸屬是一種感到自己重要、被需要及被接納的心理欲望，藉由融入團體的活動而覺得自己有價值，進而形成夥伴關係。歸屬需求較低的人，常獨處而與人保持距離，較少參與社交活動；歸屬需求高的人則過分尋求他人的接納，經常向外與人進行接觸。過與不及，對良好的人際關係發展並無助益；唯有適度的歸屬需求，才能歡喜自在的處於人群間。

2. 控制：控制係指個人在群體、權威和人際影響力之間想居主導的心理慾望，是從想控制別人到被別人控制之間的一種連續性需求。控制需求低的人，服從權威，不想負擔任何事，規避責任；控制需求高的人，競爭性強，喜歡作決定，但亦無法負擔作決定的責任。因此唯有控制需求調整適當的人，才能恰如其分的扮演社會角色。

3. 情感：代表兩人之間愛、恨的情緒感覺，是一種更進一步的雙向親密感受。情感需求低的人，經常有意識的表達出希望不要投入太多情感，只願維持一種表面的聯繫。他（她）無法真誠的喜歡別人，也不相信別人對他（她）的情感，他（她）的自我意識覺得自己是不討人喜歡的。而情感需求高的人則努力親近別人，以建立更緊密的情感聯繫，急須別人注意、喜歡他，渴望建立親密關係。因此唯有情感需求適中的人，能接受他人感情，也能接受他人拒絕，在人際互動上獲得快樂和喜悅。

(三) 社會交換理論

何曼斯（Homans, 1961）首創「社會交換理論」，認為人是利己且以自我為中心，人際交往互動的關係中有酬賞與成本的交換。每個人都會選擇可以給我們高報酬且低成本的夥伴，報酬包含物質的酬賞與非物質的讚美、榮譽或感情需求，成本則是個人必須付出內在或外在的損失，包括：時間、金錢、精神、面子或尊嚴及情緒上的挫折等。報酬與成本相抵，稱

之為利潤。人們期待得到適當的報酬,便更會設法獲取最高的利潤,個體願不願意與此一對象繼續互動下去,除上述的利潤結果之外,還會評估其「比較水準」及「替代選擇的比較水準」。「比較水準」是指人們認為自己從人際關係中應該得到的結果;「替代選擇的比較水準」係指外在環境條件中有無另外的替代性選擇,假如另一個替代性的選擇可以得到滿意的利潤,就會結束原來的關係(鄭佩芬、王淑俐,2008)。社會交換理論進一步提到,人們會有意識地衡量人際關係的代價與報酬,亦即人們會理性的選擇繼續或終止關係,尋求對個人最有利的關係,而避免付出太多。當彼此關係停滯時,可檢視雙方的代價及報酬,以便在關係完全惡化前作適度的調整(王以仁,2007)。

(四)相互依賴理論

賴文格與史諾伊克(Levinger & Snoek, 1972)描繪兩個個體間從互不相識,到表面接觸,再到建立親密關係的歷程。理論指出人際的交往是有階段性的,可從一開始兩個人完全不知道對方,沒有機會發生互動;到某一方開始注意到另一方的存在,彼此間沒有直接接觸;到雙方開始短暫的互動,有著表面且不著邊際的交流;到雙方互動開始增加,彼此的關係初步發展,互相依賴的程度漸增;到依賴的程度持續增強,雙方生活重疊的部分愈來愈多;到最後彼此相聚的時間頻繁,生活各層面相互重疊,依賴程度強烈,彼此建立密切的關係為止。

人際關係與自我概念

一、自我概念的意義

「自我概念」(self-concept)是指個體對自己所具有的個人特性所持有想法的總合(Brehm, Kassin, & Fein, 2002, 引自王慶福等譯,2006)。米德

（Mead, 1934）認為個體自我感的獲得是間接從他人的觀點及反應來看待自己，在不同的社會環境中，因所參與的社會團體不一，以及他人不同的對待反應，會造成個人不同的自我概念，例如，家庭自我、學校自我、社會自我等。羅傑斯（Rogers, 1951）提出自我結構，可視為個人對自己多方面綜合的看法，包括個人對自己能力、性格，以及與人、與事、與物之關係等諸多方面，也包括個人從目標與理想的追求中所獲的成敗經驗，以及對自己所作的正負評價。

詹姆斯（James, 1980）提出「自我覺察」（consciousness of self）的概念，將「自我」定義為：「自己所知覺、感受與思想為一個人。」布萊（Byrne, 1974）認為自我概念是個體對自我的知覺，是有關自我能力、技能、表現、社會認可的態度、感覺與知識，即指個體對自己的知覺與評估。富蘭肯（Franken, 1994）也同樣認為自我概念是個人與環境接觸後，透過不斷覺察而逐漸發展成個人對自己的主觀知覺。自我概念經常受到個別經驗與重要他人的影響，個體透過外在環境及重要他人，間接對自身的行為表現從事評估。王以仁（2007）認為自我概念是個人過去經驗、與他人的溝通、自我的角色與價值觀，和對他人如何看自己的整體知覺。

綜上所述，自我概念是個人對自己看法的總和，個體透過自己對本身的知覺及與他人和周遭環境的互動，逐漸形塑自己的形象，這些感覺常是由自己與他人的交互反應而形成，會直接影響到個體的行為，也會隨生活經驗與環境的不同而有所改變。

二、自我概念是人際關係的基礎

在自我概念的發展過程中，將自己視為一個獨立個體的能力是自我概念發展的一個必要步驟，其次則牽涉到社會因素，透過與他人的互動來認識自己。愛德森等人（Andersen & Chen, 2002）提出自我是「關係的」概念，亦即自我概念來自生命中過去和現今與重要他人的關係（引自王慶福等譯，2006）。庫勒和米德（Cooley & Mead, 1902）提出「鏡中自我」（looking-glass self）的概念，說明他人可以作為個體如何看待自己的一面鏡子。人

們時常想像重要他人對自己的看法或形象，然後將這些知覺融入自我概念中，進而認識自己，產生自我感。因此，自我的發展須透過與他人的互動而形成（引自王慶福等譯，2006）。

在與重要他人互動而形成對自己的觀點中，個人所源自的「家庭」是形成自我概念的第一個場所，一個人是否對自己有較高的評價，對自己的能力有信心而產生自我價值感。王行（1994）提出若是個體在一個開放溫暖的系統，有著充滿滋潤性的互動，則易擁有高的自我價值感。自我價值感高的人，常會鼓勵自己、欣賞自己，也容易看到事情正向的一面；反之，自我價值感低的人，在成長過程中經驗許多負面訊息，而這些訊息內化成為人格的一部分，影響自我價值感的發展，常常認為外界對他是有威脅性的，為了保護自己，就會發展出各種心理反應與行為模式。因此，個人如何看待自己將進一步影響待人處事和人格的發展，也對人際關係的建立是否良好產生直接的影響。

一旦個人擁有較好的自我概念，自然地能擁有較高的自我價值感，在與他人互動時，較能以平等之心理地位與他人互動。縱使在面對人際之間的不愉快或衝突時，自我概念良好的人不會任意地歸咎他人，或將之認為是他人對自我的挑剔或攻擊，其自我價值感不會因遭受威脅而以情緒化或衝突的方式面對人際間的問題，較能理性面對與人相處的問題，有利於人際溝通，在處理人際問題時較能顧及他人自尊、自我價值及事情本身三方面，因此，擁有良好的自我概念是建立人際關係的第一步。

如何建立良好的自我概念，可以從上述學者對自我概念的形成作一檢視，從原生家庭如何影響個人自我概念的形成，與他人互動及與環境接觸時如何看待自己，並透過他人對自己的回饋來了解他人眼中的自己是怎樣的一個人；更重要的是，這是一個不斷修正的過程，每一個人可以有機會因對自我的了解，看到自己的優勢，修正或接納自己的缺點，進而做一個自我肯定的人。除此之外，學習如何增進自己與人互動時的吸引力及互動時的溝通技巧，亦可以增進人際的關係。當擁有好的人際關係時，自然能夠提升自我概念，兩者間是環環相扣的。以下將分別針對人際吸引、溝通技巧加以介紹。

人際關係與人際吸引

要談到人際關係,不能不先談人際吸引力。在人群之中,有些人會讓你對他特別有感覺,想要接近他、了解他、想跟他說說話,這就是人際吸引。人際吸引並不等於是人際關係,但是它確實是人際關係的前奏,透過人際吸引,我們會更有意願與對方建立進一步的關係。影響人際吸引力的因素很多,作者綜合各學者之觀點,大體上區分為以下四點(陳皎眉等,2006;梁家瑜譯,2009):

一、個人特質

個人的人格特質是人際吸引最主要的影響因素之一。每個人對何種特質較為吸引人的看法可能不同,有人喜歡溫柔婉約的氣質,有人偏好活潑明快的個性。不同的文化與社會對相同的特質,也可能持有差異的看法。但是仍有幾種個人特質不受到時空差距的變化,而對人際吸引極具影響力。

(一)個人的溫暖特質

溫暖特質很難具體界定,一般而言所謂的幽默、同理、誠懇、將心比心、善解人意等,皆可視為溫暖特質。希望為別人所接納是人的基本心理需求之一,在對方的溫暖特質中,我們常會因此而覺得被尊重、被理解、被喜愛、被接受,這種好的感受促使我們更願意接近對方,也就更為對方所吸引了。要注意的是,溫暖特質並非完全是與生俱來的,後天的努力與學習,一樣可以幫助我們成為一個具有溫暖特質、受人歡迎的人。

(二)能力

所謂的能力可能有不同的認定,也許是指特別具有領導能力,或者是電腦特別強,亦或是口才特別好的人。依據社會交換理論的交換原則,我

們通常會欣賞那些具有能力的人，其理由十分簡單，因為與這些人交往，常使我們因其能力而受惠，在成本與酬賞的權衡比較下，交易「划算」。有趣的是，人們雖然喜歡有能力的人，卻不喜歡那種完全零缺點、近乎完美的人。理由是完美的人常讓我們覺得有距離，難以親近；更重要的是，與完美的人相處，相較於他們的完美，會更突顯出我們的不完美，這種感覺讓我們覺得不舒服。

(三) 外表容貌

外表容貌的美醜是影響人際吸引一個相當重要的因素，這同時說明了人們確實喜歡「以貌取人」。人們喜歡外貌美好的人，其原因可能包括以下兩點：一是受到月暈效應的影響，我們對於貌美的人常存有正向的刻板印象聯想，認為外表這麼美好，想必其個性、心地、聰明、才智、能力、自信等也都應該很出色才對。此外，人們也通常認為與外表容貌優異的人在一起，有助於提升個人形象。這種相信別人會因為我旁邊的人十分優秀而對我另眼看待的信念，讓外表容貌具吸引力的人，在人際關係上確實占盡優勢。

二、相似性

有人說物以類聚，也有人說異性相吸，相似性與相異性在人際吸引上皆有其立論點。但一般而言，相似性在人際吸引上的影響力要高於相異性。人們傾向喜歡那些外貌、能力、態度、價值觀、興趣、背景、人格特質等各方面與自己相似的人。外貌與能力的相似，讓我們覺得「門當戶對」，彼此較無距離感。態度、價值觀等的相似，更讓我們在言語與行動當中，容易得到對方的讚賞與肯定，讓人際關係有了正增強的效果。相似性也可以滿足人的內在心理平衡需求，依據平衡論觀點的解讀，人們若喜歡與自己觀念相似的人，則可達到個人認知與感情一致性的平衡感受。即使相似性在人際吸引上具有其影響力，但依舊有其但書，例如，兩人相似的部分若是不幸的經驗或不好的特質，彼此可能因為會有不愉快的聯想

或擔心受到類似的傷害而相互逃離；百分之百的相似，完全無法發揮「互補」效果的相似性，也難以引發人際吸引。

三、熟悉性

新產品推出要透過頻繁的廣告以引起消費者的注意，歌星出唱片則要拚命的打歌，增加歌曲的曝光率，這種透過重複又重複的出現，讓人們對標的物產生熟悉的感覺，進而增加喜愛度的現象，就是所謂的熟悉性，心理學上稱之為「曝光效應」。人們傾向喜歡自己所熟悉的人，主要的原因是因為愈是熟悉的東西，愈讓我們覺得事情是可預估的，這種操之在我的感覺讓我們覺得安全。此外，熟悉性也會讓我們覺得對方與自己相似，這種相似的感覺又增加了人際吸引。曝光效應也有其限制，並不是曝光得愈多，喜愛程度就一定增高。首先，兩個人在人格特質、興趣、觀念上大致是可配合的；其次，第一次的見面是令人愉悅或至少是自然、舒服的；最後，曝光的頻率要恰到好處，過度與不足的曝光率皆可能削弱人際吸引的效果。

四、情境因素

情境因素指的是在人際交往過程中的其他外在影響因素，與個人的內在特質、優缺好壞無關，但是卻會對我們的情緒、需求滿足或可近性產生作用，進而對人際吸引產生影響力。

(一) 空間距離的接近性

班上常有班對，室友常就是你的知己莫逆，空間距離相接近的人，常比其他人容易有機會彼此吸引，所謂的「近水樓臺」便是這個道理。空間距離相接近的人容易產生熟悉性，同班同學天天近距離相處，誰的個性如何、興趣為何，自然很容易就熟悉了。空間距離的接近性也常與相似性有關。首先，相似的人原本就容易相聚首，想想看同班同學不就是因為彼此

成績相當、聯考分數相近、志願相同,才會被分發到同一班級的嗎?而空間距離相近後,大家天天接近同樣的人群、面對同樣的環境,相似性就更高了。

(二) 個人情緒的感受性

外在情境中有很多因素會影響我們的心情,如氣候、溫度、燈光等常都是可能的影響。人們約會時喜歡「人約黃昏後」,而不是中午12點;喜歡約在浪漫的餐廳,而不是大操場,就是因為美麗的黃昏、餐廳中溫暖的燭光與音樂,都會讓我們產生愉悅的心情,這樣的心情再與對方相連結,人際吸引力就發揮作用了。

(三) 內在的結盟需求 (need for affiliation)

馬斯洛在其需求理論中提及人有愛與歸屬的需求,此即所謂的結盟需求。每一個人都有被愛、被需要、被歸屬的需求,但是需求的程度卻有很大的差別,有的人只需要一個知己好友在身邊就夠了,有人則希望好友成群,常相左右。需求程度有差別,人際吸引力的強弱就會不同,而人際交往的深度與廣度自然就受到影響了。

 人際關係與溝通技巧

在經營人際關係時,若想要建立一種有意義的人際關係,有別於一般的社交關係,是需要透過自我揭露與回饋來達成的。然而,在自我揭露與他人的回饋中,更重要的是自我的部分,我有多認識與了解自己,哪一部分的我是我願意多讓他人知道的,如果他人給予我的回饋是我所陌生的,是否因此多了認識自己的機會,而這一連串自我與他人互動的過程,可以透過「周哈里窗」(Johari window) (Luft, 1984) 來解釋。同時,透過此過程,也增加了自我的認識與覺察。一旦增加了自我的覺察與了解之後,便需要運用溝通的技巧來促進與他人之間的關係,以下將針對周哈里窗概

念的運用及溝通的技巧作一說明。

一、「周哈里窗」概念之運用

　　周哈里窗分為四個區塊，每一個區塊代表不同的自我狀態，無論哪一個區塊的改變，均會帶來其餘三部分的改變，因此，視窗裡的四個自我是無法分開的。而周哈里窗中的四部分分別為：（一）開放的自我（The open self）：指的是自己與他人所共同知道的訊息，像是自己的姓名、性別、高矮胖瘦等。（二）盲目的自我（The blind self）：別人所知道有關自己的部分，但自己卻不自知，像是自己一些習慣的肢體語言或口頭禪等。（三）隱藏的自我（The hidden self）：指的是自己清楚了解的自我，但並不想讓別人知道的部分，像是過去的傷心往事或隱私並不想讓他人知道。（四）不知的自我（The unknown self）：指的是自己與他人均不知道的部分，此部分可能是隱藏在潛意識層次的我，可透過不斷地探索與學習而認識此部分的自我。

　　周哈里窗中四個部分的自我，需要透過自我的揭露與回饋的機制來逐漸擴展「開放的自我」部分，因為唯有願意適度地開放自我，表露個人內在的想法與需求，他人才會知道如何與自己建立關係，有助於人際關係的擴展。

二、溝通的技巧

　　在溝通過程中，「語言」、「非語言」是人際訊息交流的重要方式，其中又以「語言」為常用與主要的方式。透過語言，可以幫助我們溝通彼此的觀念，了解彼此的想法。當然，這必須以彼此都能了解對方所使用的語言符號為前提，因此，不同語言的學習可以幫助我們促進與他人的溝通。然而，使用同一種語言符號是否表示溝通就能通暢無阻呢？其實不然，在我們的生活經驗中，常常發生我們以為已經使用得非常清楚的訊息來表達，可是對方卻誤解的情況。例如，在點餐時，您向服務生提出要求

希望菜的口味「少油少鹽」，可是上菜之後，你卻可能發現菜既鹹又油，在廚師所認定的已經「少油少鹽」，對你來說卻仍然是油膩的，因此在互動時，我們僅以抽象的語言符號表達，而忽略了在溝通中對語言的解讀及直接的溝通表達。除此之外，「非語言」在溝通中亦扮演重要的角色。若在提出對菜色的要求時，顧客臉部表情微笑、眼睛注視服務生，服務生感受到顧客的親切，一定更樂於服務，而促進了用餐時的愉快心情。

(一) 有效的語言溝通

在進行語言溝通時，了解字面涵義與引申涵義、語言的抽象程度、語言的直接程度、用字遣詞要具體明確、避免過分推論、加入雙方的觀點、避免情緒性及攻擊性的語言，以及學習有效的表達方式，定能做更有效的溝通。

1. 了解字面涵義與引申涵義

一般我們在使用文字語言時，需要對「字面涵義」及「引申涵義」有進一步的了解。所謂的「字面涵義」，指的是詞句客觀的意思，即是我們在字典上可以找到的意義，是經由共同使用這個語言的成員所賦予它的意思。而「引申涵義」則是指特定的說話者和傾聽者所賦予的主觀或情感上的意義。例如：「愛」字，對心理學家而言，是指人的一種基本需求；但是對情人之間而言，除了是基本需求之外，還包括了對情人的愛意、彼此相處與交往的種種情感，此即是引申的涵義。因此，在溝通時，我們不單單聽到字面的涵義，還需要進一步聽到引申的涵義，有時引申的涵義甚至更加深具意義。

2. 了解語言的抽象程度

在溝通表達時，我們常習慣以較簡單的語詞來表達，而忽略了語言抽象的特質。舉例來說，當我們對學生表達「老師希望你們多花一些時間在課業上」，此時的「多花一些時間」是抽象且不夠具體的，每位學生的解讀可能會很不同。曾經有學生立即反應已經多花時間了，當再進一步確認時，對這位學生來說，每天花1個小時坐在書桌前已經夠多了；但是對老師而言，1個小時太少了，老師可能認為需要減少看電視時間1小時，除

了原來的1個小時唸書時間，同時再增加1個小時在課業上，因此，希望學生每天花至少2小時時間在課業上才是老師真正想要表達的。因此，在生活中，如果我們愈具體表達，便可以減少因語言的抽象而帶來的誤解。

3. 了解語言的直接程度

能否直接表達真正的意思或需求，是語言表達的另一特性。在生活中常見到這樣的例子：「天氣好熱、好渴！」「你等一下要做什麼？」表面上聽起來是表達天氣的概況或關心詢問對方的情況，不久，對方可能開始有一些不悅的表情出現，事後才發現原來對方要表達的是：「我的口好渴，可不可以買一杯冰水喝？」「我希望你可以陪我一起去看電影。」上述的例子均以間接、試探的方式，而未直接表達出自己的需要，不但無法傳達自己的目的，反而容易讓對方覺得無理取鬧或情緒化。

4. 用字遣詞要具體明確

明確具體的表達是溝通的要素，尤其是在用字遣詞時，找到最能夠表達意思的字句，明確地指出特定的項目，或將抽象的想法具體化，減少使用模糊不清或差不多之類的語言，以利對方能夠清楚地接收你所要表達的意思。

5. 避免過分推論

在溝通表達時，適度地將相關的參考指標作說明，避免過度簡化以致無法清楚解讀。舉例來說：「曉華很棒」，我們可以對曉華有正面評價，但又似乎少了什麼。如果可以將相關的參考指標說明清楚，像是：「曉華在小學六年級時參加演講比賽得了第一名，很棒！」原來是小學發生的事，是在演說項目有好的表現。在加上了時間與項目的指標後，便可幫助我們對對方有更多的了解。

6. 加入雙方的觀點

「溝通」並非單方面的事，而是人與人之間互動的結果，因此，將對方的觀點納入就顯得很重要。尤其是將對方性別因素考慮在內，對方會覺得你是一位很貼心的朋友。

7. 避免情緒性及攻擊性的語言

人在情緒的當下，在語言的使用上容易陷入情緒化並具有攻擊性，

易陷於主觀的判斷。譬如說，與對方溝通時不如人意，說對方是「老頑固」，其中的「老」、「頑固」用語，是對年長者負面、主觀的批評，對方聽了之後一定覺得不舒服，甚至陷入雙方的口水戰及人身攻擊，對溝通是深具傷害性的。因此，當知道自己無法心平氣和的溝通時，最好的方法就是先離開現場，將自己的心情安頓好，擇另一時間再作溝通。

8. 有效的表達方式

(1)「我訊息」的表達方式：在語言的溝通中，使用「你」為開頭的用語容易帶給對方威脅的感覺。譬如說：「你這話是什麼意思？」或「你怎麼遲到了？」而當人感受到威脅時，會本能的想保護自己，甚至產生防衛，想要進一步溝通則有困難。因此，若能改以「我訊息」的方式為開始，表達自己的感受、意見或期待。譬如說：「我很想知道你想表達的意思為何？」「因為你的遲到，我感到很不舒服，很希望你能準時出席會議！」如此，對方較不會感受到被攻擊，而較能接收個人所想表達的訊息及清楚期待為何。

(2)「I-You」的溝通方式：在人際互動中，清楚、明確的表達是很重要的。尤其是勇敢的表達個人的感受與想法讓對方知道時，我們往往會擔心對方聽了是否會不舒服，而改以間接方式表達，或是模糊焦點，無法直接對想溝通的對象說話。譬如說：「我知道這個班上有人不喜歡我。」「我與同學的合作有困難。」在上述的表達中，知覺到有一些不舒服的感受，但對象為何，也許會引發同學之間的猜忌，反而更無法達到真正溝通的目的。若能運用「I-You」的溝通方式，直接對想表達的對象說出自己的感受與想法，譬如：「我感覺到班上的筱文不喜歡我。筱文，可以告訴我我所感覺到的是對的嗎？」「我與明文的合作有困難。明文，你有這樣的感覺嗎？」同時也讓對方有機會澄清，創造一種「我」和「你」可以一來一往溝通下去的對話，直接並坦誠的與對方溝通，如此，不僅自己可以負責任的與對方溝通，同時對方也會有機會可以澄清，對於彼此關係

的增進是有助益的。

(3) 正向的表達方式：說話是一門藝術，同樣要表達的意思，很可能因為說的方式不同而帶來不同結果。舉例來說，班上同學遲交作業，我們最常聽到的是：「怎麼又遲交了？扣學期分數！」「同學不遵守課堂的要求，沒有準時繳交作業。」如能改成：「同學如能準時繳交作業，可以增加你在報告上的成績。」「我很希望同學能準時繳交作業，這樣會更好。」，在正向的表達方式中，我們不去強調沒有做到的部分，而是強調期待正向的行為部分，不僅可以減少負面的指責，而且可以製造一種正向的鼓勵氣氛，促進彼此的溝通。

(4) 善用具體化的技巧：所謂的具體化技巧，也就是澄清五個「w」，包括：「what」、「when」、「where」、「who」及「how」。在溝通時，常犯的錯誤是以為對方都知道，因此，用語往往太過於簡略。譬如說：「我一會兒就到！」往往對方已等了半小時，仍不見你的蹤影，出現時還帶了朋友一起來，讓原本以為可以單獨享受兩人世界的你覺得很掃興。此時，即需要澄清「一會兒」是指多久？「到哪兒？」「是否和誰一起出現或單獨一個人？」「要做什麼事？」善用具體化的技巧可以避免許多不必要的誤會。

(二) 非語言的溝通

所謂非語言的溝通，指的是各種不以語言溝通訊息的方式，包括了身體語言（body language）、副語言（paralanguage）和人際的距離等概念。

1. 身體語言

常見的身體語言包括了臉部表情、眼神的注視、肢體的動作、手勢，以及觸摸等。最常透過臉部表情了解一個人的喜怒哀樂，藉由眼神注視的方向和注視時間的長短，傳遞訊息與彼此的關係，更可進一步透過肢體動作和手勢的輔佐，加強說話者的情緒狀態。而父母或情人之間也常會

透過擁抱來表達親密，因此，對身體語言的了解，即可解讀語言底下所隱藏的訊息。

2. 副語言

副語言意指說話時聲音的狀態或特色，包括聲調、音調的高低、速度、節奏、音色等，皆能傳遞出大量的訊息，且這些訊息常是在說話的內容之外的，可以透過聲音的抑、揚、頓、挫來吸引聽者的注意力，同時也可讓聽者更能知道你所要表達的重點，增進人際溝通效果。

3. 人際的距離

Hall（1966，引自胡愈寧等著，2005）提出四種人際距離：公眾距離（3.5～7.5英呎）、社會距離（1.25～3.5英呎）、個人距離（0.5～1.25英呎）及親密距離（0～0.5英呎）。透過觀察彼此之間所維持的距離，即可反映出兩個人之間關係的親疏遠近。

人際溝通的技巧，個人的表達意願是很重要的。若願意適度地開放自我，表露個人內在的想法與需求，他人便會愈知道如何與自己建立關係。再進一步學習語言及非語言的溝通技巧，用有效的語言表達、敏銳地解讀他人的語言及非語言訊息，將有助於人際關係的擴展。

陸 結語

從自我概念的了解開始，個人若能對自我有更深一層的覺察與了解，提升自我價值感，接納並肯定自己的價值與能力，將更可清楚知道在人際中的需求為何。在人際關係中愈能掌握自己的行為，透過人際互動獲得滿足需求及學習如何增進人際間的吸引力，學習人際關係中如何展開互動的要素，適切地運用表達與溝通的技巧，將能經營更圓融的人際關係。

參考書目

中文部分

王以仁（2007）。**人際關係與溝通**。臺北市：心理。

王　行（1994）。**家族歷史與心理治療：家庭重塑實務篇**。臺北市：心理。

王慶福、洪光遠、程淑華、王郁茗（2006）。Brehm, Kassin, Fein著。社會心理學。雙葉書廊。

林宗鴻（譯）（2006）。J. M. Burger著。**人格心理學**（三版）。臺北市：湯姆森。

周典芳（2009）。人際關係的發展。載於周典芳、鄭婷婷、陳國明著：**人際關係與溝通**（pp.45-62）。臺北市：五南。

邱美華（2008）。**人際關係與溝通**。臺北市：揚智。

胡愈寧、林美蓉、吳青蓉、張菁芬編著（2005）。**溝通與表達**。臺北市：華立圖書。

徐西森、連廷嘉、陳仙子、劉雅瑩（2002）。**人際關係的理論與實務**。臺北市：心理。

梁家瑜（譯）（2009）。R. A. Baron, D. Byrne, & N. R. Branscombe著。**社會心理學**。臺北市：心理。

陳皎眉、王叢桂、孫蒨如（2006）。**社會心理學**。臺北市：雙葉書廊。

管秋雄（2007）。**人際關係與溝通**。臺北市：華立圖書。

鄭佩芬、王淑俐（編著）（2008）。**人際關係與溝通技巧**（精華版）。臺北市：揚智。

英文部分

Byrne, D. (1974). *An introduction to personality*. Englewood Cliffs, NJ: Prentice-Hail.

Franken, R. (1994). *Human motivation* (3rd ed.). Pacific Grove, CA: Brook\Cole Publishing Co.

Homans, G. C. (1961). *Social behavior: It is elementary forms*. New York: Harcourt, Brace & World.

James, W. (1980). *The principles of psychology*. London: Macmillan.

Levinger, G., & Snoek, J. G. (1972). *Attraction in relationship*. Morristown, New Jersey: General Learning Press.

Luft, J. (1984). *Group processes:An introduction to group dynamics* (3rd ed.). Palo Alto, CA: Mayfield Publishing Co.

Mead, G. H. (1934). *Mind, self, and society*. Chicago: The University of Chicago Press.

Rogers, C. R. (1951). *Client-centered counseling*. Boston: Houghton Mifflin.

Schutz, W. C. (1973). Enocounter, In Raymond Corsini (Ed.). *Current psychotherapies*. Itasca, Illinois: F. E. Peacock.

Sullivan, H. S. (1953). *The interpersonal theory of psychiatry*. New York: Norton.

第 **7** 章

倫理規範與生命關懷：
利己社會的人我關係

陳昺麟

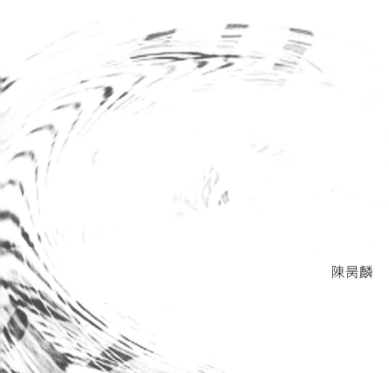

本章綱要

前言

本單元所要討論的兩個主題：「倫理規範」與「生命關懷」，前者屬於倫理學的範疇，後者則涉及生命教育的領域，兩者表面上分屬兩個不同領域，實則有著密切關係。

倫理學主要在以哲學的方法，探討一個社會中人與人之間應有的關係為何的學問（Pojman, 1989）。而倫理規範讓人們彼此之間的互動有了良好的依循，其重要性不言可喻。在本文中，我們不做道德教條的灌輸，而將試著藉由講道理，即經由道德推理的方式，說明為什麼要有道德，並闡明倫理規範在生活中的重要性，以及何種倫理規範才是我們社會所需要的。

我們還要論述倫理規範其實與生命關懷有著密切的關係。在功利取向的現代社會中，彼此之間關係常建立在利益的需求上，人們互動之間對彼此生命的關懷愈來愈稀少，造成人與人之間的疏離，也逐漸衍生出許多社會的弊端。這也是為什麼現代社會物質愈來愈豐渥，人們的心靈卻愈來愈貧瘠不快樂的原因。我們將說明，倫理規範最終的目的其實在於生命關懷，唯有關心別人，自己才會真正的快樂。

利己社會為何要有道德的推理

我們在這個段落中將要討論倫理學的一些基本概念，並藉由道德推理來論述在一個以自利為基礎的社會中，為何道德是不可或缺的。

一、私利心主導的人際互動

現代社會是個分工的社會，需要每個人發揮所長的投入，讓每個人因此獲利。不可諱言的，每個人分工投入的背後，大多在資本主義的利己主義意識型態主導下進行，其人際互動常建基於「私利」。亞當斯密說：

「我們的晚飯並非來自屠夫、釀酒師和麵包師傅的恩惠，而是來自他們對自身利益的關心。我們不是向他們乞憐，而是訴諸他們的自利心。我們從來不向他們談論自己的需要，而只是談論對他們的利益。」（陳星譯，2006：17）在這樣的私利心主導下的人際互動，似乎已成為現代社會互動的主流。

古典自由經濟學學者認為，在一個競爭性的市場中，透過個人利己的動機，可以為社會產生最佳的價值。因為這種利己的特殊本性的相互競爭，促成每一個人都努力生產最好的產品，而且想辦法以比其他競爭者更低的價格出售，以取得消費者的青睞，形成均衡價格，完成交易，這就是所謂的「價格機能」（又稱市場機能）。因為亞當斯密認為價格機能會使社會生產效率提升，達到道德所欲追求的社會整體福利之最佳狀態，所以，他說自由競爭的社會才是有道德的（張清溪等，2004）。

在這種私利心主導下的人際互動，以倫理學的角度來看，是屬於利己主義的主張。利己主義者認為，不論我們從事什麼行為，我們唯一的道德義務是從事對自己最佳的行為；除非事情最終對行為者本身有利，否則行為者並沒有任何道德理由去做一些有利於他人的事（林火旺，2009）。

二、利己主義下的社會為何要有道德：從葛勞康的論證到霍布斯的主張

價格機能真的能導向道德所欲求的完美境界？利己是道德的最佳選項？其實，古典自由經濟學的看法已受到許多挑戰。本段落我們將探討利己社會如果只以自利心為動機，可能有何弊端，以及如何改進。

(一) 葛勞康的論證

首先講到葛勞康（Glaucon）對正義起源的論證。葛勞康認為人性利己，所欲乃在追求利益，避免受到傷害。為逃避傷害，乃訂定契約或規則，以禁止彼此傷害。遵守契約即合乎正義（道德），它是手段，目的乃在避免懲罰。

在柏拉圖（Plato, 427-347 B.C.）的《理想國》（*The Republic*）第二卷「正義之源」中，葛勞康以「蓋吉士的戒指」（The Ring of Gyges）這一寓言故事來說明他的看法（侯健譯，1980）。在古希臘利迪亞城邦，有一個名叫賈吉斯的牧羊人，替國王看守羊群。有一天，他無意間撿到了一枚戒指，順手戴在自己的手指上，並不經意的撥弄戒指底座。當他將底座向內撥時，立刻變成了隱形人；當他再度撥弄戒指，把底座往外撥時，又再度顯現。有了如此神奇的發現後，他便混入王宮中，勾結王后，合謀殺死國王，篡奪王位。

葛勞康以這則寓言證明道德只是工具，本身並不值得追求，一個人有了隱形戒指，就會去做他想要做的事。他並舉分別是「完全正義者」與「完全不正義者」的兩個人為例，前者雖為完全正義者，本身遵守道德，卻為人所誤會，過著非常悲慘的生活；後者則完全不遵守道德，卻為人所尊敬，過著富裕快樂的日子。葛勞康描繪這兩種人是為了證明，有道德的人不見得比沒有道德的人幸福（林火旺，2004）。

綜上所言，葛勞康認為遵守道德僅是手段，目的乃在避免懲罰；如果違反道德對自己有利，又有把握不被發現，他認為是沒有人會去遵守道德的。

(二) 霍布斯的主張

霍布斯（Thomas Hobbes, 1588-1679）生於1588年，亦即西班牙艦隊征英失利之年。他的著作雖多，卻只有《巨靈論》（*Leviathan*）留傳久遠（黃仁宇，1991）。該書從個人主義出發，認為在自然狀態下，沒有任何規範的束縛，人是平等的；但因為源於人的缺乏自信、或是虛榮心、或是出於競爭心態使然，使得人們陷入戰爭狀態，從此生活陷入岌岌不安之中（Hobbes, 1991）。

霍布斯認為，社會應在一個威權統治之下，而每個人都將所有的自然權力交付給這威權，讓它來維持內部和平並進行外部防禦，只保留自己免於一死的權力。這個擁有至高無上權力的威權，即為「利維坦」

（Leviathan）。[1]所以，《巨靈論》由人的平等性出發來建構理想社會，最後變成了集體主義（極權政治）。

總結來說，霍布斯認為，社會要和平就必須要有社會契約，主張應建立道德規範，希望藉由遵守規範，使人們產生合作關係，脫離自然狀態的戰爭、混亂不安，如此對每個人將是有利的情況。

三、囚犯兩難與保證賽局對霍布斯主張的驗證

(一) 囚犯兩難

霍布斯主張人們應合作，遵守規範，以脫離自然狀態。但是合作（遵守規範）在一個利己社會中是如何形成的，我們可用「博奕理論」（game theory）中代表性的例子「囚犯兩難」（Prison's dilemma）加以驗證討論（林火旺，2004）。經典的囚犯兩難實例是塔克（Tucker, A.W.）教授於1950年在史丹佛大學的研討會上所提出的（Benz, Jager, & Rooij, 2006）。我們以其中兩人模式的囚犯兩難，說明如下（Benz, Jager, & Rooij, 2006; Straffin, 1993）：

警方逮捕甲、乙兩名嫌疑共犯，他們被分開偵訊，警察告訴他們以下可能結果，如表7-1囚犯兩難所示：

- 如果一人認罪，而對方不認罪，認罪的人將得到獎賞（賞+1），而他的伙伴將被重判（得「-2」結果）；
- 如果兩個人都認罪，都只被輕判（得「-1」結果）；
  這時他們應可確信：
- 假如他們都不認罪，將同時獲釋（得「0」結果）。

我們假設甲、乙兩人均是理性利己之人，即都是在追求個人利益的最大滿足。在不知道對方將如何選擇的情境下，他們將同時選擇認罪，因為

---

[1] 「利維坦」原為《舊約聖經》中記載的一種怪獸，在此用來比喻強勢的國家統治權力。

表7-1　囚犯兩難

		甲	
		認罪	不認罪
乙	認罪	(-1,-1)	(-2,1)
	不認罪	(1,-2)	(0,0)

修改自：Straffin, 1993: 101。

如此是利益最大化。

　　因為以甲的理性推論為例：如果乙選擇認罪，而他不認罪會被重判（得「-2」結果），認罪則被輕判（得「-1」結果），故最好認罪；而如果乙選擇不認罪，而他也不認罪就會被釋放，認罪將得到獎賞（賞+1），故最好認罪。總之，不論乙作什麼決定，對甲最有利的行為都是認罪。同樣的，乙也會作相同的推理，而得到相同的結論。

　　所以，每一個理性利己的人，單獨追求自己利益的結果是被輕判（得「-1」結果），但這並不是他們的最佳情況。如果他們能事先協調，同意彼此信任，在法庭同時拒絕認罪，兩人將同時獲釋，這才是他們的最佳選擇。

　　因為甲、乙均是理性利己之人，個人最佳情境（得到獎賞+1）不可能實現。因為甲不可能要求乙不認罪，然後自己選擇認罪，以達成對他自己最有利的結果；同樣的，乙也不可能期待甲犧牲自己坐牢，讓甲得獎賞。這種建立在對方非理性考慮下的情境不可能實現，因為這與假設不符。因此，甲和乙只有透過合作、互信，才能達成次佳的結果。所以，合作行為是一種道德的表現，而道德也因為可以提升每一個人的利益而具有理性的基礎。道德之所以存在，就是因為每一個為追求利益最大化的個人，彼此妥協、訂定契約，並以契約為準則的一個結果（林火旺，2004）。

　　如果甲明確知道乙一定會遵守諾言（不認罪），則甲違反諾言將是最有利的行為。故一個徹底利己主義者知道，偶爾違反道德要求對他反而是有利的。同理，乙也會這樣想，如此兩人又回到「自然狀態」。所以，「囚犯兩難」模式說明了《巨靈論》中，在自然狀態下，尚未有巨靈統

治時，一個理性利己主義者的處境，即彼此不合作將陷入不利的後果，唯有彼此合作才能得到最大好處。但是如果能確信對方會守規範，而自己不守規範又不會受到制裁（因未有巨靈統治），這時反將得到最大利益。所以，我們說，「囚犯兩難」模式最多只能回答「為什麼我們（指社會）要有道德？」，卻不能說服「為什麼我（個人）要有道德？」（林火旺，2004）。

(二) 保證賽局：對故意不遵守道德者的外在制裁

因為「囚犯兩難」模式最多只能回答「為什麼我們要有道德？」，卻不能說服「為什麼我要有道德？」，霍布斯認為，違約不可能永遠對行為者是有利的，因為他設計了一個絕對的君主，使他擁有極大的權力，可以施加制裁，使違約者比守約者付出更大的代價，以確保立約各方一定會履行合約。因此，比較合乎霍布斯理論的模式從「囚犯兩難」變成了「保證賽局」（assurance game）（林火旺，2009），如表7-2、表7-3所示。

「囚犯兩難」代表理性利己主義在自然狀態中的處境，而「保證賽局」則是設立君主以後的處境。從表7-2、表7-3的資料中可以發現，為了避免被懲罰，甲、乙兩人的第一選項均是選擇互相合作。

表7-2　保證賽局一

		甲	
		合作	不合作
乙	合作	(1st, 1st)	(4th, 2rd)
	不合作	(2st, 4st)	(3st, 3st)

表7-2　保證賽局二

		甲	
		合作	不合作
乙	合作	(1st, 1st)	(4th, 3rd)
	不合作	(3st, 4st)	(2st, 2st)

四、小結

由上述的討論我們可以發現，在利己主義的社會中，如果只考慮自己的私利所作的選擇，並不是最佳的選擇，也常常是損人不利己的。揆諸事實，也可看到類似的情形。例如，颱風過後，農民搶種農作物，反造成下一波的價賤傷農。而金融風暴、泡沫經濟和SARS的危機，更是殷鑑未遠（吳惠林，2004）。因此，利己社會是需要道德規範的。但對個人而言，如果可以確定別人絕對會遵守道德規範，自己不遵守反而能得到更多的利益，所以，這時外在的制裁力就變得很重要，以確保每個人都會遵守規範。

但是公權力不可能無所不在，再嚴密的法律也難免會有漏洞。再者，若僅是強調不遵守道德的懲罰面，在面對引誘的利益甚大時，或有人自以為擁有了「蓋吉士的戒指」時，難免會鋌而走險。此外，私利心主導下的人際互動趨向於功利化，人際疏離也於焉誕生。

所以，我們應再思考道德規範的積極面，即不應只強調不遵守道德可能面臨的懲罰這樣消極的外在制裁，而是應積極的讓人們願意且樂意去遵守道德，這樣的道德規範才能可長可久。這就是我們在下一個段落中所要討論的。

從倫理規範走向生命關懷：追求超越自我的目標

有鑑於古典自由經濟學者主張的自私心產生的種種後遺症，英國著名的管理學大師查爾斯・韓第（Charles Handy）認為，以個人主義為核心的資本主義，應該將原有的自私心調整為「適當的自私」（proper selfishness），也就是追尋自我最好的方式，往往是透過與他人的牽扯，為自我找到一個超越小我的存在意義。換句話說，唯有在拋棄小我的時候，才最能滿足自我（趙永芬譯，1998）。這就是我們這裡所主張的積極的

倫理規範，希望在從事道德行為之後，會有心靈的喜悅。這種倫理規範是來自個人生命底層的思維，化為生命的一部分，而為個人自然的舉止，是一個人真正願意去遵守，以作為追求生命意義的準繩。

我們將說明倫理規範最終的目的，其實在於生命關懷。唯有突破自我的侷限，追求超越自我的目標，對於一個大於自我的目標作出承諾，真心關心別人，自己才會真正的快樂。

一、追求超越自我的目標：由馬斯洛的「需求層次論」談起

大家對馬斯洛（Abraham Maslow, 1908-1970）的了解，大多停留在他於1954年出版的《動機與人格》（*Motivation and Personality*）一書（Maslow, 1987）。書中提出了他的需求層次論，由下而上列出了五個人性需求，如表7-4「馬斯洛的需求層次論」（Maslow's Hierarchy of Needs Theory）所示：

表7-4　馬斯洛的需求層次論

5.自我實現的需求
4.受人尊重的需求
3.愛與隸屬的需求
2.安全的需求
1.生理的需求

然而進入了1960年代前後，馬斯洛開始感到這一層次架構不夠完整，人本心理學的最高理想——自我實現，並不能成為人的終極目標。他意識到一味強調自我實現的層次，會導向不健康的個人主義，甚至於自我中心的傾向。他認為，我們應該要有超個人、超越個人層面的東西，即人們需要超越自我實現、需要超越自我。因此，馬斯洛在1969年發表了〈Z理論〉（Theory Z）這篇重要的文章。他在文中重新反省他多年來發展出來的需求理論，可歸納為三個次理論，即「X理論」、「Y理論」及「Z理論」，構成了下面表7-5「馬斯洛的需求層次論的修正」體系：

表7-5　馬斯洛的需求層次論的修正

Z理論	6.最高需求（超越性靈性需求）
Y理論	5.自我實現的需求
	4.受人尊重的需求
	3.愛與隸屬的需求
X理論	2.安全的需求
	1.生理的需求

　　馬斯洛嘗試用不同的名詞來描述新加的最高需求，例如：超越自我、超個人、靈性、超人性、超人本、天人合一等等，不再是以人類為中心，而是以宇宙為中心（若水譯，2000）。著名的倫理學家彼得辛格（Peter Singer, 1946-）認為，美國70年代和80年代的人最大的錯誤在於，把尋找生命意義的努力全部集中在自我上面，以至於徒勞無功。他認為，有意義的人生，其生命目標要超越個人，而追求純粹個人實現的人，通常以空虛收場。心懷宇宙的人不會感到生活乏味，我們的生命之所以得到實現，是因為世間充滿了難以避免的苦難（周家騏譯，2008）。

二、超越生活苦難的快樂

(一) 由「希臘神話薛西弗斯的石頭」談起

　　說到生活的乏味苦難，我們不禁想到「希臘神話薛西弗斯的石頭」這個故事。話說希臘神話中的眾神之王宙斯（Zeus），是個好色者。有一天，他變成黑鷹擄走了河神漂亮的女兒，被科林斯國的國王薛西弗斯（Sisyphus）看到了。宙斯便要求薛西弗斯為他保密，薛西弗斯先是答應了，卻又毀約告訴河神，讓宙斯被妻子痛罵得體無完膚。宙斯後來便懲罰薛西弗斯，把他關在地獄裡，並罰他必須把一塊大石頭推上山，才可以放他自由。可是這塊石頭具有魔力，當他推到山頂時，大石頭就會自動滾下山，可憐的他必須日復一日的推著大石頭上山，然後再眼睜睜的看著自己

的所有努力都白費了（張漢良譯，1974）。

宙斯是故意要懲罰薛西弗斯，讓他的遭遇非常枯燥困苦。但省思一下，我們的一生是否就猶如薛西弗斯推動巨石上山、下山一般，總是日復一日的重複同樣的生活？有些人受不了這種繁複的無聊，選擇了咒罵、空虛來度日，甚至以自殺逃避。存在主義哲學家卡謬（Camus Albert, 1913-1960）認為，「唯一一個真正嚴肅的哲學問題就是自殺。」而「判斷生命是否值得一活，就足以回答這個基本的哲學問題」。他對被懲罰永無休止的每天從山下推石頭上山的薛西弗斯的生命所下的註解是：「任何一種命運都可以在一笑置之中超越……邁向峰頂的奮鬥本身就足以充實人的內心。我們必須要想像薛西弗斯的快樂。」（周家騏譯，2008：237）

(二) 生活的快樂何處尋：「享樂主義的矛盾」與對生活的熱情

有人可能以「我思故我在」的懷疑精神，質疑卡謬對薛西弗斯行為的註解。他們可能會反問，快樂不是要去追求才會得到嗎？這個問題的答案，其實在哲學領域中早已有人討論過。在哲學上有所謂的「享樂主義的矛盾」（the paradox of hedonism），它指出為了快樂而只在乎快樂的人，結果反而得不到快樂。有許多快樂常在不預期之下出現（林火旺，2006）。許多喜歡打球的人應該都有以下的經驗：當你很專注的和朋友打了一場網球，本來的動機並不是只在要求得到快樂，過程中也很辛苦，流了很多汗，體力上也很勞累。但是在這場「遊戲」中，你以球會友，大家有了很好的互動，自己的球技也有了突破，進而產生成就感，再伴隨著腦啡的分泌，這種快樂已超乎了原來的預期。相反的，如果你想藉由到「吃到飽」自助餐廳用餐，希望經由大快朵頤來求得快樂，可能一開始有些快樂，但隨著「邊際效用」遞減，慢慢的已沒了樂趣，更可能食之無味，長時間下來，腦滿腸肥，離快樂更加遙遠了，這就是所謂「享樂主義的矛盾」。又如舉世聞名的高爾夫球王老虎伍茲（Eldrick Tont Woods, 1975-），一味的追求聲色犬馬的刺激，等到東窗事發，不僅身敗名裂，也弄得妻離子散，自己落得痛苦萬分，是標準的「享樂主義的矛盾」實例。

所以，生活中的樂趣常來自於「不知不覺」中而得。這種不知不

覺，其實就是一種對生活的專注，而且是一種跳脫自我的專注。羅素（Bertrand Russel, 1872-1970）在《拋棄煩惱，掌握快樂》（*The Conquest of Happiness*）一書中就提到（劉楨譯，1987），這是一種對生活的「熱情」。[2]羅素以吃飯的態度為例來說明熱情的意涵，羅素認為幸福的人，就好比對吃飯有著旺盛食慾，對眼前的食物心滿意足，而不像有些人不管食物如何精美，他們總是提不起興致，僅僅把吃飯看作每天都要重複的刻板之事，或像個刻薄的美食家般挑剔連連。

羅素認為，一個人專注的興趣愈廣泛，他擁有的快樂機會就愈多，受命運之神操縱的可能性也就愈小，因為即使失去了某一種興趣，他仍然可以轉向另一種。生命太短促，我們不可能事事都感興趣，但感到興趣的事情總是多多益善，這些事物能令我們的歲月變得充實圓滿。我們全都有內省病的傾向，常不顧於世界呈現出的萬千景象，反而自閉於內心的空虛中。羅素認為，我們千萬別把內省病的憂鬱評價得太高。

所以，卡謬說：「薛西弗斯邁向峰頂的奮鬥本身就足以充實人的內心。我們必須要想像薛西弗斯的快樂。」因為邁向峰頂的奮鬥本身就是一種超越自我的專注熱情，這種專注熱情本身即可產生極大樂趣。再者，也許薛西弗斯也可再創造出更多讓他投注熱情的事情。例如，突然有一個奇妙的感覺從內心深處緩緩昇起，那就是面對日夜相伴隨的巨石，薛西弗斯發覺在無數晝夜的經歷過後，他竟然愛上了這顆石頭。也由於心念一轉，對薛西弗斯來說，每天推石上山竟不再是一成不變的懲罰，而是一個充滿期待、新鮮愉快的甜蜜旅程。也由於每天都能夠和心愛的石頭共處，他開始喜歡並享受著推石上山的樂趣。

三、孔子儒家思想的生命觀與啟示

超個人心理學被部分人士視為是融合中西方觀點的思想（易之新，

---

2 「熱情」原文為"zest"，參見Russell（1984, 110-121）。或譯為「興致」，見羅素著，幸福之路（1987）。臺北：水牛，頁117-128。

2003）。尤其馬斯洛所強調的「天人合一」等觀念，與孔子儒家思想若合符節。因此，以下我們將介紹孔子儒家思想的生命觀，以期有所啟示。

孔子儒家思想的核心觀念，可說是倫理規範與生命教育的完美結合。孔子的倫理觀從自我出發，由自我的實現到人我之間、人與自然之間的和諧相處，而達到天人合一的境界（黃俊傑，2010a），貫串其中的可說是「仁」的觀念。

孔子對人生的進程看得透徹，人生每一階段皆有其命定任務，須循序漸進的完成。[3]因此，面對終老，他不但不畏懼，有時甚至忘記老的存在。[4]有關生死的問題，他認為「生比死更重要」。所謂：「未知生，焉知死？」「生」是如此重要，還有什麼比「生」更重要？而活著時又要做什麼？孔子提出「仁」德作為追求的目標。道德生命是超越自然生命的，實踐仁德便是「生」的任務。[5]現代資本主義社會強調利己主義，生命在無窮慾望中難以超越，更談不上關懷他人的仁愛之心。

孔子認為，體現仁德不難做到，乃是操之在己（關瀞芬，2006）。[6]既然求仁不難，仁德離我們不遠，想求仁德，仁德就會來了，那要如何做到呢？孔子告訴我們，求仁的方法是「己立立人，己達達人，能近取譬」。[7]簡而言之，所謂仁，己身想立道，也想使他人能夠立道；己身想立道於世，也想使他人能夠立道。能夠就近拿己身作例子，為別人設想，便可說是求仁的方法了。

此外，孔子的思想非常注重心靈的活動與生活品味，我們從《論

---

[3] 「吾十有五而志於學，三十而立，四十而不惑，五十而知天命，六十而耳順，七十而從心所欲，不踰矩。」（《論語·為政篇》）

[4] 「其為人也，發憤忘食，樂以忘憂，不知老之將至云爾。」（《論語·述而篇》）

[5] 子曰：「朝聞道，夕死可矣。」（《論語·里仁篇》）；子曰：「志士仁人，無求生以害仁，有殺身以成仁。」（《論語·衛靈公篇》）

[6] 子曰：「仁遠乎哉？我欲仁，斯仁至矣。」（《論語·述而篇》）

[7] 子曰：「夫仁者，己欲立而立人，己欲達而達人。能近取譬，可謂仁之方也已。」（《論語·雍也篇》）

語‧先進篇》的記載可窺得一二（傅佩榮解讀，1999：287-290）。有一次，子路、曾皙、冉有、公西華在旁邊陪坐，孔子說：「我比你們虛長幾歲，希望你們不要因此覺得拘謹。平日你們常說：『沒有人了解我！』如果有人了解你們，又要怎麼做呢？」子路、冉有、公西華分別說出了他們對治國的讜言大論，只有曾皙沒有回答，這時孔子就問曾皙：「點！你怎麼樣？」曾皙彈瑟的聲音漸稀，然後鏗的一聲，推開瑟站起來說：「我與三位同學的說法有所不同。」孔子說：「有什麼妨礙呢？各人說出自己的志向罷了。」曾皙說：「暮春三月，春天的衣服早就穿上了，我陪同五、六個成年人，六、七個小孩子，到沂水邊洗洗澡，在舞雩臺上吹吹風，然後一路唱著歌回家。」孔子聽了讚嘆一聲，說：「我欣賞點的志向啊！」就是這種生活熱情與人性化心靈才能發展出仁愛之心。

由上述分析可以發現，孔子思想的核心概念是由「仁」貫串其中，不管是由自我出發，到與他人、自然的和諧相處的倫理規範，或是對生命的態度，均強調仁愛之心。而且超脫現實功利的束縛，由心靈層面的涵養，追求超越自我的目標，即使「朝聞道，夕死可矣」、「殺身以成仁」，亦不反顧，而這正是唯利是圖的利己主義社會中最需要的理念。因此，學者黃俊傑認為，由孔子儒學思想得到的啟示告訴我們，當前教育最重要的是喚起年輕學子心中對社會、對他人的慈悲心與關懷心（黃俊傑，2010b）。唯有效法孔子思想，從心靈出發，喚醒靈魂，不再沉溺於自我中心，去追求超越自我的目標，才能得到真正的快樂。

 ## 超越自我的生命典範

一、「道成肉身」的追隨：「切膚之愛——彰化基督教醫院蘭大衛醫生的故事」（陳啟淦，2002）

基督教的一個重要精神是：「道成肉身」。上帝的獨子耶穌以其至高

之尊，降生為污穢之人，為人釘死在十字架上，而完成對人類的救贖。後世的基督徒仿效基督之愛，有了許許多多令人敬仰的實跡。

1895年，英國劍橋大學畢業之基督教長老教會傳道醫師蘭大衛醫生（Dr. David Landsborough, 1870-1957），來臺宣教，並於1896年創立彰化醫館（今彰化基督教醫院）。1928年，彰化伸港鄉有一名13歲貧困牧童周金耀被牛撞傷膝關節，因延誤就醫而感染，致大腿上皮膚潰爛，後輾轉到了彰基求助。

周童雖經細心治療，漸有起色，但傷口腐爛長達一臺餘尺，很難再生出新皮膚，甚至恐併發成骨髓炎，如此將難逃截腳手術的命運。因當時醫學尚不發達，植皮手術還只是一項未經臨床證實的理論。蘭醫師在了解文獻知識後，知道可以嘗試皮膚移植，這時也是英人的蘭醫生娘連瑪玉女士（Miss Marjorie Learner, 1884-1985），感悟耶穌基督愛世人的精神，自願以自己的大腿皮膚救助周童。後由蘭醫師親自執刀，割下蘭醫生娘右大腿上的四塊皮膚，移植到周金耀的膝蓋傷口上。切膚之愛感動無數人，後來並推薦周童就讀神學院，日後成為有名的牧師。

1936年，蘭大衛結束了在臺四十年的行醫生涯，返英養老，其子蘭大弼醫生（Dr. David Landsborough IV, 1914-2010）於1954年繼承父親衣缽，擔任彰基院長，在其任內不僅幫助沒錢就醫的窮人，還資助貧窮的孩子求學。父子堪稱《聖經》所言「鹽與光」的實踐者——鹽讓食物不會腐敗，光則照亮了黑暗。

其實仿效「道成肉身」的相關感人事蹟，在臺灣的「醫療奉獻獎」[8]中有很多的例子。而國外最有名的當屬曾獲得1979年諾貝爾和平獎的德蕾莎修女（Blessed Teresa of Calcutta, 1910-1997）。當人們問德蕾莎修女為何要親身去照顧可怕的麻瘋病人時，她的回答令人感動。她說，在每個麻瘋病人的身上看到的彷彿是耶穌的身影，因此，為麻瘋病人治療即是在服侍

---

[8] 關於臺灣「醫療奉獻獎」的詳細資料，可參考立法院厚生會網站：http://www.hwe.org.tw/。當中不乏與蘭大衛醫生相似背景而終生奉獻臺灣偏遠地區的外國朋友。

耶穌，是神聖的行為。所以，德蕾莎修女的愛是來自於仿效耶穌「道成肉身」的博愛精神，[9]也是在追求超越自我的目標。她的名言最能代表她的精神：「世界上最嚴重的貧窮不是缺乏食物，而是缺乏愛。」（丁穎達譯，2010：290）

二、平凡中的不平凡：臺東菜販陳樹菊的慈善壯舉

陳樹菊（1951-）是臺東市中央市場一名女菜販。美國《時代》雜誌將她選入2010年最具影響力時代百大人物之「英雄」項目第八位。她也是早先《富比世》雜誌所選出的2010年48位亞洲慈善英雄人物之一。根據導演李安為《時代》雜誌所寫的陳樹菊得獎引薦文（Lee, 2010）指出，陳樹菊多年來共捐出了近1,000萬新臺幣作為慈善用途，包括幫助兒童和孤兒，以及建立圖書館等。陳樹菊的偉大，來自於她所成就的看似平凡，卻是由於她有一顆異於常人慷慨好善的心。「錢，要給需要的人才有用」，她這樣告訴一名記者。陳樹菊對眾人給她的「名望」毫不在意，她說，「真的沒什麼好談的，我並不是在參加比賽，我也沒有捐多少錢。」她正計畫未來要成立一個基金會，幫助窮人受教育，使他們得到食物並有良好的醫療照顧。

事實上，陳樹菊自小命運多舛，就讀臺東市仁愛國小六年級時，一家八口都仰賴父親賣菜維生，家境清貧。後來母親難產，因沒有錢繳保證金，無法獲得醫治，雖然經仁愛國小發起樂捐得以住進醫院，但已回天乏術而過世。從此陳樹菊開始賣菜，後來三弟因流感早夭。陳樹菊挑起養家責任，讓哥哥讀完大學，並將其他弟妹拉拔長大。二弟後來卻因車禍死亡，陳樹菊本人至今未婚。回首坎坷往事，她滿腹心酸，雖曾經痛恨社會

---

9 文字資料可參考：王樵一（2007），以愛領導的實踐家——德蕾莎修女。臺北：主流，65-68。影視資料可參考：費柏里季歐·科斯大（Fabrizio Costa）（2008），加爾各答的天使：德蕾莎修女（Mother Teresa of Calcutta），2DVD。臺北：華誼影視。

的現實，因後來皈依佛寺，藉著信仰放下仇恨，並且開始捐款助人。

　　陳樹菊只是一個臺灣芸芸眾生中再平凡不過的小人物，跟她有類似遭遇的人，大部分可能都還深陷於對社會的不滿、怨懟中，但是陳樹菊令人敬仰的是，她突破了自己坎坷命運留下的心中憤恨，反而超越自我的侷限去幫助別人，而且是發自內心、自己樂意去做善事，不在意伴隨而來的名聲，內心充滿喜悅。這就是可貴的平凡中的不平凡。我們相信，藉由她不斷專注熱情的進行善舉，她的喜悅是持續的，所散發出來的光與熱不僅溫暖了接受她幫助的人，也激發了大家的向善之心。

三、雷夫老師「56號教室的奇蹟」

　　全美最佳老師──雷夫‧艾斯奎（Rafe Espuith），以「忘了頭髮著火」般的教學熱情與愛心，改變了一群不被期待的移民孩子的未來，讓自己每天過得很快樂，自覺是全世界最幸運的人（朱衣譯，2008；卞娜娜等譯，2010）。

　　雷夫老師1981年畢業於加州大學洛杉磯分校，原本在一所高社經小學任教，受到學生與家長的歡迎，但是他認為貧窮學生更加需要他，乃辭掉原來小學教職，轉入霍伯特林蔭小學任教，該校學生多是出身於墨西哥、瓜地馬拉、韓國、日本等國家的低社經移民家庭。雷夫老師在該校擔任五年級導師已二十八個年頭了，他是全美公認最好、最有趣、最有影響力的老師，是唯一受歐普拉和達賴喇嘛表揚的公立中小學老師，也是唯一獲得美國總統頒贈國家藝術獎的老師，其他獲頒的獎項更是多不勝數。

　　雷夫老師最為人敬佩的是，他的教學異於常人，注重心靈的教育、強調優質教育環境的塑造，以及應用多元的教學方法與內容，這些都是在提供孩子拯救自己靈魂的機會：他希望教室是孩子充滿溫暖、可以信任且有紀律的第二個家；他的多元教學除了傳統的閱讀、寫作、數學、自然與社會等學科內容外，更額外花費了許多精力和資源，以戲劇、音樂和美術等藝術課程，以及棒球等體育活動，培養學生對人生的熱情。

　　雷夫老師是暢銷書作者，也常應邀到各地演講，有豐渥的收入，卻

不吝於將這些錢完全花在學生身上；加上他就讀耶魯大學法律系的學生為他成立的基金會所募得的款項所挹注的，粗估一年這個班級就要花上30萬元美金，其中包括買器材、樂器、設立獎學金、甚至學生的醫療費用和參加大學面試的機票錢。他也毅然推掉好萊塢巨額報酬的拍攝邀請，和其他學校百萬年薪的挖角，他說：「因為過去這二十八年來，我總是告訴孩子：『你們很重要，這個班很重要……』如果我離開，我就是在說謊。」（賓靜蓀，2010：69）雷夫老師不計名利的對學生的愛與關懷，都來自於他能跳脫自我，追求超越自我的目標，這種對人生的專注熱情正是我們在利己社會中，人我關係應有的典範。

陸 結語

現代資本主義社會是個分工的社會，分工的好處讓每個人各盡所能，而彼此可以互利。但是每個人各盡所能的背後，常是自利心的動機所趨使。在一個利己社會中，依照「囚犯兩難」的推論，如果只顧及自己的利益所作的選擇，對自己、對社會都不是最好的選擇，尚不及與他人合作（守規範），彼此可獲得的利益。

「囚犯兩難」的推論更告訴我們，如果可以確信對方將信守規範，則自己不守規範將得到最大的利益，不過如此社會將又進入自然狀態的混亂中。因此，霍布斯乃設計「利維坦」以懲罰不守規範者，並維持社會秩序。但是，「利維坦」畢竟是外在的制裁力，要建構綿密的制裁力，社會要付出極大的成本，而且公權力並非無所不在，漏洞必定所在多有。所以，內在的制裁力相形重要。

道德的內在制裁力可分為消極的和積極的兩種。前者仍是強調懲罰的控制力量，但如果有人擁有（或確信自己擁有）「蓋吉士戒指」，或是引誘的利益太大，則很可能鋌而走險，不再遵守道德規範。道德的積極面則強調發自內心去遵守道德規範，且能因此得到快樂，這在道德規範和生命教育兩大範疇上均深具啟發意義。

誠如查爾斯・韓第（Charles Handy）主張的，利己的資本主義社會應該將原有的自私心調整為超越小我的「適當的自私」。我們從超個人心理學家馬斯洛的《Z理論》中，也找到「超越自我才會真正快樂」的積極性道德觀的主張。唯有突破自我的侷限，追求超越自我的目標，對於一個大於自我的目標作出承諾，自己才會真正的快樂。所以，倫理規範的人我關係不再侷限於消極面，它更強調要獻身於生命關懷的積極面。

這種超越的倫理觀，與孔子儒家以「仁」為本的倫理思想若合符節。我們也看到了孔子倫理對名利的灑脫，以及對生活的熱情。這種熱情專注是羅素強調的幸福要件之一。這種積極的倫理觀，也能幫助我們超越生活的苦難。所以，卡謬認為薛西弗斯是快樂的，因為邁向峰頂的奮鬥本身就是一種超越自我的熱情，這種專注熱情本身即可產生極大的快樂。

我們在本文最後也分享了幾位在現實生活中，能夠追求超越自我目標的生命典範，他們充實的生命、不凡的身影，明確的告訴我們：在利己社會的人我關係中，我們要強調的是積極的倫理觀，我們要找回對生命的熱情，找回對別人的愛與關懷，這樣大家才能真正互利，社會才會永遠美好。

參考書目

中文部分

丁穎達譯（2010）。德蕾莎修女（Mother Teresa）原著，**愛的喜樂：德蕾莎修女嘉言集**（*The joy in living:A guide to daily living with Teresa*）。臺北：上智文化。

賓靜蓀（2010）。專訪全美最佳教師獎得主──雷夫・艾斯奎：我從來沒有放棄過，載於**親子天下**，第16期，66-71。臺北：天下雜誌。

卞娜娜等譯（2010）。雷夫・艾斯奎（Rafe Esquith）著，**點燃孩子的熱情：第56號教室外的人生課**（*Lighting Their Fires: Raising Extraordinarg Children in a*

Mixed-up Muddled-up, Shook-up World）。臺北：高寶國際。

王樵一（2007）。以愛領導的實踐家——德蕾莎修女。臺北：主流。

朱衣譯（2008）。雷夫‧艾斯奎（Rafe Esquith）著，第56號教室的奇蹟（*Teach Like Your Hair's On Fire: The Methods And Madness Inside Room 56*）。臺北：高寶國際。

易之新（2003）。譯序：結合東西方思想與實踐的身心靈願景。載於易之新、胡因夢譯，Walsh, Roger & Vaughan, Frances著，超越自我之道（*Paths Beyond Ego*）。臺北：心靈工坊，13-18。

林火旺（2004）。倫理學。臺北：五南，二版。

林火旺（2006）。道德：幸福的必要條件。臺北：寶瓶文化。

林火旺（2009）。基本倫理學。臺北：三民。

周家騏譯（2008）。Peter Singer著，生命，如何作答？利己年代的倫理（*How are we to live? Ethics in an age of self-interest*）。臺北：御書房。

吳惠林（2004）。生活中的經濟學。臺北：五南。

若水譯（2000）。李安德（Andre Lefebrre）著，超個人心理學：心理學的新典範（*Transpersonal psychology a new paradigm for psychology*）。臺北：桂冠。

侯健譯（1980）。柏拉圖（Plato）著，柏拉圖理想國（*The Republic*）。臺北：聯經。

傅佩榮解讀（1999）。論語。臺北：立緒。

黃仁宇（1991）。資本主義與21世紀。臺北：聯經。

黃俊傑（2010a）。東亞儒學傳統中的人文精神。載於2010年「人文精神的理念與實踐」學術研討會論文集，18-32。臺中：弘光科大。

黃俊傑（2010b）。孔子的生命觀及其對21世紀的新啟示。載於第24屆全國通識教育教師研習手冊，51-60。臺中：中國醫大。

張清溪等著（2004）。經濟學：理論與實際（上冊），第五版。臺北：翰蘆。

張漢良譯（1974）。卡繆（Camus Albert）著，薛西弗斯的神話（*Le mythe de sisphe*）。臺北：志文。

陳星譯（2006）。Adam Smith著，國富論（*The Wealth of Nations*）。陝西：陝西師範大學。

陳啟淦（2002）。切膚之愛：蘭大衛的故事。臺北：文經。

費柏里季歐・科斯大（Fabrizio Costa）（2008）。**加爾各答的天使：德蕾莎修女**（*Mother Teresa of Calcutta*），2DVD。臺北：華誼影視。

趙永芬譯（2004）。查爾斯・韓第（Charles Handy）著，**適當的自私：人與組織的希望與追尋**（*The Hungry spirit beyond capitalism a quest for purpose in the modern world*）。臺北：天下遠見。

劉楨譯（1987）。羅素（Bertrand Russel）著，**拋棄煩惱，掌握快樂**（*The conquest of happiness*）。臺北：業強。

闕瀅芬（2006）。從《論語》中孔子的生命觀論現代生命教育。載於**中山人文思想與中小學教育論文集**，109-120。臺北：國父紀念館。

羅素著（1987）。**幸福之路**。臺北：水牛。

英文部分

Benz, A., Jager, G., & Rooij, R.V. (2006). *Game theory and pragmatics*. Basingstoke [England] New York : Palgrave Macmillan, 2006.

Hobbes, T. (1991). *Leviathan*, edited by Richard Tuck. New York : Cambridge University Press.

Lee, A. (2010). The 2010 TIME 100-Heroes: Chen Shu-chu. *TIME*, in partnership with CNN., specials. Retrieved January 30, 2010, from the World Wide Web: http://www.time.com/time/specials/packages/article/0,28804,1984685_1984949_ 1985237,00.html#ixzz0x6w7Su00.

Maslow, A. (1987). *Motivation and personality*. New York : Harper & Row.

Pojman, L. P. (1989). *Ethical Theory: Classical and Contemporary Readings*. Belmont: Wadsworth Publishing.

Russell, B. (1984). *The conquest of happiness*. London : Unwin Paperbacks.

Straffin, P. D. (1993). *Game theory and strategy*. Washington: The Mathematical Association of America, c1993.

第  章

現代社會、現代性與
社會福利

侯念祖[*]

[*] 本文的完成須感謝兩位審查委員的寶貴建議，然文中不足之處，為作者責任。

本章綱要

前言

　　「現代社會」這個詞本身說明了它是具有特定時間意涵的。也就是說，它是起源並發展於特定的歷史脈絡之中，在過去兩個世紀以來，人類社會發生了重大的社會變遷，有的學者就以「鉅變」（the Great Transformation）來指稱這一個重大的變化（Polanyi, 1989）。

　　在這一個重大社會變遷的過程開展之後，人類社會和以往的社會──我們習慣稱呼為「傳統社會」──就有了巨大的差異，而我們今天所熟悉的各種制度，以及我們所習慣的生活方式，其實都和「傳統社會」十分不同，它們都是產生自這個「現代社會」的形成過程之中。

　　接下來，我們就先來了解這個現代社會與「現代性」（modernity）的形成。

現代社會與現代性的形成

　　我們今天所熟悉的這種社會，它的形成大約是在19世紀，從那個時期起，人類歷史開始發生一個劇烈的改變，從而產生了一個近乎全新的社會，這個新社會完全不同於過去人們所生活於其中的傳統社會。

　　然而，社會發生了什麼樣的改變呢？又是如何的不同於過去的傳統社會呢？對於這個歷史背景的理解，小說家的敘事往往可以提供一個生動、足以引發我們對於當時環境的想像能力。

　　英國小說家狄更斯（Charles Dickens）在他的一本小說《艱難時世》（*Hard Times*）中，對於當時社會的劇烈改變有著這樣一段描述：[1]

---

[1] 查爾斯‧狄更斯，《艱難時世》，第27-28頁。全增嘏、胡文淑譯，上海：上海譯文出版社，1998年。

　　這是個到處都是機器和高聳的煙囪的市鎮，無窮無盡的長蛇般濃煙，一直不停地從煙囪裡冒出來，怎麼也直不起身來。鎮上有一條黑色的水渠，還有一條河，這裡面的水被氣味難聞的染料沖成深紫色，許多龐大的建築物上面開滿了窗戶，裡面整天只聽到嘎啦嘎啦的顫動聲響，蒸氣機上的活塞單調地移上移下，就像一個患了憂鬱症的大象的頭。鎮上有好幾條大街，看起來條條都是一個樣子，還有許多小巷也是彼此相同，那兒的居民也幾乎個個相似，他們同時進、同時出，走在同樣的人行道上，發出同樣的腳步聲音，他們做同樣的工作，而且，對於他們，今天跟昨天和明天毫無區別，今年跟去年和明年也是一樣。

　　焦煤鎮的這些特點，大抵和它藉以維持市面繁榮的企業是分不開的；可以跟這些特點對比的是，這裡有許多生活中的享受品，它們是走遍全世界都可以找到的；這裡又有許多使生活變得高雅的東西，我們不必問，這些東西有多大部分是造成貴婦人的條件……。

　　在狄更斯的這一段小說敘事中，我們可以看到許多對於當時而言是新生的事物，至少包含了：城市、工業、機器、企業、工人，以及（在世界範圍中流通的）商品，而這些都是屬於「經濟」範疇的事物。

　　同樣的，法國小說家雨果（Victor-Marie Hugo），在他於1862年出版的、以描述19世紀法國社會小人物生活而著名的長篇小說《悲慘世界》（*Les Miserables*；又譯為《孤星淚》）中，曾經這樣描述作為他小說中主要背景的巴黎：[2]

　　巴黎是壯麗的，它有一個神奇的7月14日，解放了全球；它

---

[2] 維克多・雨果，《悲慘世界》，頁446。鄭克魯譯，上海：上海譯文出版社，2003年。

讓各民族做出網球場的宣誓；8月4日夜晚在三個小時內就廢除
了三千年的封建制……它在人人的思想裡樹立起進步的觀念；
它鑄造的解放信條，是一代代人的枕邊劍，1789年以來各國人
民的一切英雄，都是在它的思想家和詩人的心靈薰陶出來的。

　　雨果在這段文字中述說的是「法國大革命」對於全世界所造成的深遠
影響，而這是屬於「政治」範疇的巨大變化。

　　以上我們所提到的「經濟」與「政治」兩個領域的重大變化，正是英
國學者紀登斯（Anthony Giddens）指出的，18和19世紀以來全面性的社
會變遷，瓦解了人類歷史上持續存在數千年的各種型態的社會組織，而我
們則可以從經濟和政治領域的「兩個大革命」之中，找出這個社會變遷的
基本軸線（1992：3-4）。

　　因此，接下來，我們就從這「兩個大革命」來討論這個變遷。

一、工業革命

　　現代社會的改變，很重要的一個特點是在於「經濟生活」的劇烈變
化；同時，這個經濟生活的變化，乃是來自於「工業革命」與「工業資本
主義」的形成與興起。

　　工業革命所標誌的是，人類運用了以人力、自然力或獸力之外的其
他動力來源——其中最為人所知的便是蒸氣機的發明，並以此動力來推動
機器的運作，從而使得機器成為主要的生產工具，並造成了以機器製造作
為基礎的現代大工廠的出現。大工廠的出現與機器的使用，使得人類的生
產力出現了史無前例的提高。以紡紗業為例，從1830年到1880年的五十
年間，由於機器的使用，使得英國的棉紗產量增加了一千倍。而在採礦業
中，機器的使用，使得煤礦開採量產生了極大的增長。在1820年代，世
界煤礦的總開採量為1,730萬噸；但到了1860年代，短短的四十年間，世
界煤礦的總開採量則急速增加到22,530萬噸。再就冶煉業而言，1780年，
英國的生鐵產量只有4萬噸，到了1856年則達到358.6萬噸，1880年更達到

第 8 章　現代社會、現代性與社會福利

了774.9萬噸。

　　伴隨著工業生產力巨大提升的另一重要發展，就是城市的興起。雖然從中古世紀開始，城市便已經出現在人類歷史的舞臺上，但是在過去的傳統社會中，由於農業在社會經濟中占據著支配地位，甚至城市本身也只不過是以土地財產和農業為基礎的城市，並不具備有經濟生活重心的地位。因此，今日我們所熟悉的城市生活，以及城市在人類的經濟生活中所扮演的這種重要角色，是一個不折不扣的「現代」現象。它是在工業革命產生之後，由於第二、第三部門產業（亦即製造業與服務業）在經濟生活中所占的比重不斷地增加，並且集中在新興城市之中，因而使得城市化逐漸成為現代社會的重要標誌。

　　城市化的重要特徵展現在人口向城市的集中。以英國為例，在19世紀前半葉，人口向城市的集中趨勢發展得十分快速，從1801年到1851年間，居住在十個大城市的人口占全國總人口中的比例，從16%提高到23%，[3]尤其是幾個主要的大城市，人口增長的速度更是快速（見表8-1）。

表8-1　英國主要大城市人口的增長（單位：千人）[4]

城市	1801 年	1811 年	1821 年	1831 年	1841 年	1851 年
倫敦	1117	1327	1600	1907	2239	2635
伯明罕	71	83	102	144	183	233
曼徹斯特	75	89	126	132	235	303
利物浦	82	104	138	202	285	376
格拉斯哥	77	101	147	202	275	343
布雷福德	13	16	26	44	67	104
里茲	53	63	84	123	152	172
雪非耳	46	53	65	92	111	135

----

[3] 參見，黃柯可，〈歐美五國的城市化及其特點〉。收入王章輝、孫嫻主編《工業社會的勃興》，第250頁。北京：人民出版社，1995年。

[4] 資料來源：同上書，第251頁。

同時，就全世界範圍而言，我們也可以看到這種城市化現象的快速發展。在1800年時，在擁有2萬人口以上的城市，其人口總數僅占全世界人口總數比例的2.4%，同時期擁有10萬人口以上的城市，其人口總數則僅占全世界人口總數比例的1.7%；但是到了1982年，擁有2萬以上人口的城市，其人口總數占了全世界人口總數的34.6%，而擁有10萬人口以上的城市，其人口總數則占了全世界人口總數的18.1%（見表8-2）。

表8-2　全世界城市人口百分比（%）[5]

	2 萬人口以上城市	10 萬人口以上城市
1800年	2.4	1.7
1850年	4.3	2.3
1900年	9.2	5.5
1950年	20.9	13.1
1970年	31.2	16.7
1984年	34.6	18.1

　　相應於城市化趨勢的則是勞動力配置與產業結構的變化，亦即，從過去勞動人口主要集中在第一部門（農業）而逐漸轉變為向第二部門與第三部門集中，尤其是第二部門——也就是工業生產部門——的勞動人口在勞動力配置的比例中有著大幅度的增加；也就是說，發生了主要的勞動人口從農業往工業部門轉移這一個我們稱之為「普羅化」的過程。以英國為例，在1801年到1811年，工業中的勞動人口低於農業中的勞動人口，比例分別為30%與34.4%；到了1921年，這項比例則分別變成為56.9%與7.2%（見表8-3）。

5　資料來源：安東尼‧紀登斯（Anthony Giddens），《批判的社會學導論》，第5頁。廖仁義譯，臺北：唐山出版社，1992年。

表8-3　英國勞動人口比例的變化[6]

年分	占勞動力比例（%）		
	農業	工業	服務業
1801～1811	34.4	30.0	35.3
1851～1861	21.6	56.9	21.5
1921	7.2	56.9	35.9

　　工業革命所造成的人類經濟與社會生活的巨大改變，構成了現代社會興起的重要背景之一。接著，我們要談到另外一個「革命」，這個革命同樣也是現代社會興起的重要背景因素，就是所謂的「法國大革命」。

二、法國大革命

　　正如同工業革命雖然經常以蒸氣機的發明與使用作為其標誌，但其重大意義卻是在於因此而引發的一連串生產技術、生產組織與勞動方式的革命性變遷一般，法國大革命雖然在歷史上可特指發生於1789年的法國革命事件，但是其重大意義乃是在於因此而產生的一連串人類政治與社會組織的重大轉型的過程。

　　一方面，法國大革命所象徵的是過去由封建貴族所壟斷的政治權力，在全民自由與平等的理想的革命性運動下被推翻，造成了既有秩序的全面瓦解。至此之後，「公民」（citizen）的身分成為一種具有普遍性質的身分，而不再是由少數人所獨享的特權。法國大革命所造成的政治變革的氛圍，其影響時至今日依舊十分深遠。例如，無論實際狀況如何，現今世界上大多數國家都宣稱其實施的是「民主政治」。如同前述小說家雨果對於法國大革命的稱頌，英國著名的史學家霍布斯邦（Eric Hobsbawm）也曾經如此評價法國大革命在世界政治上所帶來的重大影響：「法國為世

---

[6] 資料來源：同註3書，第245頁。

界大部分地區提供了自由和激進民主政治的語彙和問題。」[7]

　　另一方面，由法國大革命作為向外擴散影響的輻射點，橫亙整個19世紀，在歐洲、美洲都掀起了一連串的政治革命事件，這一連串革命運動所導致的秩序變遷，無論其結果是正面的或是負面的，都成為現代社會興起的背景，以及構成了諸多社會科學家們所關切的主題。

　　因此，我們可以說，現代社會的興起背景和這兩個近代世界所發生的「革命」，有著極為密切的關聯。這兩個革命運動對於人類社會造成了革命性的變遷，使得人們開始面臨一個全然不同的新社會。

 現代性在各個面向的展現

　　在上一節中，我們從「經濟」與「政治」兩個層面分析了現代社會從傳統社會脫胎而出的重大變遷，這一系列的變遷使得現代社會在許多面向上都迥然不同於傳統社會，這個巨大的差異也就是我們所說的「現代性」的展現。英國社會學家比爾頓（Tony Bilton）對於現代性所給予的界定是：「一個被鑄造來概括在18與19世紀期間發生之社會過程的特殊性與變遷動力的概念，它標誌著打破傳統生活方式之後所獲得的差異性。」（2006：28）

　　接下來，在這一節中，我們即將從一些面向來討論現代性的展現。

一、全新的生產活動方式與勞動型態

　　在上一節中我們曾經提及「工業革命」，許多人提及工業革命總是會以蒸氣機的改良作為標誌，這是因為蒸氣機的改良使得推動機器運作的動

7　見，霍布斯邦，《革命的年代：1789-1848》。王章輝等譯，第82頁。臺北：麥田出版社。另外，對於法國大革命的分析與評價，亦可參見這本書的第三章──法國大革命。

力來源不再受限於人力、動物力或是水力、風力等「自然力」，使得機器成為主要的生產工具成為可能，並造成了以機器製造作為基礎的現代大工廠的出現。

大工廠的出現使得生產力獲得大幅度的提升，因此也使得以快速累積資本作為追求目標的資本主義（capitalism）獲得了迅速成長的動力。同時，由於生產力的提升，使得機器生產產品的速度增加，造成了許多中世紀的手工生產工匠失去了產品的市場，而必須成為受雇者進入工廠工作；也因為資本累積的速度加快、生產規模愈來愈龐大，因此掌握生產設備的門檻愈來愈高，使得社會中絕大多數人因為無法握有生產設備，而必須成為受雇的工人，經由受雇工作獲得薪資來維生，這就是「現代工人」（或被稱為「工人階級」或「普羅階級」）或受雇者的出現（這個過程也是上一節中所提到的「普羅化」的過程）。

另一方面，在資本主義中，掌握有生產設備（工具）的雇主（或稱資本家），也形成一個新的身分群體：企業家。他們通常被認為擁有某種開創精神，並持續不斷的致力於追求利潤。他們所生產出來的產品在市場上流通、交換，為他們帶來龐大的財富，同時使得經由市場交換來獲得商品、維持人們的日常生活這樣一個商品社會也逐漸形成。

二、商品化社會的出現

在現代社會中，許多物品都成為了商品（commodity）。所謂的「商品」即是「透過市場交換」而得到的物品，而這個交換幾乎都是以貨幣作為媒介，例如，各種產品、勞務、土地、原料，以及勞動力等等，在現代社會中莫不成為商品。

在現代生活中，絕大多數的物品都已經成為了商品，因此，我們可以稱呼現代社會為「商品化社會」，而且我們的生活中幾乎都充斥著各項的商品。

要了解商品對於我們的生活有著多大的影響並不困難，只要想像如果我們一天不消費將會為我們的生活帶來多大的麻煩，就可以知道商品在

我們生活中的重要性。然而,在傳統社會中並不如此,在那時,人們生產著自己生活所需要的物資(例如,糧食、手工藝產品),而一些自己不生產的,就透過與其他生產者的交換(有時候甚至是以物易物的)來獲得滿足,而這個交換也並非是經常性的。

在今日,商品幾乎決定了我們的生活,而且也具有著文化的意涵。對於商品的消費不僅具有在物質上獲得滿足的意義,在許多時候,商品的消費也象徵著自我:我所屬的群體、我的獨特性,以及我的品味。這樣一個社會,有時候我們也可以稱之為「消費社會」或「消費主義」(consumerism)。

三、都市生活(urbanism)的型態

大規模機器生產這類的大工廠的出現,要求必須有著大量的工人每天在固定的時間進到工廠工作,這就造成了人口的大量集中,如同在第一節中曾經提及的變遷趨勢,這就是現代都市的形成。

在一開始,人口逐漸集中於都市只是在西歐或北美才具有的現象(如上一節所述),但是,正如同其他現代社會的特徵是由這些「西方國家」開始而逐步擴大至全球一般,今日的全球社會已經成為了「都市社會」,人口中的大多數人主要便是居住在都市之中。

根據聯合國經濟和社會事務部人口司(the Population Division of the Department of Economic and Social Affairs of the United Nations)的調查資料,預估至2010年底為止,全球將有近35億人口居住在都市之中,而這已經超過全球人口數的一半(占50.46%)。到了2050年,世界都市人口將會驟增到近63億人,占全球人口總數的68.70%。目前全球共有21個城市屬於人口千萬以上的超級城市,而都市化的程度仍然以西歐和北美最為顯著。在2010年時,西歐地區的都市化程度達到79.5%,北美則達到82.13%,拉丁美洲及加勒比海地區達到79.63%,東亞地區則為50.17%。[8]

---

8 以上資料來源取自聯合國經濟和社會事務部人口司網站,網址:http://esa.un.org/

由於人口往都市集中，因此也形成了各種需求和問題，例如，公共衛生、住宅短缺、空間規劃、交通運輸、休閒設施等，而有時為了滿足這些需求或緩解這些問題，國家就必須運用到龐大的公共支出。

四、現代國家與政府組織的形成

現代國家和以往人類社會所存在過的其他統治形式有著截然的不同，因此它也是現代性的產物之一。

在過去的統治形式中，例如，封建制，國王將他的權力分封給其他貴族（貴族再分給下一層的武士），共同統治國家領土。另外，國王的權威也同時和教會共享（國王的正當性地位甚至是來自羅馬教會的認可）。即使是在較早形成中央集權制度的中國，在傳統社會的民間社會中，宗族、宗教或是各種的社會團體、組織等，可能才是社會運作秩序維持的主要制度。民國初年著名的社會學家費孝通就曾經指出：「……中央所派遣的官員到知縣為止，不再下去了……並不到每家人家大門前或大門之內的……地方的公務，在中國的傳統裡並非政府的事務，而是由人民自理的。」（1947：46-47）

因此，我們現今所熟悉的這種國家形式，其實是一種嶄新的型態，有時被稱為「民族國家」（nation-state）。比爾頓即說：「在有明確疆界的領土內要求絕對控制權（亦即「國家主權」與各種公共權力的壟斷）的民族國家成為權力的重要單位。」（2006：29-30）在今天的世界，在各個民族國家內，沒有任何組織或團體可以凌駕國家法律，這和以往有著很大的不同。

伴隨著現代國家的形成，官僚體系（bureaucracy，亦可譯為「科層體制」）也被建立起來成為政府組織的主要模式，這也深遠的影響了人民的日常生活。我們現在生活中的絕大多數行為都受到政府組織的（法律）監管與規範，也唯有官僚體系才能擁有這樣龐大與無所不至的管理

unpd/wup/index.htm，擷取日期：2010年10月24日。

能力。除此之外，伴隨著現代國家而形成的新生事物還包括有：公民權（citizenship）、民主政治、民族主義（nationalism）等概念。

五、科技理性的形成

我們所熟悉的「人定勝天」這句話，背後的意義乃是對於人類所掌握的科技能力的進步、所能為人類帶來幸福的一種樂觀的認知。這一認知也是一種現代的現象，可以追溯至18世紀的啟蒙運動。啟蒙運動對於人類而言是一場知識革命。

從18世紀以來，人類愈來愈相信自身的知識能力，這一知識能力可以讓人類掌握自然與社會的運作法則，從而運用這些法則去支配自然現象和社會運作，為人類的進步與幸福而努力。這一觀念顯然是和傳統、宗教、神話等等並不一致，而後者在現代社會中就被貶低到「迷信」的位置上。

而這樣的一種認知被充分展現在現代的科學與技術之中，我們也可以將它稱之為「科技理性」。無論你喜歡與否，我們現代生活中所經歷的一切，幾乎都是科學技術所造就的「人造環境」：住在有空氣調節的鋼筋水泥建築中、對於各種電器的依賴、觀賞著經由電訊傳播而來的電視或廣播節目、仰賴石油動力的交通運輸工具、各種人工再製的精緻食物、石化纖維衣物、愈來愈便利的通訊與網路工具等，換言之，我們的食衣住行已經完全被現代科技所籠罩，同時也愈來愈遠離「自然」。

同時，由於科技本身的複雜性以及專業知識的分工，沒有任何一個人可以窮究各種領域的專業知識，因此在現代社會中的人們只能「相信」——相信專家的判斷與決定，也因此，這樣的社會也形成一種「專家政治」的氛圍。

六、全球化的擴張

今天我們常用「全球化的時代」來形容20世紀後期以來的世界發展

趨勢，但是，事實上，這種全球化的擴張從19世紀開始已經成為現代社會的一個顯著象徵，也是我們所說的「現代性」的一種展現。

　　這種全球化的擴張包括了人員與商品兩種型態。在前現代的傳統社會中，人們很少離開自己的原生地區而遷移到他處，同時，人們在日常生活中所必須的各項物品，幾乎也都是「在地」所生產——自己生產或與其他生產者進行近距離的交換。但是在19世紀之後，這種情況開始有了重大的變化。

　　19世紀的全球性擴張，有時候又被人們稱之為「殖民主義」（colonialism），在這一時期我們所熟悉的全球性擴張，主要就是「人員的流動」，其中包括有：奴隸的販賣（如黑奴），殖民母國派遣至殖民地的官員、軍隊或行政人員，前往新大陸（如北美、澳洲與紐西蘭等）或其他國家找尋機會的人們，契約工人（如至北美修建鐵路的華人）等等。

　　另一方面，隨著資本主義對於廉價原料來源以及市場出路的需求增加，商品也開始在全世界範圍內流通。西方先進國家生產的工業產品、較落後國家所生產的農產品或農工原料，彼此進行跨國之間的貿易，自此開始，人們所消費的物品再也不侷限於本地所生產，而這一趨勢在今日更見顯著。

現代性所帶來的問題

　　上一節中我們探討了在現代社會形成的過程中，一些截然不同於傳統社會性質的各種面向的展現，也就是我們所說「現代性」。然而，無論我們是以肯定或否定的看法來看待這些「現代性」的形成，不可否認的，現代性的發展也的確為人類社會帶來了一些新的問題。

一、貧窮問題

　　在這些問題中，首先被重視的就是（勞工的）貧窮問題。雖然貧窮問

題在人類歷史上由來已久，但是在工業資本主義形成與擴張之後，貧窮問題顯得更加嚴峻。由於資本主義是以私有財產制作為基礎，因此容易產生財富分配不均的現象。同時由於資本主義具有景氣循環的特性，因此在經濟不景氣時，就很可能因為失業而造成貧窮。因此，貧窮問題或現象也就成為現代性伴隨的產物之一。

例如，被視為貧窮研究先驅的英國學者Charles Booth 和Seebohm Rowntree，分別在19世紀末與20世紀初對於英國倫敦（London）與約克郡（York）的研究中就發現，分別有30.7%或28%的人口處於生活不足或是貧窮的狀態下（鄭詩菁，2009：13-14），顯見當時貧窮問題的嚴重性。

二、健康問題

貧窮同時也是其他問題的根源，例如，健康狀況。根據恰維克（E. Chadwick）在19世紀中期所作的調查報告顯示，在英國地區，社會階級位置較低者（也就是收入較為匱乏者），例如，技工、僕人、勞工及其家屬，其平均死亡年齡為16歲，遠低於其他職業者（引自Bilton，2006：474）。雖然在那之後，健康的一般狀況已有所改善，但是根據調查結果仍然顯示，「住在城內貧窮區的人，有較高的領藥率。營養不足、衛生設施不足、長時間工作（如勞工的三班制輪班、長時間加班），以及為了收支平衡而掙扎工作，對於健康都會造成損害。」（ibid., 475）這些都說明了貧窮與健康狀況不佳之間的密切關聯。而後當健康狀況改善時，隨著平均餘命的增加，也將使得「老年貧窮」的問題出現。

三、家庭功能減弱

另外，伴隨著工業資本主義所出現的「核心家庭」形式，也使得傳統的「延伸家庭」所能扮演的較為完整的養育與經濟等功能，受到了損害。在傳統的延伸家庭中，由於家庭（族）成員較為龐大，並包括兩個世代以上的家庭成員組成，再加上家庭本身可能就是一個經濟生產單位，因

此，家庭成員彼此之間的相互扶持與互助的功能就較為完善。而在現代社會中所產生的核心家庭，因為僅由一對夫妻與子女所構成，同時是依賴薪資維生，使得延伸家庭所具有的各項功能，例如，幼兒的養育與照顧、因應經濟困境或家庭危機的能力，以及年老父母的安養等功能，因而大大的減弱。

四、住宅需求問題

現代性的展現面向之一是人口向都市集中，這一集中趨勢，除了造成因人口大量聚集而產生的公共衛生問題的挑戰之外，也造成了住宅短缺的問題。在19世紀時，由於工人的工資低落，因此，工人及其家庭成員往往僅能以相當簡陋的住居為棲身之所。雖然在20世紀中期以後，工人的薪資待遇已有所改善，但由於住宅乃為昂貴的商品，同時由於通勤因素考量，人們往往必須居住在與工作場所鄰近之處，地價亦較為昂貴。因此，擁有一處合適的住宅，也形成了都市政策的重大問題與挑戰。

五、風險機率增加

隨著現代性的發展，風險也有增加的趨勢。對於賺取薪資來維生者而言，失業本身就是一種風險，因為這將使得薪資勞動者（waged labor）失去生計來源。除此之外，老年、疾病、生育、傷害等，也都構成了風險的來源，一旦這些事故發生時，將使得薪資勞動者因為暫時或永久性的失去勞動力，而無法以工作來獲取薪資以維生。再者，社會的進步有時也會造成「反福利」（diswelfare）的現象。例如，當生產愈來愈自動化的同時（科技理性的發展），就會造成某些人的失業。除此之外，科技理性所造就的人工環境也存在著較高的風險機率，例如，交通事故、工業污染、環境災難等。另外，由於全球化造成各國之間的緊密依賴，因此在世界上其他國家的政策變化，或是國際市場的變動，都有可能造成非預期的損害，而這一類風險往往是難以由個體所控制的。

六、平等（社會流動）問題

平等被視為是現代性的重要資產，因此在現代社會中，追求平等也成為重要事項。許多學者更認為，一個不平等的社會，將會對社會的穩定發展造成危害。而在現代社會中，達成平等（社會流動）的最主要方式就是透過「平等的教育機會」。平等的教育機會可以促使教育對於所有人開放，使得不管出身於何種社會經濟地位家庭的子女，都能夠經由平等的教育機會累積個人的能力，從而達成社會流動（social mobility）的目標。

現代社會與社會福利（social welfare）

在上一節中，我們探討了現代社會可能發生的問題，而由於社會體系的複雜分化，這些問題幾乎是個人無法預期和掌握的。因此，經由社會的協助或人們彼此互助來面對這些問題，就成為一個重要的方式，這也是社會福利興起的主要背景。

一、現代性（社會）的發展與社會福利

美國學者威廉斯基與李彪克司（Wilensky & Lebeaux）在他們的重要著作《工業社會與社會福利》（*Industrial Society and Social Welfare*）一書中指出，社會福利的歷史發展是從「殘補式」（residual）的到「制度式」（institutional）的發展。他們認為，在傳統社會中，滿足個人需求的管道是透過家庭與市場，這是主要的常態管道，而當這些常態管道失效時（例如，家庭失功能，或是個人無法工作而失去收入，因此無法經由市場來滿足需求），才透過一個緊急的「安全網」（safety net）給予救助；但是這種救助必須經過嚴格的資產調查程序才得給予給付，因此往往帶有烙

印（stigma）或歧視的後果（引自Margaret May，2006：34）。[9]

到了現代工業社會，一種以普遍性、權利（right）作為基礎的福利制度逐漸產生，這與工業社會的性質有關。這種制度式的社會福利是一種公民權利，也是人人都可以享有的，所以不會產生烙印的作用。威廉斯基與李彪克司在本書中除了區分出兩種社會福利的類型之外，也指出了社會福利乃是隨著工業社會的形成而興起的。這個過程類似我們在上一節所說明的，因為現代社會不同於傳統社會的特性，使得人們無法再像傳統社會時一般的面對這些問題，因此便有了社會福利的出現。

英國社會學家馬歇爾（T. H. Marshall）在他於1950年所發表的〈公民權與社會階級〉（Citizenship and Social Class）一文中，將公民權區分為「民權」（civil rights）、「政治權」（political rights）與「社會權」（social rights）（1963）。其中，社會權指的是經濟福利與安全的權利，其中包括了教育權、工作權，以及健康照護權，也就是我們現在所說的社會福利。馬歇爾在這篇文章中除了區分出三種公民權之外，也說明了社會（福利）權的獲得，也是一個歷史與社會的過程，亦即和現代社會的演進有關。

例如在上一節中，我們談到了資本主義工業社會產生之後，工人的貧窮狀況，以及在貧窮的處境中，健康狀況也受到了威脅。因此，在1883年時，德國（普魯士）首相俾斯麥（Bismarck）通過社會保險立法，首先實施勞工健康保險，就是為了因應這一問題的產生。而後並逐漸擴大至其他風險事故的保障，例如，以老年年金因應老年（退休）貧窮、以失業給付因應失業的風險等等。時至今日，通過社會保險（social insurance）來保障各種風險事故發生後的基本生活，已經是各國普遍採行的做法。同時，社會福利的範圍也不僅止於基本生活的保障，而是擴大到了各項的福利服務、醫療保健、住宅與教育的提供等。從這些社會福利的內涵，都可以看出它是為了回應現代性所帶來的各項問題所產生的。[10]

---

9 英國早在1601年所實施的《濟貧法》，就是這種救濟模式的開端。

10 當然，社會福利不僅只具有解決或減緩社會問題的消極面，從積極面而言，社會

二、社會福利簡述

何謂社會福利呢？根據《社會工作辭典》對於社會福利的定義：「社會福利是指協助個人與社會環境之相互適應，使獲得生活健康為目的之有組織的活動。通常是由公私機構或團體，運用有目的的組織及有系統的方法，提供有關公共福利之措施，包括提供各種慈幼、安老與救助措施，提供醫療照護與公共衛生服務。」（內政部，2000：307）

從上面的定義中，我們可以看到社會福利的目的是在於使個人在社會生活中能「獲得生活健康」，而這個生活健康的獲得可以說包括了「物質與金錢上的救助，以及類似庶務性的服務工作……（或是）全體民眾的共同需要或人類潛能的綜合性責任」（ibid., 307）。而社會福利的實施，包含了公私機構（例如，政府單位、民間的基金會與各類協會等）有組織的透過系統的方法來執行。

具體來看，以臺灣為例，依據〈社會福利政策綱領〉[11]內所明訂社會福利政策的六大項目為：社會保險與津貼、社會救助、福利服務、就業安全、社會住宅與社區營造、健康與醫療照護等。這六大項目規範了臺灣未來十年內的社會福利施政方向。

在這六大項目中，社會保險、社會津貼（social allowance）與社會救助（social assistance），又可以統稱為「社會安全制度」（social security），其目的在於維持社會成員的基本生活，因此又可以稱為「所得維持」。這三種項目的差異在於：

社會保險：被保險人須先繳納保險費，於一段期間或風險事故發生後，才能領取給付。目前我國的主要社會保險包含有：各種職業保險（勞工保險、公教人員保險、軍人保險與農民健康保險）、全民健康保險、國民年金保險，以及就業保險等。

福利亦有藉由社會的進步而協助社會所有成員達成良好生活，並實現個人潛能的目的。

[11] 〈社會福利政策綱領〉第一次制定是在民國83年7月14日；其每十年會依據社會的變遷而進行修訂，最新的版本為93年2月13日修正核定。

社會救助：接受救助者須先經過嚴格的資產調查，確定為低所得者，才能領取各種救助金。其相關規定主要依據〈社會救助法〉實施。

社會津貼：主要是針對社會保險未涵蓋之給付項目，因特殊需求而設計，其給付不須事先繳納保費或經過資產調查。目前我國所實施的主要津貼制度包括有：育嬰津貼、兒童托育津貼、老農津貼、身心障礙者生活津貼、中低收入老人生活津貼等等。

另外，在福利服務方面，目前臺灣的福利服務主要包含有：（一）兒童與（青）少年服務；（二）婦女服務；（三）身心障礙者服務；（四）老人服務；（五）其他特殊族群服務，例如，原住民、新移民。

在就業安全方面則包含有：各項就業服務與職業訓練、保障勞工的基本勞動條件、預防勞動市場中的歧視狀況（保障就業平等）、預防職業災害的發生與協助職災重建，以及保障弱勢者的就業機會等。

在住宅的需求方面，政府應協助弱勢者滿足住宅的需求、政府協助民間興建或政府自行興建社會住宅、協助社區或住宅的重建計畫，以及發展社區工作、推動社區營造等。

最後，在健康與醫療照護方面，則規範政府必須積極推動國民保健工作與促進國民健康、營造健康社區環境、保障國民飲食衛生與用藥安全，以及提高醫療科技水平以提升國民健康水準等。

三、對於福利國家（社會福利）的批評

雖然第二次世界大戰結束之後，資本主義國家進入了一個「福利國家」的時代，社會福利成為國家政策中的重要一環，同時，社會福利也的確改善了資本主義國家大多數人民的生活，但是，社會福利也並非是完全受到肯定的。

從一開始，由於福利國家代表的是國家權力干預了經濟事務以及人民的生活，所以，引起了自由主義者的反對或疑慮。而後隨著福利國家財政赤字的出現與擴大，這一疑慮似乎獲得了部分證實。因此，在1980年代之後，開始了對於福利國家體制的檢討，並因此逐漸出現了「福利多元主

義」（welfare pluralism）。

　　一般而言，對於福利國家體制的批評大致上包括：（一）福利國家增加了人民對於國家的依賴，這一方面可能導致所謂的「福利依賴」（即「社會福利使人變懶」的說法），一方面也使得個人自由逐漸喪失；（二）社會福利的支出造成了國家財政的不當擴大與負擔，並且形成資源的浪費；（三）福利國家使得國家科層體制更形膨脹，行政效率愈加低落；（四）福利國家將會削弱民間社會的力量（亦即家庭、社區、各種社團等原先所具備的互助功能被國家所取代）；（五）社會福利體制是以男性為中心思考的制度；（六）追求社會福利同時也是追求經濟的不斷增長，將會持續的對自然環境造成破壞。

　　福利多元主義也就是對於福利國家的批評之下所產生的回應之一。所謂的福利多元主義指的是社會福利的提供與輸送，並不僅以國家作為一個唯一的或是主要的角色，社會上的其他部門也同時可以扮演積極的角色，包括有：企業（市場）、志願團體（或稱為非營利組織，NPO）、非正式部門（家庭、社區與親友）等。

　　雖然各種對於社會福利或者福利國家體制的批評有其道理，但是正如上述所說，社會福利是對於現代社會問題的一種因應或是解決方式，所以完全否定或放棄社會福利似乎也是不可行的。因此，如何使社會福利的實施同時具備公平性、效能、自由（選擇權）、互助與自助兼顧等，便成為眾多學者不斷思索與論辯的課題。

 ## 陸 進入後現代社會？

　　在前四節的內容當中，我們主要討論了現代社會的形成及其特性，以及現代社會對於人們的社會生活的影響，或是其所造成的問題，並簡單介紹了當代的社會福利制度及其與現代社會之間的關聯。亦即，以上我們所討論的都是所謂的「現代社會」。

　　但是，現在在知識圈中有一種說法叫作「後現代社會」（postmodern society），意思是說，正如同現代社會是從前現代（pre-modern）社會中所轉型產生的，現在的社會又已經進入了一種新的社會型態，這一新的社會型態就是所謂的「後現代社會」。

持這種觀點者主要是認為，當前的社會在很多方面已經超越了「現代性」，而與現代社會的特徵產生了很大的差別，主要包括有：

一、對「科學」、「進步」、「理性」的信心已經喪失。現代性的特徵之一在於「科技理性」的抬頭，但是現在人們對於科技理性能夠帶來的承諾開始感到懷疑，例如，西方社會有些人愈來愈接受靈修、冥思的力量，各種「民俗醫療」重新被重視，以及科技所帶來的災難性後果已經被深刻的檢討。

二、全球化的發展削弱了民族國家的力量（post-state的興起）。在全球化的年代，各種國際組織，例如，國際貨幣基金（IMF）、世界銀行（World Bank）或是世界貿易組織（WTO）等，對於民族國家的權力造成了挑戰，他們甚至可以直接干涉國家政策。

三、製造業轉移到服務業。先進國家的製造業（工業生產）普遍萎縮，服務業成為主要的產業結構，亦即步入了所謂的「後工業社會」。

四、生產單位的縮小。在工業社會時期，製造業的規模十分龐大，一間工廠往往可以僱用數萬人以上，並完整的生產某一複雜商品（如汽車）的全部過程。但現在由於全球化的擴張，一項商品的各個組成部分被分散在全球各地不同的工廠進行生產，最終再進行組裝，因此生產規模大幅的縮小。這也是從福特主義到後福特主義的發展。

五、第三世界都市的持續擴張，西方社會的都市規模縮小。在現代社會中，作為文明與發展象徵的都市化，往往是西方社會的特徵；然而，現在大型的都市已經不再是西方專有，第三世界的都市規模甚至已經超越了西方社會。例如，聯合國所公布的2010年全球三十大都市，其中有22個是在第三世界。[12]同時，第三世界的都市化往往不是社會發展的結果，而是農村破產而使得大量人口向都市移動所造成的。

[12] 資料來源同註8。

六、更個人主義式的自我觀念的形成。在現代社會中，人們的主要認同是「集體認同」，例如，國家認同、階級認同，同時認為集體比自我更為重要。但是現在，更為個人主義式的自我觀念已經形成，人們不再傾向於集體認同，而是更小單位的、更破碎的、更流動的認同，強調認同被各種身分的切線無限的區分。例如，「中產階級異性戀男性」（包含了三種身分認同的切分）還可以進一步切分為「中產階級異性戀漢人男性」，或是依此類推而無限切分。

七、反對普遍真理，認為真理是依時、依地、依社會位置而改變的。現代社會強調普同性的真理，但後現代社會則不認為有一普同性的真理存在，任何真理都是暫時性的，依據不同的時空、位置、身分等而有所不同。

以上我們簡單的說明了「後現代主義者」（post-modernist）對於「後現代性」（post-modernity）的觀點，亦即，他們主張，社會已經進入了一個新的時期，現代社會的諸項特徵已經成為過去。換言之，人類社會再經過了一次變遷，從現代社會進入了後現代社會。

但是，後現代社會這樣的主張並未被學者們完全接受，有些學者認為這些變化只是局部的、暫時的，只是證明了當代社會所具有的快速變遷的性質，而尚不足以證明我們已經進入了一個新的社會時期。而這場知識上的辯論目前仍在進行中，並未有一明確的答案或共識。

參考書目

中文部分

內政部（2000）。《社會工作辭典》（第四版）。臺北：內政部社區發展雜誌社。

王章輝、孫嫻（主編）（1995）。《工業社會的勃興》。北京：人民出版社。

費孝通（1947）。《鄉土中國、鄉土重建》。出版社不詳。

鄭詩菁（2009）。《生命歷程政策的發展與轉變——以英國福利國家為例》。國立中正大學社會福利研究所碩士論文，未出版。

英文部分

Marshall, T. H. (1963). Citizenship and Social Class, in Marshall, T. H. (ed.) *Sociology at the Crossroads*. London: Heinemann.

Bilton, Tony (2006). 社會學，林子新等譯，張宏輝審訂。臺北：學富文化。

Dickens, Charles (1998). 艱難時世，全增嘏、胡文淑譯。上海：上海譯文出版社。

Giddens, Anthony (1992). 批判的社會學導論，廖仁義譯。臺北：唐山出版社。

Hobsbawm, Eric (1997). 革命的年代：*1789-1848*，王章輝等譯。臺北：麥田出版社。

Hugo, Victor-Marie (2003). 《悲慘世界》，鄭克魯譯。上海：上海譯文出版社。

May, Margare (2006). 比較研究所扮演的角色，收錄於《解讀社會政策》，Pete Alcock等合編，李易駿等譯（國立編譯館主譯）。臺北：群學出版社，頁27-40。

Polanyi, Karl (1989). 鉅變：當代政治、經濟的起源，黃樹民等譯。臺北：遠流出版公司。

第 **9** 章

人權的發展、衝突與挑戰

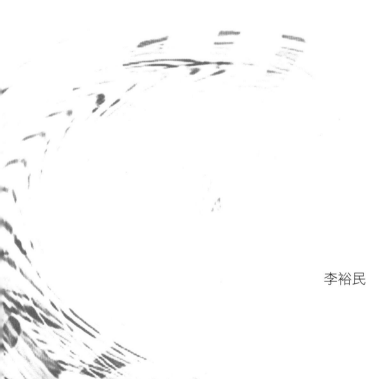

李裕民

本章綱要

壹、前言

貳、人權的意義與歷史發展

一、人權的意義

二、人權的歷史發展

(一)自然權利時代

(二)政治法制時代

(三)人權國際法制化時代

參、人權內涵與衝突之處理

一、人權的內涵

(一)耶利芮克的三分法

(二)卡爾‧施密特的四分法

(三)亨利‧舒的基本權利說

二、人權的衝突與處理原則

(一)抽象（原則性）解決

(二)具體解決

肆、人權的發展與挑戰

一、人權的發展

(一)權利主體不斷擴大

(二)權利項目內容不斷增加

(三)權利保障機制更臻完備

(四)人權價值持續擴散

二、人權發展的挑戰

(一)人權是西方文化的產物，與非西方文化不相容

(二)人權普遍主義與文化相對主義的爭論

(三)人權與主權的爭議持續不斷

伍、結語

196

前言

　　自由、平等與人權等信念，一直是國際組織、政府、公益團體，甚至是個人所關注的議題與追求的價值。臺灣在政治發展的過程中，歷經威權體制及民主化的轉型發展，雖然過程中歷經波折、困頓，也曾遭遇國際特赦人權組織數次點名、關注，但長期下來，人權的實踐也漸次落實在人民的生活中。2009年，美國人權組織自由之家（Freedom House）公布臺灣的自由評等報告，內容中論及臺灣與2008年一樣，不僅被列為完全自由（free）國家，報告更進一步指出，臺灣政府因努力肅貪，因此在政治自由（political rights）上，由原本的第二級調升為第一級；但是另一方面，因為被告在法律上應有的權利並未充分受到保障，尤其公務人員行政中立法適用範圍擴及學校教師，因而認定在公民自由（civil liberties）上，則由第一級降退為第二級。

　　其次，國內人權組織（中國人權協會）的調查報告（2009）指出，國人對於人權的滿意度若採李克特式五等分量表（Likert 5-point scale）予以評分，即感覺人權保障程度最佳給5分，3分表示普通，保障程度感受最差則給1分。總體結果顯示，臺灣十一項人權指標的衡量，以文教人權（3.35）的分數最高，其次是婦女人權（3.01）。平均值在3分以下的是：經濟人權（2.97）、兒童人權（2.97）、環境人權（2.92）、勞動人權（2.89）、政治人權（2.86）、司法人權（2.81）、身心障礙者人權（2.70）、老人人權（2.59），分數最低的是原住民人權（2.38）。亦即民間團體與學者、專家普遍認為臺灣人權不足之項目不只是原住民人權和老人人權。因此，人權問題仍有很大的努力改善空間，而文教、婦女方面人權表現則為最好。

　　臺灣自80年代威權體制民主化之後，人權保障一直是政府與民間所關注的議題與追求的價值。但是近年來不論在政治上或社會生活中，卻不斷發生令人震驚的人權受挫事件，諸如人蛇集團為逃避海巡隊的緝捕，殘酷地對大陸妹在海上進行丟包；臺灣雇主要脅「不食豬肉」的回教徒外

勞，進食豬肉以增加工作體力；臺灣翁婆要求外籍配偶媳婦在自己家門前進行「羞辱式」的洗門風，及禁錮外勞防範其外逃等侵害人權事例。這對於社會的教育與世人的觀感，無疑會有深遠的影響。

唯就整體的人權表現來看，政府的人權政策、人權團體的人權理念宣揚與學校方面的人權教育推動，固然是90年代後期的重要課題，但是對於整個社會中人權保障的落實與實踐，更是值得我們重視。至於國人每次論及人權時，大都能同意「人權」（human rights）這個概念是從西方發展並引入我們的社會，因此，本文內容首先將要對「人權」加以定義，並回溯西方人權思想發展的歷史脈絡；其次，對「人權」內涵及其相衝突的處理原則作探討；再來，本文將對人權問題與挑戰作現況描述；末段則提出對未來的展望與建議。

人權的意義與歷史發展

一、人權的意義

人權是人與生俱來的基本權利和自由，不論其種族、性別、社會階級皆應享有此權利，不但任何社會或政府不得任意剝奪、侵犯，甚至應積極提供個人表達和發展的機會，才能尊重個人尊嚴、包容差異，達到追求美好生活的目標（教育部，2009）。要完整了解人權的意義，首先須從字義與字源探究其真義。一般所謂的人權（human rights），即結合了權利（rights）與人（human）兩個詞彙的複合概念。而權利是由「rights」一詞翻譯過來，「rights」的本義是正當、合理、合法、合乎道德，每個人都應平等擁有，並不是指任何需要謀取利益的權力（教育部，2009）。

因此「人權」一詞，最簡明的意義即為「一個人，僅因為他是人，而不因其社會身分和實際能力（如出身、財產、才智、職位、機遇等）就應該享有某些權利；這些權利與他作為人的屬性相伴隨，因此是不可剝奪、

不可轉讓的」（夏勇，2001）。Thomas W. Pogge更進一步指出，人權包含六項基本要素，分別是：人權是最基本的道德關懷，人或機構都有尊重人權的道德義務；人權是極重要的道德關懷，高於其他任何價值；只要是人，即應享有人權及特殊的道德地位；所有人類都應享有平等的人權；人權的道德關懷，不因特殊的宗教、文化、道德傳統或哲學思想而不同；人權的道德關懷可以被普遍的接納，無論在任何的時空背景下（謝世民、許漢譯，1999）。

再者，因為人權是個抽象的名詞與概念，在哲學、道德及法律方面分別有其特殊涵義，因此在界定其意義時，則有不同的內涵，較具代表性的則有：自然人基於人的價值與人格尊嚴所享受的一切或基本權利；文明社會公認一個人應享有的權利；憲法和有關法令制度所列舉的人民基本權利，以及無法讓渡的權利（unalienable rights）等（黎淑慧，2004）。如要進一步探究人權發展脈絡，釐清其真義，則須回顧西方人權歷史的發展。

二、人權的歷史發展

西方社會的「權利」（right）一詞，雖早在古希臘斯多葛學派的理論和基督教倫理學中即有了人權理念的萌芽，唯直到1215年的英國才首次出現中世紀最具代表性的權利法典——《自由大憲章》（*Magna Charta*）。只是一般學者都認為人權的發展從理念的闡揚到制度的建構，約略言之共歷經三個歷史階段（甘紹平，2009）。

(一) 自然權利時代

第一階段稱為「自然權利時代」。17世紀時，英國的哲學家洛克（John Locke）提出一項基本觀點：即在未創立國家、政府等人為組織前，人類在原始自然狀態中，人權是因人之自然本性，如自立、自主、自尊、自保及平等感等特質，並以同情與團結為代表的共同道德情感，而享有的權利，它與生俱來並為所有的人所共有，即第一階段的人權不取決於人類的約定或設置；而是超越於「人為法」。

(二) 政治法制時代

第二階段則稱為「政治法制時代」。17世紀的英國雖已頒布若干與權利相關的著名法令，但其保護的範圍仍有其特定的對象，如1628年的「權利請願書」（Petition of Rights），強調的僅是新貴族的特權；1689年的「權利法案」（Bill of Rights），所關切的多是議會及議員的權利；至於1679年以保障個人免遭非法無理拘捕為特徵的「人身保護令」（Habeas-Corpus-Akte），雖已略具普遍性意涵，但尚非針對所有人民。一直到1776年美國的「維吉利亞權利法案」中，人權才在人類歷史上第一次獲得憲法保障的地位。

換言之，第一階段稱為「自然權利時代」所推崇的人權理念，竟然耗時了近兩百年，直到1776年美國「維吉利亞權利法案」、「獨立宣言」，以及1789年法國「人權與公民權利宣言」中，才真正成為一種普遍具社會性共識與政治法律的規約。但是，1789年以後美國的新移民與法國的公民儘管宣稱「他們」享有人的所有一切權利，卻拒絕了自己國家內另一大部分「人民」的權利，婦女、猶太人、黑人、勞工等，其權利皆受到不同程度剝奪，所以19世紀的美國社會才會出現大量頻繁的婦女、猶太人、黑人、勞工爭取自由的解放運動。

(三) 人權國際法制化時代

第三階段則可稱為二次戰後的「人權國際法制化時代」。人權發展進入第三階段的時代特點，乃在於人權保障已成為國際法律秩序的價值基石。其之所以如此，並不是因為人權歷史自身演進的瓜熟蒂落之自然結果，而是人類對二次大戰的災難，尤其是約有六百萬的猶太人被屠殺的悲慘事實，始令人產生痛徹心腑的反思結果。

1945年之後，人權終於成為一項國際適用法律系統的核心內容。首先是1948年的「世界人權宣言」，其最大的成就乃是克服了各國的政治制度、哲學理念、宗教信仰、文化傳統的多元差異與衝突，為各國政府訂下一個對待其人民的普遍性道德標準，因此被比喻為「全人類的大憲

章」。

其次，則是1966年通過的「公民權利和政治權利國際公約」及「經濟、社會、文化權利國際公約」兩公約。聯合國人權委員會草擬通過這兩項公約，其目的係以多邊國際公約的形式，將首次通過的世界人權宣言的原則予以更具體、詳細的規定，並藉各國批准公約的程序，使其成為法律上的義務。

再來於1986年又通過「發展權利宣言」，該宣言將「發展權」定義為：「它是一項不可剝奪的人權，由於這種權利，每個人和所有各國人民均有權參與、促進並享受經濟、社會、文化和政治發展，在這種發展中，所有的人權和基本自由都能獲得充分實現。」

在國際人權公約的發展過程中，對於較弱勢的人群，如兒童、婦女、勞工等，也陸續通過相關的人權公約，予以完善保護。如兒童權利公約的訂定，起源於1924年國際聯盟所通過的「兒童權利宣言」（日內瓦宣言）和1959年的「聯合國兒童權利宣言」，這兩項宣言均肯定兒童基本人權與人性尊嚴的重要性，同時也聲明「人類具有提供兒童最佳事務條件」的義務。1989年11月，聯合國會員大會通過「兒童權利公約」，由54條條款所構成，不但明確規定如何拯救及保護權利受損的兒童，更具體規定兒童所擁有的權利內容（教育部，2009）。

綜觀人權歷史發展，法國法學家瓦薩克（Karel Vasak）曾對近代人權的發展提出了「世代人權」（the generations of human rights）的觀念，他以對應法國大革命所持的口號而將人權分為三個階段：第一為「自由」時期，強調的是公民與政治權利。第二為「平等」時期，重視經濟、社會與文化權利。第三為「博愛」時期，發展出晚近所謂的「相依權利」。國內學者陳秀容也將人權劃分為三期，分別是第一代的「公民政治權」，第二代的「經濟社會權」，以及第三代的「社群發展權」。其他學者如洪泉湖等則提出「四代人權」的觀點，分別是：第一代的公民權，第二代的社經權，第三代的民族自決權及第四代的發展權，包含文教、多元文化發展與環境權等層面。

在上述諸多的人權定義中，人性的尊嚴、人類平等、尊重生命等偏向

於道德層面；而生命權、人格權、隱私權與平等權等則是偏向於實證的法律層面，或稱制定法，它們的共通性是：凡所有關於能維護人的尊嚴之權利，就是人權，而且它必須受到保護。本文綜合對於人權歷史演進的內涵及國內學者的定義，將人權定義為：人權是一種特定的社會實踐，其目的在於實現有關人的尊嚴與保障，亦即保障每一個人在社會中皆能過著合乎人性尊嚴的基本生活。

參 人權內涵與衝突之處理

人權的內涵、內容為何？從歷史的發展過程中可得知其內涵隨著時空與人民的需求，而不斷增加並豐富其內容。歸納言之，即人權具有複雜的多樣性。現列舉較具代表性的人物對人權內容體系之分析及建構。

一、人權的內涵

(一) 耶利芮克的三分法

較早將權利分類且具有代表性者，首推德國19世紀憲法學集大成者耶利芮克（Georg Jellinek）的名著《主觀性公權的體系》。耶氏認為，公民對國家分別存在四種不同地位，由此衍生出四種不同的權利或義務（李惠宗，2010）。扣除人民對國家因處於被動地位（passive status）而須履行若干如服兵役及納稅之義務外，尚有另三種因處於不同地位而享有的權利。

第一種是公民對國家的消極地位（negative status）而言，人民可要求國家機關處於不作為之狀態，即指在一定法律範圍內，人民可自由於國家權力之外而不受支配，擁有相當程度的自主權，如言論、信仰、講學與居住之自由權等。當然，亦有學者主張公民的消極地位還包括公民的不服從權利，即對國家作為的拒絕與抗爭的權利。

第二種是公民對國家的積極地位（positive status）而言，人民為自身之權益，得請求國家有所積極作為，以排除不當之侵害。如我國憲法第16條之規定，人民有請願、訴願及訴訟之權等。比利時憲法第28條亦有規定：「任何人皆有向公共機關請願之權，請願書由一人或多人簽署。」（謝瑞智，2001）

第三種則是公民對國家主動的地位（active status）而言，在人民主權的理念下，人民有參與國家意見形成或決定的權利，如參政權中的選舉、罷免、創制與複決權。

(二) 卡爾‧施密特的四分法

另一德國法學者卡爾‧施密特（Carl Schmitt）在其所著的《憲法學說》一書中，亦整理出個人的權利，依其性質不同，可區分為下列數種權利（劉鋒，2004）：

1. 獨立個人（independent person）的自由權利：施密特認為，此種權利才是個人一切真正的基本權利。個人行使自由權利，原則上是不受限制的；而國家的干預權原則上是受限制的、可測度的及可監督的。獨立個人的自由權利適用於所有的人，而無須考慮他或她是隸屬於哪一國家。其權利內容則包括：人身自由、住宅不受侵犯、私有財產權、通訊祕密與宗教自由及良心自由權。

2. 與他人聯繫的個人自由權利：個人有時也須得到他人或社會組織的認可，因此有制定社會規則與規範的必要性。此即產生了第二種個人的自由權。具體的權利細項包括：發表意見的自由（言論自由與出版自由）、崇拜自由、集會自由、社團自由與結社自由。

3. 在國家中作為公民身分的個人權利：公民的民主權利完全不同於個人主義的自由權，此種權利的預設前提不是置身於國家之外的「自由」狀態中的自由個體，而是生活在國家中的國民，即公民。公民權的實施範圍僅限於國家內部，它僅僅涉及到國家生活的一定程度參與，因此，公民權不適用於外國人，它有國籍資格

的限制。公民權利內容的細項有：平等權、請願權、選舉權、投票權與被選任公職的平等機會。

4. 個人享受國家給付的權利：國家給付權的本質具有濃烈的社會主義性質，且預設了享有權利的個體須受組織（即國家）的制約。例如，給他一個指定的位置以定量分配和配給的形式，滿足其需求。這種個人要求國家給付的權利細項包括：工作權、享受救濟和扶持的權利、接受免費授課和受訓的權利等。

表9-1　卡爾·施密特的基本權利體系表

獨立個人的自由權	與其他個人有聯繫的個人的自由權	國家中作為公民的個人的權利	個人享受國家給付的權利
良心自由 人身自由 私有財產權 住宅不受侵犯 通信自由	自由發表意見的權利 言論自由 出版自由 崇拜自由 集會自由 結社自由 （結社自由已經成為向政治的過渡）	法律面前人人平等 請願權 平等的選舉權和投票權 擔任公職的平等機會	工作權 接受救濟和扶持的權利 接受教育培訓和授課的權利
對個人自由領域、自由競爭、自由討論的一個人主義的自由保障		每個國家公民的民主政治的權利	社會主義的（用一個緩和一點的詞，即社會的）權利要求

資料來源：劉鋒譯，《憲法學說》（2004），臺北：聯經出版社，頁229。

（三）亨利·舒的基本權利說

亨利·舒（Henry Shue）為一美國著名的倫理學家，他分析人權的角度與一般學者不同。綜合其研究人權後的結論，他首先指出，在人權的系統中，有一組權利特別重要，可稱之為「基本權利」（basic rights），因

為它們的存在，方能促成所有其他權利得以落實的先備條件。其次，他認定這基本權利跨越了三個層面的界限，具有三個維度，分別是：

第一是生存權：它體現為最基本的經濟保障。

第二是安全權：它維護的是人的身體與心靈的完整性。

第三是自由權：它包括遷徙權與參與權。

由於創設了基本權利的劃分，亨利‧舒展示了人權所具有的某種內在秩序。因此，哈斯佩爾評價說：「因借助於基本權利這一理念，亨利‧舒便系統的令人信服地、成功地克服了政治—公民權利與社會—經濟—文化權利，以及第三層面的權利之間沒有結果的分離。」（Michael Haspel, 2005）

從學者對人權內涵的分類言之，人權在其內涵一事上，約有下列數項要點：

其一，人權因其性質之不同，在內涵上約計至少有三種屬性不同之權利，如具抵禦國家公權力侵害性質的自由權、具影響政治事務性質的參政權，及維持基本生活的社會權等權利。

其二，在人權的基本體系中，有一組權利特別重要，它是身為具「人性尊嚴」與「人格」的自然人過良好日常生活應有的「基本權利」，因為它們的存在，方能促成所有其他權利得以落實的先備條件。

其三，人權的內涵因時代的進展、社會的演進與人性的需求，而不斷充實其內容，如17、18世紀的自由權，而後的參政權、社會權（或受益權），以及日後的自決權、和平權與環境權等。

二、人權的衝突與處理原則

人權的衝突關係意指個人行使基本權利時，同時亦侵害他人之基本權利。因為社會生活中每個人的成長背景不同，人與人接觸互動時，難免產生人際互動的摩擦。如在一個社區裡有原住民、客家人、閩南人、新住民、外籍人士，由於不同的教育、語言、宗教、文化、價值觀，因而各族

群文化與生活習慣常有相互衝突的問題。再者因身分與社會角色的不同，如父母親對子女的親權及扶養管教義務，與子女的隱私權、自由權，難免有權利衝突或相互侵犯的情形。此即憲法學上常討論的人權的行使，多數時候彼此是處於相對立的狀態。

首先，社會上常出現的誹謗行為爭議，基本上即是一種人權衝突的常例。因為任何表意人有權向國家主張之言論自由的防禦權，將與人格、名譽受侵害者轉而要求國家履行基本權的保護義務，發生碰撞衝突。其次，母親為終止懷孕而享有的身體自由權、隱私權與人格發展權，也常與胎兒應有的生命權發生衝突情事。再者，一些報紙、雜誌及電子媒體為搶獨家、時效而進行的新聞報導權，更常與新聞事件當事人的隱私權、祕密權發生衝突。最後，主張、行使創作、發行的作者、出版社之著作自由及出版自由權，也無可避免的將與受報導、影射之人的人格尊嚴權產生對立之情形。

在人權發生衝突的關係中，相衝突的基本權利主體彼此間當然會形成一種「加害者」與「被害者」的對立關係。惟複雜關係不僅於此，因為若再進一步考量國家於基本權利衝突關係中的仲裁角色，將會發現國家－加害者－被害者三者之間，將成立一種「基本權利衝突之三角關係」（如圖9-1）。

就人權衝突之三角關係而言，加害人與被害人之間乃是基本權利對第三人效力的問題；而被害人在基本權利遭受加害人（或第三人）侵害後，自然轉而要求國家伸出援手以提供保護，此時，被害人與國家之間即產生基本權利之「保護義務功能」的問題；而國家被迫伸出援手採取保護措施後，勢必同時會連動性對加害人的基本權利造成干預，此時，加害人與國家之間產生的是基本權利之「防衛權功能」的問題。因為國家對被害人採取的保護措施，同時會干預加害人的基本權利，所以，國家必須在加害人與被害人之間進行利益權衡，進而決定應該採取何種保護措施或干預措施。當然，負責解決人權衝突的釋憲機關在此也將陷入「抉擇與取捨」的兩難困境：因為被害人將援引基本權利的「保護義務功能」，要求釋憲機關審查國家採取之保護措施是否不足；另一方面，加害人也將援引基本權利之「防衛權功能」，而要求釋憲機關審查國家採取之干預措施是否合憲。

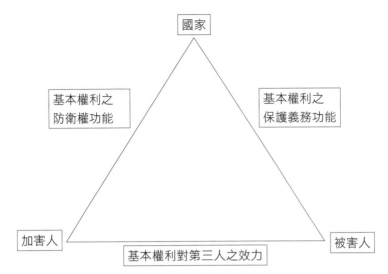

圖9-1 基本權利衝突的三角關係

資料來源：Josef Isensee（1992），轉引自法治斌、董保城（2010），《憲法新論》，臺北：元照出版社，頁205。

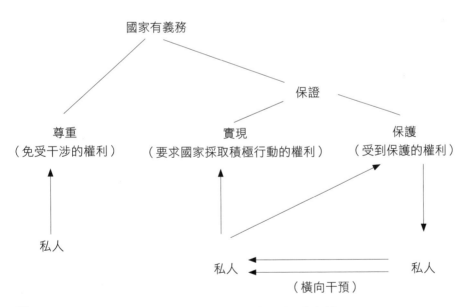

圖9-2 國家與人民的關係：尊重、實現和保護人權

資料來源：修改自柳華文譯，國際人權制度導論（2010）。北京：北京大學出版社。

第*9*章 人權的發展、衝突與挑戰

對於發生人權衝突問題之後，司法機關如何解決此一棘手問題，各民主國家皆有其自行發展出的一套機制。歸納起來，約可分為兩種（胡錦光，2009）：

（一）抽象（原則性）解決

係指從基本權利的本質和構成的角度，找出一種一般性的解決基本權利衝突的模式。例如在憲法裁判中，首先從基本權利的憲法解釋角度界定某項基本權利的構成要件，並將一定的行為排除在此項基本權利的保護範圍之外，本此原則之下，當事人自然不能從事前項特定行為。如我國憲法第23條規定各項自由權利應受憲法保障，但在妨礙他人自由、造成緊急危難、有礙社會秩序，或損害公共利益之虞時，得以法律限制之，即是其例。另一項原則性解決方法，即是交由立法機關對基本權利衝突作出裁量，亦即由立法機關將各項基本權利予以具體化，確定其各自的明確範圍，從而在法律的適用上避免基本權利的相互衝突。

（二）具體解決

上述的原則性解決方法仍存在著若干潛在性的弊端，因為基本權利衝突無法僅用簡略性法條預先予以明確的規範，包括憲法的解釋者或是立法者，都不可能從抽象的基本權利規範中，推論出一切基本權利衝突的適用範例。是以多數學者主張基本權利衝突的解決應該回到具體的個別案件中，進行具體適時的利益衡量，然後在法律事實的基礎上、而不是在抽象的規範基礎上，解決基本權利的衝突問題。

德國聯邦憲法法院也在實務上發展出一普遍法則，稱之為「視狀況而定的利益權衡原則」，亦即於具體事件中，透過利益權衡的方式，在兩個或多個基本權利相互衝突中，抉擇何種基本權利應優先受保障。在進行「權益均衡」時，應考慮的觀點是「在最受保護之平衡原則下」（或稱不受絲毫損傷的平衡原則），調和基本權利衝突中的彼此矛盾，而非一味或不成比例的犧牲或排除某一個基本權利。亦即在人權衝突的具體案件中涉及各個基本權利的歷史發展及在當今社會環境之背景，尤其是基本權利在

行使過程中，對第三人或公共利益所造成之衝擊大小等，都是德國聯邦憲法法院在具體個案中所須審查的面向。其最高原則是儘可能在確保憲法價值下，調和相互衝突的基本權利。若無法達成調和基本權利的理想目標，在參酌案件類型及個別案件的特殊環境下，即使其中的另一個基本權必須讓步或妥協，也不能讓步至侵犯或剝奪到該基本權利的核心內涵。

另德國學者黑舍（Hesse）亦提出「實踐和諧原則」，並將此原則應用於基本權利，因公益理由而限制之合憲性討論上。黑舍曾經為此提出警告，認為在具體案件上，若同時受憲法保護的兩個人權發生衝突時，不得操之過急而驟然作成其中之一基本權利全有或全無之決定。毋寧審慎的應作最佳處理，即先實證調查衝突之所在及嚴重情形，再由國家作盡善盡美的選擇。因為限制基本人權法益之界限在具體個案中不僅須符合「比例原則」，也須具有「必要性」，如此才能使兩者法益得到調和（法治斌、董保城，2010）。

至於國內對於人權保障最能有效落實的機制，首推司法院的司法審查權，另稱違憲立法審查（或稱違憲審查）。此種制度係藉由獨立於行政權、立法權之外的司法權來審查下位法規範，如法律、命令是否牴觸上位法規範的憲法，亦即藉由宣告牴觸憲法之法令無效或撤銷以保障人權。違憲審查權的法理原因有三：

基本人權的尊重：基本人權的確保是人民成立國家、政府的最高目的，也是憲政主義最核心的價值目標。因此，基本人權若受行政、立法機關及第三人侵害時，應由另一獨立超然機關審查，並救濟之。

憲法是國家的最高法規範：憲法是人民與統治者簽訂的統治契約，裡面的規範內容是人民為維持社會秩序及增進公共利益等更高的公益價值，而自願放棄的部分自由與權利，但相對的則是統治者承諾給予的更多自由、權利的實質保障。因此，國家內部政府部門間的關係為何？職權如何行使？又人民的自由、權利有哪些？上述種種細項均應原則性規範於憲法條文之中，所以中山先生謂：憲法是國家的構成法，也是人民權利的保障書。再者，凡憲政主義之國家為維持憲法為國家的最高規範之性質，皆有「法位階」的關係，即「法律不得違背憲法，命令不得違背法律；命令，

第 9 章 人權的發展、衝突與挑戰

209

法律與憲法牴觸者無效」。

政府權力分立、制衡的原則：司法權是近代國家最上層權力結構之一，而與立法、行政鼎足而立，成為互相制衡之國家權力。自從美國最高法院於1803年在MarBury v. Madison一案中確立了「違憲審查制」以來，司法權又被賦予憲法最高規範守護者的角色，即擔綱起解釋憲法、法律與命令的責任。因此，在現代的權力分力理論中，司法權對國家權力（含行政與立法）具有「合法性控制」與「保障人權」的功能。

至於司法權如何具體落實保障人權的重責大任，「司法院大法官審理案件法」對此有完整規範。該法第5條、第6條分別規定違憲審查與人權保障相關事項，具體言之：

人民、法人或政黨於其憲法上所保障之權利，遭受不法侵害，經依法定程序提起訴訟，對於確定終局裁判所適用之法律或命令發生有牴觸憲法之疑義者，得聲請釋憲。其次，人民、法人或政黨於其權利遭受不法侵害，並認確定終局裁判適用法律或命令所表示之見解，與其他審判機關之確定終局裁判，適用同一法律或命令時所已表示之見解有異者，亦得聲請統一解釋法令。

再者，大法官會議釋字371、599號又補充解釋相關人權保障的配套措施。如「法官於審理案件時，對於應適用之法律，依其合理之確信，認為有牴觸憲法之疑義者，自應許其先行聲請解釋憲法，以求解決。是遇有前述情形，各級法院得以之為先決問題裁定停止訴訟程序，並提出客觀上形成確信法律為違憲之具體理由，聲請本院大法官解釋」（釋字371號）。

又因人權保障在釋憲過程中，「如因係爭憲法疑義或爭議狀態之持續、爭議法令之適用或原因案件裁判之執行，可能對人民基本權利、憲法基本原則或其他重大公益造成不可回復或難以回復之重大損害，而對損害之防止事實上具急迫必要性，且別無其他手段可資防免時，即得權衡作成暫時處分之利益與不作成暫時處分之不利益，並於利益顯然大於不利益時，依聲請人之聲請，於本案解釋前作成暫時處分以定暫時狀態」（釋字599號）。

人權的發展與挑戰

一、人權的發展

人權的發展歷經八百多年的洗鍊，其內涵與保障機制更臻豐富完整。劉文彬（2005）提出人權的發展成果具有下列特徵：

(一) 權利主體不斷擴大

從人類社會的發展歷程觀之，權利主體從最原始的君主先下放到貴族，再從貴族增加到資產階級、一般平民，其後擴大到廣大的勞工階層（或無產階級），然後又擴充到奴隸、婦女、兒童……等。具體言之，人權主體的發展，首先是打破階級的限制，其次再打破性別及其他限制，最後才擴散到全民，真正達到凡是人，只要具有人格、人性尊嚴，即應享有人權的理想境界。

(二) 權利項目內容不斷增加

至於人權項目內容為何才算完備？在人類社會發展過程中，學者哈斯佩爾（Michael Haspel）提出三分法，以確定人權的完整體系。

首先，人民爭取了政治與公民權利，具體項目包括：

1. 基本自由權：如生命權、人身安全、自由權、財產權、平等權、結婚自組家庭權、思想及良心和宗教自由權、政治庇護權等。
2. 政治表達與參與權：（平等的）參與政治意志的建構權利，如選舉、集會、結社等權利。

其次則繼續爭取社會、經濟與文化權利，細目內容則包括社會保障權、受教育權、勞動權、健康與福利權及參與文化生活權等。

最後則爭取國家、民族或某一共同體發展與環境權利，其目的在保障並實現某個體人權的必要條件。諸如民族自決權、自然資源使用權、發展

權、和平權,以及環境保護權等。當然,人權項目內容發展至今尚未詳盡完滿,日後將隨社會演進與人民需求,而不斷會有新興人權的出現。

(三) 權利保障機制更臻完備

從二次世界大戰以來,國際社會為避免並預防種族滅絕(genocide)與納粹大屠殺(Nazi Holocaust)的戰爭災難,不僅成立聯合國,更陸續制定一連串的國際人權法典,採取了許多嚴肅的步驟,以漸進式的實現人權的理想。具體的步驟簡稱為「三個P」,依序為:

1. 先促進(Promotion)人權:即通過人權宣言,設定國際人權標準、提供專家諮詢的服務並推動人權教育,宣揚人權理念。

2. 其次,保護(Protection)個人的人權:具體有效的措施包括:鼓勵個人提出申訴;國家間的指控;國家(或政府)提出報告;質詢和調查;真相調查;人權實地監督;譴責與制裁,以及人道主義干預。

3. 最後則預防(Prevention)人權的侵害:具體的辦法有:早期的預警與行動;衝突的解決;預防性的監所探訪;預防性實地部署民政或軍事人員及國際刑法。

綜合言之,國際社會人權保障制度發展至今,創立了三項具體制度,分別是(陳滄海等,2009):

國家報告制度:國家有無遵守國際人權條約之人權保障制度?有無進一步採取具體措施?應向聯合國「人權委員會」提出報告書,據以監督各締約國人權保障之狀況。

國家間控訴制度:締約國之間,如某締約國對其他締約國有違反人權條約規定之具體事實,則可對該締約國違反人權規定之事項提起控訴。

個人控訴制度:至於個人若遭受締約國政府人權侵害之事實,亦可向「人權委員會」提出控訴。

此外,尚可訴諸於聯合國的另一法定組織「國際法庭」。惟有關人權侵害事項欲向國際法庭提起訴訟時,必須在雙方當事國均同意的前提下始可進行。

(四) 人權價值持續擴散

人權從理念的闡釋到具體項目、內容的確立、充實，一路發展下來，首從西歐開始發軔，然後逐漸向南歐、東歐、美洲、亞洲擴散，最後到達非洲開花結果。於是人權理念與具體內容的保障，遂有全球化、普遍化的趨勢，這種趨勢足以說明西方的人權理念與保護制度應有值得效法與推廣之處。

二、人權發展的挑戰

(一) 人權是西方文化的產物，與非西方文化不相容

從人權概念的發展歷史與相關的學術典籍觀之，無法全部否認人權概念與價值是西方文化的主流思想。再者，每當包含聯合國在內的若干國際組織，例行性地對世界各國進行人權指標評比時，多數被指為侵害人權的非西方國家，尤其是中國（大陸）、新加坡及相對文化主義者，多辯稱聯合國此行徑極不尊重當地文化，甚至提出下列若干具體主張、訴求予以佐證，諸如「人權狀況的發展受到各國歷史、社會、經濟、文化等條件的制約，是一個歷史的發展過程。由於各個國家之間在歷史背景、社會系統、文化傳統與經濟發展均有巨大差異，因而他們對人權認識往往不一致，對人權的實施也各有不同」；「對長久以來挨凍受餓的中國人民而言，吃得飽穿得暖才是根本需求」（中國白皮書，1991）。至於言論思想等公民政治權利則完全未提，可見該白皮書預設社會經濟權的優先性，亦即國家為發展經濟，必要時可暫緩或犧牲公民政治權利。另新加坡政府發表的「共享價值報告書」（1991）：「強調群體對新加坡的生存才是關鍵」，換言之，西方人權主張所預設的個人主義不為亞洲所需。尤有甚者，中國白皮書及外交部官員經常性的一再重申，人權事務乃為國家重要管轄權之一，不須國際或他國勢力介入。西方的人權主張對非西方國家而言，不但是一種干預，也是文化帝國主義的入侵，甚至是西方國家有意阻滯他國經濟發

展的手段。

(二) 人權普遍主義與文化相對主義的爭論

世人對人權價值的評定，相關的論述頗為繁雜，且不一定全都承認人權所肯定的價值具有道德優先性與普遍性，有些甚至認為人權在遇到傳統文化或社群價值時，應該要有所退讓。這種對人權價值呈現不同評價的理論學派，即是普遍主義與文化相對主義的不同觀點。

1. 人權普遍主義者認為，人權規範成立的主要根源是倚賴在人所獨具的某些特定價值上，像是人性尊嚴或人類基本利益等。他們認為人所具有的某些道德特質，使得人應該擁有人權，並不因歷史、文化、政治制度等偶然因素的影響而有所差異。換言之，人權普遍主義者認為人類基本權，諸如平等保護、人身安全、言論自由、宗教信仰與結社等權利，在任何地方都必須是一致的。

2. 文化相對主義是文化人類學的一種理論流派，他們提出「用以判斷行為的準則，只有在特定的文化語境下才是有效的」（Eva Brems, 2001）。1947年，當聯合國人權委員會準備「世界人權宣言」之時，Melville Herskovits即代表美國人類學協會發表聲明：

　　20世紀的人權不可能被某種單一文化的標準給予定義，也不可能為任何一群人的欲求所決定。因為第一，所謂的普世的世界人權宣言，實際上只是涵蓋西方的價值。第二，人類學告訴人們，從文化角度上看價值應是相對的。總結而言，世界人權宣言不可能在全世界有效。（Eva Brems, 2001, p.24）

(三) 人權與主權的爭議持續不斷

人權在本質上是否僅屬於一國家內部事務，其他國家基於「主權平等」和「內政不干涉」原則，是否應隱忍或自我限制地不恣意干預他國政府的內政措施，一直是國際法學者與政府領袖所持續關心的重大議題。

惟自20世紀90年代以來，政府侵害重大人權事實屢屢發生，諸如種族滅絕、大屠殺，或因內戰、種族衝突而引發大規模的暴行、飢荒、瘟疫等大災難。聯合國安理會、歐美強國與若干國際法學者紛紛提出「國際人道主義干預」精神，亦即「當一個主權國家政府對其統治下的人民殘暴不仁，其倒行逆施足以震撼人類的良心時，其他國家有權進行干預，直至使用武力也不為過」（賴彭成，1993）。由於國際人道主義涉及武力的使用，它體現了人權與主權之間最為激烈的衝突形式，因而成為國際關係規範理論關注的一個焦點。

伍 結語

自第二次世界大戰以來，國際社會已經形成一套促進保護人權的基本標準和程序的規範性框架（normative framework）。對個人的賦權（empowerment）即是人權的本質，而參與、非歧視和責任更是人權中最重要的要素。通過人權的實施，個人可以被賦權參與和其生活相關的決策過程，進而享有平等地、不受歧視地，利用和獲得有尊嚴生活相關的設施、商品與服務。世界各地的人民，包括窮人、其他被社會排斥的人、弱勢和邊緣化的團體，更能切身體會人權確實能作為解決其相關問題背後的支撐力量。

在人權保障初期，各國政府可以簡單地否認侵犯人權的指控，甚至拒絕國際事實調查團進入其領土。但在今天經由國際社會的政府間組織、非政府間組織的努力，分別透過人權國際保障的傳統程序和機制，諸如：國家報告程序、國家間指控程序、調查程序、訪問制度、個人申訴程序，以及其他查明事實、調查和報告方式，世人皆知道我們地球村內，甚至最偏遠的角落裡侵犯人權的事實，各國政府也清楚國際社會知道他們正在做什麼。國際社會為了促進某些國家實現人權，即使具若干強制力或有侵害主權之虞的「經濟制裁」與「人道主義干預」，也逐漸變成合法的措施，如美國及北約組織在1999年的科索沃事件與2003年的伊拉克事件的強行介

入及干預便是。

　　對一般人來說，人權至今仍被理解為相當抽象的法律概念與道德哲學的詞藻而已，似乎只與遙遠的國家或陌生的過路人有關。要改變此種疏離的生活文化，唯有透過人權教育與溝通、傳播，以創造一種普遍性的「人權文化」，方有可能建立一個更少暴力的世界新秩序的基礎。聯合國「人權教育十年」（1995-2004年）與教科文組織「世界兒童和平非暴力文化」（2001-2010年）兩活動，即典型地代表國際社會上具有實質影響力的人權教育活動。半世紀以來，人權教育工作者已經取得比原來多數人願意相信的更多成就，諸如逐漸「廢死」的禁忌已經被突破了；人民的「生態保護」意識已經提高；採取「人道干預主義」有效保護措施並防止人權侵犯的道路也已經被確立了。既然國家與非國家行為者，都已陸續通過一整套國際人權公約，承擔了尊重、保護和實現人權的責任、義務，我們就可以確定「人人享有人權」（All human rights for all）並不是一場白日夢，而是一個「不可逆轉」的時代進程。

參考書目

中文部分

中國國務院（1991）。《中國的民主政治建設》白皮書。北京。

甘紹平（2009）。《人權倫理學》。北京：中國發展出版社。

李惠宗（2010）。《憲法要義》。臺北：元照出版社。

法治斌、董保城（2010）。《憲法新論》。臺北：元照出版社，頁277-471。

洪如玉（2006）。《人權教育的理論與實踐》。臺北：五南出版社。

夏勇（2001）。《人權概念起源》。北京：中國政法大學出版社。

胡錦光（2009）。《憲法學原理與案例教程》。北京：中國人民出版社，頁203-288。

張佛泉（1993）。《自由與人權》。臺北：臺灣商務印書館，初版。

教育部（2009）。《國民中小學九年一貫課程綱要》。臺北。

陳秀容（1997）。《近代人權觀念的轉變：一個社會生態觀點的分析》。人文及社會科學集刊，9(2)，頁101-132。

陳秀容（1998）。《人權之普遍性的初步探討：Jack Donnelly 之有關理論評析》，政治科學叢論，頁173-194。國立臺灣師範大學政治學系。

陳滄海（2009）。《憲法與國家發展》。臺北：五南出版社。

陳慈陽（2004）。《憲法學》。臺北：元照出版社，頁277-471。

黃默（1999）。《聯合國人權教育的十年與臺灣人權教育現狀及展望》，《月旦法學雜誌》，第44期，頁67-75。

新加坡（1991）。《共享價值之白皮書》（White Paper on Shared Values）。新加坡

楊洲松（2005）。《人權教育與師資培育》。臺北：五南出版社。

劉文斌（2005）。《西洋人權史》。臺北：五南出版社。

劉鋒（2004）。《憲法學說》。臺北：聯經。

黎淑慧（2004）。《人權概論》。臺北：新文京。

蔣興儀、簡瑞容譯（2002）。《人權教育：權利與責任的學習》。臺北：高等教育文化事業有限公司。

謝世民、許漢（譯）（1999），Thomas Pogge原著。《理解人權》。21世紀，56：61-75。

謝瑞智（2001）。《世界憲法事典》。臺北：正中書局。

英文部分

Donnelly, Jack (2003). *Universal Human Rights in Theory and Practice*. Ithaca & London: Cornell University Press.

Li. Xiaorong (2001). Asia values and universality of human rights. In P. Hayden (ed.) *The philosophy of human rights*. Paragen House, 397-408.

Reardon, B. A. (1996). *Educating for Human Dignity-Learning About Right and Responsibilities*. Philadelphia: University of Pennsylvania Press.

Siegfried French and Michael Haspel (Hg): Menschenrechte, Schwallbach/Ts.2005.

第 10 章

政治生活與政治參與

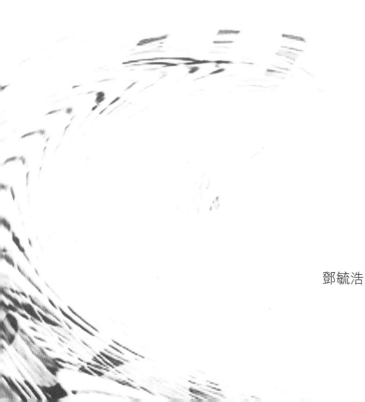

鄧毓浩

本章綱要

壹、前言：政治的意涵和課綱中相關的能力指標

貳、政治與個人生活

　　一、政治保障個人權利

　　　　(一) 生命權

　　　　(二) 自由權

　　　　(三) 平等權

　　　　(四) 財產權

　　　　(五) 福利權

　　二、政治規範個人行為

　　　　(一) 履行義務

　　　　(二) 遵守法律

　　　　(三) 接受必要的特殊限制

參、政治體系與政治生活

　　一、政治運作的基本原理

　　　　(一) 分權制衡與權責相符

　　　　(二) 法治原則與依法行政

　　二、民主國家的政府體制

　　　　(一) 內閣制

　　　　(二) 總統制

　　　　(三) 混合制（雙首長制）

　　　　(四) 我國中央政府體制

肆、政治活動與政治參與

　　一、政治參與的重要性

　　　　(一) 參與是每個人的權利

　　　　(二) 參與會發揮一定程度的效果

　　　　(三) 參與的過程需要溝通、妥協與包容

　　　　(四) 參與的結果需要負責

　　二、政治參與的方式

　　　　(一) 關心與討論政治問題

　　　　(二) 參加政黨或利益團體

　　　　(三) 參與選舉及公民投票

伍、結語：民主政治與公民社會的建構

　　一、參與公共事務

　　二、明辨權利與義務

　　三、強化責任感

前言：政治的意涵和課綱中相關的能力指標

　　早期先民社會，只要住在偏遠地區，可以過自己的生活，不會受到政治的干預；但進入現代文明社會，生活繁複瑣碎，每個人都脫離不了政治的影響。小而言之，走路、開車要看交通號誌，遭遇偷竊要報警查緝，進入高中、大學要參加考試，結婚、生子要向公所登記，設立公司行號要向政府備案，做生意買賣要申報繳稅，種種的一切都牽涉到政治和政策的範疇；大而言之，社會治安的維護，道路橋梁的建設，交通運輸的規劃，金融經濟的發展，國際活動的參與，這些都涉及政府政策的執行，與人民生命安危有關，是故人民不可能無關乎政治。因此，政治乃成為民眾日常生活中密不可分的社會活動，難怪國父孫中山先生會在民權主義中闡釋：「政是眾人之事，治是管理，管理眾人之事，便是政治。」其實，政治不單是政府「管理眾人之事」的層面，而應是民眾參與公共事務被賦予重要角色之互動層面。

　　然則，何謂政治？拉斯威爾（Harold D. Lasswell）在其名著 *Politics: Who Gets, What, When, How* 一書中，視政治為「價值的形塑與分配」；伊士頓（David Easton）則進一步視政治「為社會從事價值的權威性分配」；蘭尼（Austin Ranney）認為政治是「政府制定政策的過程」。上述界定都說明政治決策與其他決策之不同，在於其「權威性」。此所謂「權威性」，就是可用社會認可的合法性武力強制執行的，如警察執行交通規則、政府實施各種政策，都是可用合法性武力去強制貫徹，直接從事決策活動；此外，人民亦可透過權威性的決策過程，如投票選舉、發表政治言論，來進行間接的決策活動。

　　要進入本項研究主題，我們也應檢視新修訂之「國民中小學九年一貫課程綱要——社會學習領域」，其中第二、三階段即適用於國民小學三到六年級，涉略政治議題之能力指標，茲整理如下：

6-2-5　從學生自治活動中舉例說明選舉和任期制的功能。

1-3-12　了解臺灣具備海洋國家發展的條件及優勢。

6-3-1　認識我國政府的主要組織與功能。

6-3-2　了解各種會議、議會或委員會（如學生、教師、家長、社區或地方政府的會議）的基本運作原則。

6-3-3　了解並遵守生活中的基本規範。

9-3-3　舉例說明國際間因利益競爭而造成的衝突、對立與結盟。

9-3-5　列舉主要的國際組織（如聯合國、紅十字會、世界貿易組織等）及其宗旨。

　　針對上述七項能力指指標，可以了解與政治生活直接相關的自治活動、會議運作、社會規範、選舉投票、政府組織、國際組織、國際關係，都是國小階段學生需要學習的概念，所以，這些概念本文將儘可能納入探討。

政治與個人生活

　　政治既然是「管理眾人的事」，而個人又是眾人中的一分子，兩者關係密不可分，尤其在民主社會裡，政治影響社會成員的生活，幾乎達到各個層面，因此，政治絕非一些政客視為「高明騙術」、「結黨營私」或「藏污納垢」之醜事。故在現代社會，對個人生活而言，政治反而是一種保障；而對政治來講，個人則可以透過參與來加以影響。

一、政治保障個人權利

(一) 生命權

　　個人的生存權自中古世紀以來，即被認為是與生俱來的，屬基本人權，不容侵犯。但是在沒有制度規範與法律保障的叢林社會，生命是隨時會被剝奪的。進入政治社會後，透過社會契約、組織政府、制定規章、建立制度，以保障每一個人的生存權利。此外，政府亦可以得到人民授權，

行使公權力，運用國防和外交手段來捍衛國家安全，維護群體利益，以延續個體的生命價值。

(二) 自由權

追求自由亦是社會成員維護生活的基本權益。在過去君主專政時代，政府可以無限制地擴張權力，以削減甚或剝奪人民的自由權利，人民只是政治暴力下之一枚棋子，任憑統治者使喚。但進入民主社會，統治者是基於被統治者的同意而存在的，在憲政主義之有限政府的情況，國家與政府被約制於法律的框架裡，不得非法侵犯人民的權益，是故民眾的人身、居住遷徙、意見表達、祕密通訊、宗教信仰，以及集會結社等方面的自由，幾乎都已有相當完備的規定，人民的自由權利是得到充分保障。

(三) 平等權

「人生而平等」亦是人類社會生活的基本概念，在過去封建時代，或許有貴族、武士、奴隸等不同的階級，甚或因不同族群和宗教而有不平等的對待，如美國黑人在19世紀中葉之前，仍屬於被奴隸的苦力階級。但進入20世紀多元社會，經由政治立法的過程，使得不同性別、地區、種族、黨派、宗教、階級的國民，不論是教育、工作、生活條件，均享有平等的對待，所以讓人民可以享受真正平等的生活，是政治發展的一項重要課題。

(四) 財產權

在人權保護的範圍中，財產與生命同是與生俱來的權利，不容侵犯剝奪。尤其是自由經濟的社會，私有財產是經濟發展的基本條件，因此，政府除了保障人民的生命，亦有義務保障人民的財產。當人民有了財產，不僅可以從事生產，亦可提供稅金供政府使用，如此，國家才能發展建設和繁榮社會，以回饋人民的需求。

(五) 福利權

政府妥善運用人民繳交的稅金，一方面從事建設，累積國家的力

第 10 章　政治生活與政治參與

223

量;另一方面亦可運用稅收,建立社會安全制度,因此,人民是處於國家主人的地位,享受國家所提供各項權利的保障,同時更要享受國家所提供的各項福利。換言之,國家一方面要保障全體人民生活的安全,另一方面也要以「共同分擔風險」、「以有餘補不足」,甚至以「巧者拙之奴」的觀念,集合全體人民的力量,使弱勢族群,甚至處於最低下狀況的民眾,如失業、疾病、傷害、年老退休、家計中斷者,能得到生活上的幫助,使其基本生活不虞匱乏。所以,讓社會福利的資源配置給真正需要的人,是需要透過政治的運作來達成的工作。

二、政治規範個人行為

為了達成上述保障個人權利的目標,政治亦需要規範個人的一些行為,以保持社會一定的秩序,讓每個人的權利可以得到更確實的保障。

(一) 履行義務

人們營共同生活,在享受權利之外,有些公共事務每一個人都有義不容辭的責任。如上所述,政府要發展經濟,設立社會安全制度,所需費用是以全民稅賦來承擔,所以,政府要向人民課徵稅收來支應;人們要過不虞恐慌的生活,政府需要發展國防,購買軍備,尚要人民服兵役來充任;此外,國家要進步,要有高水準的人力資源,也必須要求人民接受義務教育的必要,是故人民履行義務,一方面可提升公共生活的品質,另一方面也照應到自己的發展。

(二) 遵守法律

歐美國家的社會,人與人相處是建立在社會契約(social contract)的基礎上,而這個契約無形中建置了社會秩序,使得每個人生活有步驟、有規矩,且知所進退;同時,社會契約建構了法治的觀念,乃為社會契約具體化呈現,即成為法律,它規範人們的生活,且引導社會的發展。今日民主國家的法律,是由人民或人民選出來的代表,依據共同的利益與需要

訂定出來的，因此，法律的制定應當更能切合人民的需要，保障人民的利益，所以，人民遵守法律，亦成為政治運作的重要課題。

（三）接受必要的特殊限制

人民的自由權利是不允許國家非法的侵犯，但當國家面臨重大事故或緊急危機時，若採行必要的措施以限制人民的自由，是可以理解的。1999年9月21日，臺灣南投集集發生大地震，傷亡慘重，當時政府曾發布緊急命令，採取若干特別的做法，進行救災和災後重建工作；同樣的，2003年4月SARS傳染病蔓延時，政府也對民眾實施許多管制的措施，都可能對平常人民所享有的權利產生若干程度的壓抑，但這些做法皆基於人民的立場，在保障人民權益，防止危機擴大，所以，人民必須接受這些必要的限制。不過這些政府特殊的限制，則應該儘可能減少次數，縮小到最小的範圍。

政治與個人生活，除了政治保障人民的權利、規範個人的行為之外，尚有個人參與政治活動，此部分移入本文「政治活動與政治參與」部分再予說明。

政府體系與政治生活

一、政治運作的基本原理

一個國家的政治體系與公民生活亦息息相關，現今世界上除少數幾個如緬甸、北韓屬極權國家外，大多數皆依民主程序運作。人民在民主體制下，有機會參與公共事務，選舉政府官員和民意代表，或經由公民投票來影響政府政策。但民主政治的運作，必須依下列原理以行事。

(一) 分權制衡與權責相符

英國歷史學家艾克頓爵士（Lord Acton, 1834～1902）曾說：「權力會使人腐化，絕對的權力，絕對的腐化。」在以往專制的時代，國家權力集中在君主和少數統治階級的手上，人民沒有參與國家事務的權利，政府因為缺乏監督制衡，導致政治腐化與政府濫權，進而侵害人民的自由與權利。迨18世紀中葉孟德斯鳩（Baron Montesquieu, 1689～1755）基於「人性本惡」的原罪，對政府運作提出三權分立的主張，為防止政府濫權，政府組織的設計應符合權力分立的原則，亦即將政府權力分為三種：制定法律的立法權、依法行政的行政權，以及依據法律解決紛爭的司法權等，並將三種權力分屬不同機構，使其相互制衡，實現「以權力約束權力」的制衡狀態，以有效防止濫權。這種主張乃成為近代各民主國家憲政主義發展的內容。

再者，現代民主國家強調民主政治的特色，包括民意政治、政黨政治、法制政治和責任政治。其中的責任政治重視「權責相符」，因為政府的統治權力來自於人民的同意，因此，透過選舉方式產生的民意代表和行政領導者，是否履行其選舉時的承諾？政府的作為是否符合人民的期待？當政府之行政行為未能依據民意或是不依法行事時，政府須負相當的責任。是故，權責相符亦是檢視民主政治的指標。

(二) 法治原則與依法行政

在現代民主社會中，要落實主權在民的理想，對於人民的權利和義務，政府非但不可任意加以增減、變更或剝奪，更須謹守一定的程序，透過法律制度的建立，保障人民的權力不被政府恣意侵犯；相對的，政府亦必須根據代表人的立法機關所制定之法律來進行各項施政，亦即國家的行為必須受法的拘束，以「法」來治理國家。當然，法治原則除了強調國家行為形式上的「合法性」之外，還需要進一步注意法律本身的內涵是否考慮人的尊嚴、政治的自由平等，以及人民基本權利的保障。法本身須具有實質妥當性，且符合公平正義的觀念。

再者，法治國家的建立，基本要素是「依法行政」（rule by law），

政府所有機關之一切施政作為，都必須以法為依據，並受法之約束。因為在依法行政之原則下，政府的行為受到了規範，也間接確保人民權利不會隨意受到政府機關之侵害，人權才能伸張。

二、民主國家的政府體制

依據以上政治運作的基本原則，和治者基與被治者同意的政治原理，政府設置必須根據民意，政府的權威由人民授予，並在憲政主義的範疇下，政府運作依法行政。在現行民主國家中，政府體制的類型，可約略分為如下三種：

(一)內閣制

內閣制起源於英國。當前大多數的民主國家，如德國、澳洲、日本、加拿大、以色列和新加坡，都採用這種制度。此制是指人民選出國會議員負責立法，再由國會多數黨組成內閣，負責行政，並向國會負責的政治制度。其主要運作方式如下：

1. 國會至上

內閣制的運作是以國會為主軸。以英國為例，國會為最高立法機關，能針對任何議題立法，權力很大。國會的多數黨組成內閣，推動行政事務，內閣向國會負責，定期向國會作施政報告，並接受國會議員質詢，國會可運用立法、預算和調查等職權來監督內閣。內閣施政必須得到國會的信任，如果國會不信任，可以通過「不信任案」，迫使內閣解散；不過為了避免國會的威脅和掣肘，內閣可以呈請元首解散國會，以資制衡。

2. 行政與立法連結

民主國家政府建立之原則有二，一是「權力分立」（separation of powers），亦即行政與立法權分屬兩個機構；另一是「權力融合」（fusion of powers），亦即行政與立法屬於同一個機構，合而為一（周育仁，2010：226）。內閣制國家的政府屬於後者的設計，多數國家其內閣閣員係來自於國會，必須具有國會議員身分，才有資格擔任內閣閣員。內閣

制的行政部門（內閣），是由國會議員中獲得多數席位的政黨組成，通常是由該多數黨的黨魁出面組閣；如果沒有一黨獲得過半數席位時，則由獲得最多席位的政黨聯合其他小黨組成聯合政府。例如，2010年英國大選，保守和工黨兩大黨皆未能過半，只好由席位較多的保守黨與第三黨自由民主黨組成聯合內閣；不過此種政府基礎相當脆弱，若理念不合，隨時可能解體。

內閣制除了上述特徵外，尚有虛位元首和副署制度。像英國女王、日本天皇，居國家元首之尊，統而不治，沒有實權，但所有法律須經元首簽字才能生效。內閣制是隨著歷史軌跡逐漸演進和修正所形成的體制，穩定性較高，開發中國家為避免政局動盪，多採行此制。

(二) 總統制

總統制是由美國創立，有位具有實權的總統，由人民選舉產生，負責行政；另一方面由人民選出國會議員，負責立法。這是一種行政和立法分權而制衡的政治制度，主要的運作方式如下：

1. 實權元首

總統由人民選舉產生，具有強大的民意基礎，也賦予他行政上的實權。總統不僅是國家元首，代表國家，同時又是國家最高行政首長，獨攬行政大權，各部會的首長均為總統的下屬，由總統任免，向總統負責。總統公布法律、發布命令時，並不需要得到相關部會首長的副署。

2. 行政與立法分權

總統由人民選出，掌理行政權並向人民負責；另一方面，國會議員也由人民選出，掌理立法權並向人民負責。總統所任命的政府主要官員，不得由國會議員兼任。這些官員的人事任命案雖須經國會同意，但不向國會負責，總統和部會首長不必定期向國會報告，也不需要接受國會議員的質詢。如果國會認為總統或其他部屬施政不佳，並無權對其進行不信任投票，也不能予以罷免或解職；同樣的，即便國會有違人民付託，總統也無權解散。因此，總統制是一種分權式且雙向各自發展的體制。

總統與國會雖無彼此進行倒閣或解散的機制，但他們之間仍然有著互

相制衡的功能。國會透過人事同意權和條約批准權來監督總統，也可以透過法案議決和預算審核來牽制總統；而總統則可以運用「覆議的否決權」來反制國會所通過的法案，或是運用個人在黨政軍各方面的影響力，來迫使國會議員讓步。

總統制是建立在「總統主治」和「實權元首」的基礎上，集大權於一身，國會雖然能監督他、制衡他，卻無法罷免他，也很難使他解職。此制運作固然可以發揮行政效率，但權力集中，不免造成強勢政府，假如缺乏多元開放的公民社會做基礎，很容易形成強人政治。因此，有一些亞非、中南美洲開發中國家，曾出現強人總統最後變成獨裁者，就是這個道理。

（三）混合制（雙首長制）

在內閣制與總統制之外，另一相當引人矚目的制度乃是法國第五共和所創立的雙首長制。由於它的運作方式介於總統制和內閣制之間，所以是一種混合制。此制之行政權由兩個行政首長主導，一是總統，一是內閣總理。總統由人民選出，向人民負責；總理由總統任命，向國會負責。以下就以法國的體制為例，說明其主要運作方式：

1. 兩個行政首長

混合制的國家有兩個行政首長，都擁有一定的實權。其中，總統由人民選舉產生，主導國家安全、外交、國防等政策；總理則由總統任命，負責內政、文教、經濟、社會福利等日常行政。雖然總理是由總統所任命，同時不需要經過國會的同意，但是由於仿效內閣制，總理須對國會負責，因此總統任命總理時，必須顧及政治生態，提名一位國會可以接受的人選，所以，法國近年常出現總統與總理不同黨派之「左右共治」[1]局面。

---

[1] 左右共治（Cohabitation）是法國第五共和實施混合制出現的政治現象。法國總理是由總統所任命，但總統必須顧及國會的政治生態，任命國會多數黨的重要人物擔任總理一職。如1986年5月法國國民議會改選，右派之「共和聯盟」與「民主聯盟」聯手擊敗社會黨，迫使左派之社會黨總統密特朗（Francois Mitterrand）任命右派聯盟的領袖席哈克（Jacques Rene Chirac，時任巴黎市長）出任總理，形成左派總統與右派總理「共治」的奇特局面。

2. 行政和立法分權

由於混合制具有總統制的色彩,因此易於突顯分權運作的原則。如上述,此制由總統與總理掌握行政權,國會則掌握立法權。總統由民選產生,理應向人民負責;而總理由總統任命,依法向總統及國會負責。內閣閣員不得兼任國會議員,與總統制相同;但內閣可以列席國會之有關會議,作施政報告,並接受國會議員質詢,這又和內閣制相同。此外,總統公布法律、發布命令,通常須經總理副署;另總統針對重大政策,可以提請公民複決,此又是總統制的國家所無。

混合制也有不信任制度之設計,當國會對總理通過不信任案時,總理理應提出總辭,以示負責;同時,亦得呈請總統解散國會,以資制衡。因此其分權和制衡的設計,都針對總統、內閣制作了折衷的處置。目前採行此制的國家尚有瑞典、芬蘭和比利時,不過採行此制都得顧及國家的歷史淵源和政治文化。故任何制度不是隨便可以移植的。

(四) 我國中央政府體制

我國的中央政府體制本為五權憲法制,是根據國父孫中山先生創立中華民國之遺教所制定,其特色有二:一是國民大會代表全國人民於中央行使政權;二是中央政府設置五院行使治權,除西方三權分立的行政、立法、司法之外,另外單獨設立考試、監察兩院,獨立行使職權。近年來,經歷多次的修憲,我國中央政府運作方式逐漸傾向混合制,其主要運作方式如下:

1. 雙首長的出現

修憲後,總統由原先國民大會選出,改由全國人民直接選舉產生,向全體人民負責。總統不但是國家元首、三軍統帥,同時也擁有若干行政權,例如,直接任命行政院院長,不須經由立法院同意;也可以提名司法院、考試院及監察院等重要官員,但須經立法院同意後才能任命。

依據憲法,行政院為我國最高行政機關,行政院院長即是我國最高行政首長,由總統逕行任命,不須經過立法院之同意。院長一方面向總統負責,另一方面則依憲法之規定向立法院負責。院長綜攬全國行政,但須與

總統分工,並配合總統之施政,否則可能遭總統解職。

2. 行政與立法的互動

我國中央政府在運作過程中,相當強調權力間的制衡與監督,尤其行政院與立法院間的互動,特別突顯西方分權與制衡的特色。

(1) 行政院向立法院負責:行政院負責規劃並執行國家政策,因此必須定期向立法院提出施政方針與施政報告,並得向立法院提出法律、預算與條約等法案。若行政院認為立法院決議的法案窒礙難行,得經由總統核可,移請立法院覆議。

(2) 立法院監督行政院:立法院係我國最高立法機關,也是最高民意代表機關,代表人民監督行政機關,有權對政府官員提出質詢,並議決行政院提出的法案。立法院也可對行政院院長施政不佳提出不信任案,不信任案一旦通過,行政院院長必須請辭,以示負責,但也可以呈請總統解散立法院,重新改選立法委員,此種運作方式與內閣制幾乎雷同。

3. 考試權和監察權的獨立行使

我國中央政府屬五院制,除了行政院與立法院外,還有三個職權獨立的機關,即司法院、考試院和監察院。司法權的獨立是各民主國家之通例,而考試權和監察權的獨立行使則為我國的特色。考試院為國家最高考試機關,掌理公務人員與專門職業技術人員之國家考試、審定公務人員資格之銓敘、任免等法制事宜,以及掌理公務人員之保障、撫卹、退休等事項。監察院為國家最高監察機關,負責糾舉與彈劾違法或失職的公務人員,以及糾正行政機關的不當施政;另設審計部,負責執行審計權等。

總而言之,無論內閣制、總統制或混合制,均各有其利弊得失,政府體制的建立,需要考量國家的歷史背景、社會結構、人民需求、乃至當前的政治環境等因素,並非僅憑單純的學理即可建構。目前我國既採行類似混合制的雙首長體制,只要它能穩定政局、提升效率,國人自當接受它、尊重它。當然也可以透過小幅度的修憲,導引政治良性發展。

肆 政治活動與政治參與

一、政治參與的重要性

民主政治,顧名思義,即主權在民的意思,很重視人民對公共事務的參與。那麼,首先讓我們了解,什麼是政治參與?

所謂政治參與是指人民直接或間接影響政治決策的各種行動。它包含了人民對於政治決策者的選擇,以及對於各項公共議題或政策表達自己的意見,而試圖影響政府的行為,這種對政治的關心以及行動,就是政治參與。

(一) 參與是每個人的權利

民主政治視個人為構成國家的要素之一,當進入民主時代,人權至上,每個人皆為社會的主體,善盡公民職責,參與公共事務,亦正是人權的落實。因此,參與社會各項活動,不但可以抒發自己的理想,表達自己的意見,捍衛自己的利益,活絡整個社會體系,亦可促使社會健全發展,所以,現代公民不應忽略此種參與的權利。

(二) 參與會發揮一定程度的效果

在政治參與的過程,對於自身在未來政治體系中扮演的角色,在歐美政治學界所發展的「政治功效意識」(sense of political efficacy)概念,可用來解釋政治體系的成員對自己影響政治決策過程及政治事務的自信心與能力感。近年我國教育尤其在政治社會化的過程,相當重視此一領域的研究,透過學校課程設計和社會教育的推動,如社區大學之公民課程,讓個人了解參與的效果。近年政府官員也特別重視民眾意見,如公民投票實施和五都直轄市的規劃,都是人民共同積極參與的結果。因此,一個有為的政府需要隨時感受民眾的熱情,傾聽民眾的心聲。

(三) 參與的過程需要溝通、妥協與包容

對於公共事務，每個人都有不同的想法，因此，在參與的過程中難免與不同想法的人產生意見相左、摩擦、衝突的現象。溝通與妥協是民主政治運作的藝術，甚至尊重也是我們應具備的修養。當人人都能秉持「對你所說的話我一句都不同意，但是我誓死維護你有說這些話的權利」的態度來參與政治，相信許多政治紛爭都可以迎刃化解。

(四) 參與的結果需要負責

當人民按自己的自由意志參與政治活動，在享受這種自由參與權利的同時，也應該記得共同選擇所帶來的結果。不論是選舉出來的人選，或是辯論之後所形成的政策，都必須由我們自己來負責。至於放棄參與的人，雖然沒有經歷參與的過程，也同樣要負擔此等結果。

二、政治參與的方式

在民主國家中，人民參與政治事務的途徑有百餘多種，有的需要投入較多的心力和時間，有的則只要少許的時間及精力，端視個人的喜好及關心程度而定；另一方面也視一個社會的自由開放程度而定。例如，臺灣在過去戒嚴時期，人民沒有組織政黨的權利，也沒有走上街頭、示威抗議的自由，因此除了透過選舉投票之外，較缺乏參與的管道；但處於今日多元開放的社會中，人民參與政治事務的機會增多，管道也較為直接。以下三種是較為基本的方式：

(一) 關心與討論政治問題

人民既是國家的主人，對於國家、社會及民主的事情，就必須保持高度的關心。例如，經常觀看媒體上的新聞報導，以了解國內外所發生的各種事情；甚至進一步投書到政府的電子信箱表達意見；或向電視、電臺「叩應」以反映政策得失的意見；或向相關單位陳情、請願，提出具體的

措施，作為政府決策的參考。民主政治本來就是一種「大家商量」的政治，解決政治問題可能有很多種途徑，所以必須集思廣益，才能找出較佳的解決方式。

(二) 參加政黨或利益團體

「政黨」是一群具有共同政治主張、目標或利益的人，為取得政治權力及政府職位，以實現其理想，所結合而成的團體。為什麼這一群人要結合在一起呢？因為在追求政治權力和職位的過程中，個人常感到形單勢孤，於是就找一些志同道合的人結合在一起，以便產生更大的力量，推廣他們的政治主張，也就慢慢發展成組織龐大的政治團體。今日的政黨，一方面具備選舉的功能，它得要提名候選人、參與國家各項公職的選舉，選舉獲勝就直接主導組織政府，提出政策，實施政策，並就施政的得失向人民負責；若是選舉失利，未能執政，也不必氣餒，可針對執政黨施政缺失加以批判牽制，以保障人民的利益。另一方面要匯集人民的利益及服務選民，政黨除了推銷自己的政治主張，還要經常探知人民的需求，了解人民的利益，彙整形成政策，付諸實施，並隨時服務民眾，這樣才能爭取到人民的支持。

在民主國家中，除了政黨，有些人基於某種共同利益而結合成利益團體，如工會、同業公會；也有些人對於某種公共議題具有相同的意見，亦可結合成另一型態的利益團體，如環保聯盟。利益團體成立的目的不一定是為了執政，主要是透過團體的力量去影響政府公共政策的制定與執行，以保障或增進他們的利益或目標。如最近為「國光石化興建」的問題，環保團體與部分民間團體不免在意見上拉拔，以突顯自己能影響公共政策或表達人民利益的目標。因此，參加政黨或利益團體，可以結合群體的力量，以擴大政治參與的效果。

(三) 參與選舉及公民投票

人民可藉由選舉決定公職人員的去留，若自己有服務熱忱或理想，也可以出來競選公職。此外，還可以透過公民投票，直接參與重大政策及法

案的決定。以下就選舉及公民投票的意涵分項說明：

1. 選舉

在現代社會中，人民是國家的主人，所以有權參與及決定公共事務。可是現代社會的事務龐雜，每個人不可能親自處理各項公共事務，於是只好透過選舉的方式，選出一些民意代表或政府官員，組成議會和政府來為大家做事。因此，選舉即是指人民基於自由意志，依法選出一個或少數人擔任政府職位的一種過程。選舉是一種最基本的政治參與方式，也是最直接的民意表達。

「選舉」現在已成為民主國家正常運作的特徵。其所蘊涵的功能，大抵可以從選民和政府兩種角度來看。從選民的角度來看，第一，選舉是人民最直接參與政治的途徑：民主政治強調由下而上的參與，此有賴選舉活動提供一般選民可以根據執政者的表現，以選票決定其去留。第二，讓選民選擇政策方向：透過選舉，選民對候選人所提出的政見可以表示贊成或是反對的看法。若從政府角度來看，選舉是政府建立統治的合法基礎：在民主政治體制中，合法的基礎來自人民的同意，因此就政府統治的正當性而言，在選舉中獲勝的政黨，便可依持民意的支持取得執政的合法性與正當性。例如，2004年我國總統大選，陳水扁總統因槍擊事件的效應而險勝，當時對手陣營便提出合法性和正當性的質疑，陳水扁先生就急著透過中央選舉委員會的公告和相關友邦的賀電支持，以建立其在組織政府的合法性和正當性，來維持政治的穩定與持續。再者，選舉也是責任政治的展現，民主政治是一種責任政治，執政者取得統治權，同時也要對自己的施政作為負責。執政者若想繼續執政，必須努力實現競選諾言，展現良好政績，博取民眾的青睞，否則就會在選舉中被淘汰。因此透過選舉的方式，人民可檢視執政者的施政效能。

2. 公民投票

公民投票即是讓人民當家作主，以投票方式參與公共事務的決定，因此是一種直接民主制度。公民投票與選舉、罷免同為人民的參政權利，不同的是，在公民投票的過程中，人民可用投票的方式來決定法案或重大政策，體現人民「自我治理、自我決定」的民主價值；而選舉則僅在對

「人」作決定，對政府官員及民意代表，視其政績的表現作去留的決定。

公民投票是一種普世價值，目前世界多數國家都將重大公共政策交由全體人民來作決定。不過，在實施過程中也出現了一些值得探討的優缺點。公民投票的優點在於可以彌補代議政治的不足，並化解政黨爭執與社會的衝突。例如，北愛爾蘭的新教徒與天主教徒的世代衝突，引發不少戰爭，直到1998年和解方案經由公投獲得人民支持，才終於化解矛盾，露出和平曙光。

但是公民投票也有其制度上的缺陷。首先是人民能否理性的作決定，公共政策是在理性的空間，讓民眾反覆的討論、協商，才能保障決策的品質；若其屬性非常專業，一般人民不見得有興趣參與。此外，公投議題是一個具有高度爭議性的問題，不但公投無法解決問題，反而會製造對立和分歧。例如，臺灣可否因公投來決定臺灣的歸屬，此等敏感性議題，公投不但無濟於事，反而會造成社會的對立與不安。其次，公投討論空間是否被宰化，因為目前各國公投議題，選票呈現的無非是「贊成」與「反對」的二擇一選擇，無法從方案中作「多元選擇」，反而導致社會趨向兩極化的對立。因此，公投程序設計，需要有一套程序讓正反兩方民眾有更多討論的空間。儘管公投有缺失，但至少是人民參與政治的途徑。

政治參與不僅落實主權在民的理想，也可以經由各種管道表達自己的看法與做法，讓政府在形成決策時能真正貼近民意，以提升政府的正當性。但是現代社會公共事務繁多，民眾未必有時間和精力親自參與，所以，選舉投票便成為最常見的政治參與方式。

伍 結語：民主政治與公民社會的建構

當邁入21世紀的民主時代，最重要的是建構公民社會，建立公共性，從公民意識、權利義務的觀念來落實現代公民的理念。中國人過去由於家族及宗族的觀念過於發達，公共領域（public sphere）的觀念往往被以家族和宗族延伸的私人領域所掩蓋；迨至民主行憲以後，公共領域又為

威權體制所掌控，以致中國人普遍缺乏公共意識，公民社會無從建立，公民責任未能彰顯。殊不知，公民社會就是民主法治的張本，而公民觀念就是公共意識的擴大，建構公民社會就是推動民主公民教育。至於如何建構公民社會，擬從下面數點論之：（鄧毓浩，1998：229-230）

一、參與公共事務

當進入現代民主社會，每個人都會伴隨著複雜事務與人際關係，每個人都不能離群索居，對公共事務也不能置身事外而獨善其身，每個人都相互地影響著。因此，人人都要以「公」的觀念相互對待，「心中常有別人」、「與別人和樂共鳴」、「愛管閒事、利己利人」，這些都應視為現代公民應有的處世態度與待人之道。所以，建構公民社會，參與公眾事務，愛惜公共環境，善盡社會責任，追求社會正義，是現代公民應具備的素養，也是公民教育不可或缺的內涵。近年來社區參與是公民參與公眾事務、展現公民力量最具成效的活動，亦為民主公民教育不可忽視的環節。

二、明辨權利與義務

歐美國家建構公民社會，相當重視公共領域的觀念，而公共領域的運作則繫於契約（contract）的觀念。契約是社會成員共同約定的規則，今日臺灣社會處於「解放」的狀態，亦即欠缺秩序與規範，是故建構公民社會，秩序與規範是不能缺少的要素。再者，契約之具體表徵就是法治，基本內容是權利與義務。權利與義務原本是相對的，但權利常伴隨著義務，享受權利的人也必須盡義務。在公民社會中，每個人都要過公共生活，是故社會中的成員必須對權利和義務有清楚的分辨能力，對應享的權利固然不應放棄，但對應盡的義務也絕不可以逃避。

三、強化責任感

　　民主公民教育的基本內容就是權利、義務與責任，此亦是建構公民社會的基本條件。權利和義務，已如前述，最後的依歸便是責任，而此「責任」又包括了社會責任與法律責任。由於社會的快速變遷，社會的思維模式也與過去大為不同，吾人常批評時下的青年人有四大通病，即「對人不感激、對事不盡力、對物不珍惜、對己不克制」，綜括言之就是缺乏責任感，無法認清自己的角色及應做的事情。「責任」通常是指一個人在團體中應盡的本分與應該承擔的義務。例如在學校裡，「學生生活公約」或「班級自治公約」由學生自行擬定，就得由他們自行遵守。以此擴而充之，公民社會的公約由公民自行擬定，就須由大家共同遵守，社會才有秩序可言。因此，強化責任感，是現階段公民教育不可缺少的課題。

　　誠然，政治是管理眾人之事，處於今日民主時代，無論是管理或被管理，只要認知自己的權利和義務，釐清自己的責任和利益，都要參與政治，透過政治來建構政治共同體的善，並提升公共生活的品質。

參考書目

周育仁（2010）。政治學新論。第三版。臺北：自印，翰蘆圖書公司經銷。
鄧毓浩（1998）。論青少年法治教育。載於公民教育學報第七輯。臺北：國立臺灣師範大學公民訓育學系出版，頁221-232。

第 11 章

生產、分配與消費

賴志松

本章綱要

引言

　　為求生存，人們必須進行消費，以滿足最基本的生理需求。由於人們很難完全自給自足，因此，每個人所消費的產品必定有一部分來自於與他人進行交換，衍生出市場以及對貨幣的需求。其次，當市場形成時，生產者必須以市場需求為前提決定生產什麼？生產多少？如何分配？誰來消費？這些議題均屬於經濟生活的一部分，因此在社會領域教育學習過程中應具備此類概念。本章擬以貨幣概念、決策與資源配置、需求與供給等三個單元進行探討。

一、貨幣的源起

　　人類最早的生活是以狩獵和採集方式獲取食物，這時的生活型態是遊走於森林與草原之間，過著居無定所的生活，而最基本的生理需求──食住或溫飽，也都可以完全自給自足。由於人們過的是純粹的自然經濟生活，所以不僅沒有商品的概念，也沒有交換物品的需求。隨著人類開始懂得使用工具及技術來種植農作物、豢養家禽及家畜、製作各式器物，為了便於照護這些私有財產，逐漸形成定居型態的社會結構。同時，因為每個人的時間、資源有限，無法生產所有生活必需品，因而產生了社會分工現象。這時候，由於每個人只能專注於生產某類產品，則生活中所有必須消費的產品中，就必定有一部分須由外部取得；另一方面，每個人所專注生產的產品，也會因為生產技術的提高而出現剩餘。此時，因為每個人都有剩餘產品，又對其他產品有所需求，因此促成了人與人之間進行產品交換。此一現象，就是所謂的物物交換制度（barter system），也稱為直接

交換制度（direct exchange system）。

　　在這種物物交換體系中，交換物品的雙方必須符合欲望的雙重巧合（double coincidence of wants），交易才有可能成功。也就是說，某甲為了實現自己的欲望（以自己剩餘的產品向他人換得自己需要的產品），最簡便的方法是找到另外一個恰巧既擁有某甲所需要的產品、又對某甲所擁有的產品有所需求的第二個人，以進行直接交換。如果無法找到這樣的人進行直接交換，就必須退而求其次，某甲先和第二個人進行交換，將自己的剩餘產品交換出去，再將自第二個人換來的產品和第三個人進行第二次交換，如此不斷進行下去，直到換得某甲需要的產品為止。

　　舉例來說，某個社會有甲、乙、丙三個人，甲生產麵包，乙生產水果，丙生產蔬菜。當甲想要以麵包換取水果，乙剛好也想要用水果換取麵包，則甲和乙因為欲望的雙重巧合，所以可以直接進行交換（如圖11-1）。如果甲想要以麵包換取水果，乙想要用水果換取蔬菜，而丙想要用蔬菜換取麵包，由於甲、乙、丙任何一人與他人都無法達到欲望的雙重巧合，則甲只能用麵包和乙換得水果，再由乙拿麵包去和丙交換蔬菜；或者是甲先用麵包和丙換得蔬菜，甲再拿蔬菜去和乙換得水果（如圖11-2）。不管是用哪種方式，都得經過二次交換，三方才能各取所需，且會形成麵包：水果、水果：蔬菜、蔬菜：麵包三種交換比例。

　　總體而言，若社會中有N種商品，則將有N(N-1)/2種交換比例。如此一來，整個社會的人將會浪費太多的時間從事尋找交換對象的工作，以至於花費在尋找的時間可能遠遠超過生產財貨的時間。

　　在這種物物交換制度之下，每一種財貨與勞務的價值，都是以他種財貨與勞務的價值來表示。以上述例子來說，一個麵包的價值是以能夠換得多少水果來決定，水果的價值由蔬菜決定，蔬菜的價值則由麵包決定。這樣的經濟社會缺乏一種衡量各種財貨與勞務的共通尺度，亦即沒有共同的記帳單位（unit of account），往往造成交易的不便。

圖11-1　甲乙之直接交換

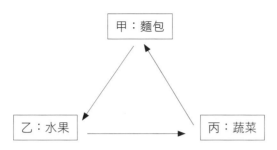

圖 11-2　甲、乙、丙之間接交換

　　此外，在物物交換制度之下，由於自身生產的商品可以用來換取其他商品，所以自己生產多少商品就表示自己擁有多少購買力。如果自身生產的商品無法全數交換完成，導致商品損壞（例如，農產品等），則購買力將減少。縱使將自身生產的商品全數換得其他商品，所換得的商品若有保存期限問題，造成無法於未來使用或再交換出去，將平白損失了原有的購買力。這就表示在物物交換制度之下，購買力由現在移轉到未來的保值問題，面臨了諸多的困難。

　　為了解決物物交換制度所面臨的缺失，如果能夠選擇一種廣為大眾接受且具有耐久性的物品，當作交換媒介、計價單位、價值儲藏，以及延期支付工具，便能克服上述所有的困難，這種工具就是所謂的貨幣（money）。也正因為貨幣的發明，使人類社會經濟制度進入貨幣經濟（monetary system）。

二、貨幣的類型及其演進

(一) 商品貨幣

　　人類社會最早使用的貨幣都是商品貨幣，這類貨幣一方面可以當作一般物品使用，一方面可以當作交易媒介的貨幣之用，而其作為商品時的價值等於其作為貨幣時的價值，所以可以隨時在商品角色及貨幣角色間互相轉換。歷史上曾經被人們用來當作貨幣的商品種類繁多，例如，貝殼、獸

皮等。由於其作為貨幣及商品的價值相當,所以貨幣不會有升值或貶值問題。臺灣在1624~1662年荷蘭、西班牙治理時期,除了以物易物之外,就曾以貝殼作為貨幣。

不過,由於這類貨幣有不易分割、運輸不便、數量有限等問題,再加上經濟活動逐漸蓬勃,商品貨幣制度不足以支持社會經濟所需,因而被後繼的金屬貨幣所取代。

(二) 金屬貨幣

由於金屬具有耐久性、可分割性、稀少性等特質,所以,金、銀、銅、鐵等貴金屬在歷史上都曾被用來充當貨幣使用。西周春秋時代之銅貝、戰國末期燕國之刀幣、秦半兩、漢五銖錢、臺灣明鄭及清治時期的銅幣,以及古今中外之金幣、銀兩、銀幣等,都屬於金屬貨幣。從信史時代至今,大多數時期人類社會均以使用金屬貨幣為主。

由於金屬本身也可以製成其他有價值的商品,因此有時也歸類於商品貨幣。同時,由於鑄造問題,多數時候鑄幣的成色不統一,而且往往多種金屬貨幣同時流通,因此當成色不同的貴金屬貨幣同時發行時,人們會保留成色較高的「良幣」,只剩下成色較差的「劣幣」在市面上流通,造成所謂的劣幣驅逐良幣(bad money drives out good),亦即「格萊欣法則」。

例如,若金幣與銀幣同時流通,金銀之法定比價(官價)為1:10(1單位金幣可以換得10單位銀幣),而市場比價為1:12。由於黃金的市場價格高於法定價格成為良幣,白銀的市場價格低於法定價格成為劣幣,則金幣將被融鑄為金塊或金器,再到市場上換得12單位的銀幣。最後,良幣(金幣)將從市場消失,而僅存劣幣(銀幣)於市場流通(如圖11-3)。清朝雍正時期銀兩與銅錢同時流通,因民間對銅器的需求大增,銅錢被大量融鑄為銅器,同樣造成劣幣(銀兩)驅逐良幣(銅錢)之現象。

其後,由於社會經濟日趨發展,富足社會之交易活動益形頻繁,以金屬鑄幣作為交換媒介,不論是輸送、儲存及使用都變得相當不方便,因此

乃被信用貨幣所取代。

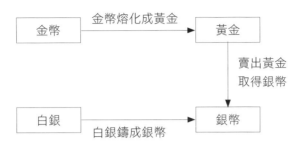

圖11-3　格萊欣法則

(三) 信用貨幣

　　顧名思義，信用貨幣乃是以政府信用為基礎所發行之貨幣，通常是以紙幣配合輔幣方式發行，其價值植基於社會大眾對持用該貨幣的信心。信用貨幣實施之初，政府為取信於民，仍然維持紙幣與黃金之兌換關係，此即黃金準備紙幣本位制度。其後，隨著經濟活動愈來愈發達，人民對政府發行之紙幣也愈來愈有信心，紙幣發行量不必與黃金維持聯繫，因而進入純粹紙幣本位時代。此時的紙幣乃稱為不可兌換紙幣（inconvertible paper money）；又因為其流通端賴政府的法令，因此也稱為法定貨幣（fiat money）。

　　時至今日，支票、塑膠貨幣、電子貨幣等受到政府及社會大眾認可之支付工具，都已成為信用貨幣之一環。

　　雖然商品貨幣、金屬貨幣、信用貨幣有以上之差異，但Orléan（1992）認為，經濟的運作顯然不是將黃金、紙鈔之類的貨幣當作單純的媒介而已，否則就不會有人想辦法累積它們。他認為，人們會累積貨幣的這種現象表示：貨幣本身具有真實的價值（特別是紙幣）。它的媒介功能使人認知到，它在社會的交換活動中是可信任的；也就是說，大家相信，擁有貨幣的人就擁有交換能力，也就能影響商品的流通。如此一來，貨幣本身就比交換的物品來得重要，所以必須累積貨幣。然而，人們累

積貨幣的前提是：人們要對貨幣具有某種程度的信心；這就意謂著大眾的心理是：只有當我知道別人在交換時會接受某種貨幣，我才會跟著接受。但若別人也與我一般地等待別人的決定時，就沒有人能決定哪種貨幣會被接受。如果每個人的行為都視別人的行為而定，則貨幣也就無法出現。Orléan把這種對別人想法進行如鏡子來回反射般的推論，稱之為臆測（specularity）。這就表示，透過這種社會集體臆測過程，人們共同認定貨幣的價值，才會願意累積貨幣。

決策與資源配置

在前述因消費需求所衍生的交易市場中，任何一個商品的市場，是由該商品的供需雙方共同形成。商品價格由供給與需求這兩股市場力量共同決定，人們則根據商品間的相對價格，進行生產與消費的決策（decision making）。

一、決策

決策就是選擇（choice）的行為，也可以說是取捨（tradeoff）的行為。當人們進行消費時，要不要購買？要購買多少？什麼時候購買？都是一種選擇的行為，也都是決策。同樣的，當廠商進行生產時，要不要生產？要生產多少？什麼時候生產？也都是決策。

我們之所以需要進行決策，原因是資源具備稀少性（scarcity）以及多種用途（alternative uses）。例如，你只擁有100元，可以用來吃一餐飯，或用來購買文具，也可以用來上網咖。不管你怎麼使用這100元，你的總花費都無法超過100元，這就是你所擁有的資源具稀少性。而這100元可以用來飽餐一頓、購買文具、上網咖，就代表這100元的資源具備多種用途。但是，此一資源只可一次用在一種用途上，無法同時滿足多種用途；因此，你必須對這100元的用途進行抉擇，而當你進行抉擇時所依

據的標準因人而異，端視你在抉擇當下覺得哪一種用途的價值對你最為有益。

　　由上觀之，人們進行決策時，乃是基於三項條件：（一）有限的資源，（二）資源具備多種用途，（三）每一種用途有其各自的價值。若以上任一條件不存在，也就沒有決策的必要。例如，你不只擁有100元，則有可能你所擁有的錢足以讓你同時用來吃飯、買文具、上網咖，所以你不須進行取捨。若是這100元被限定只能用於購買文具（例如，圖書禮券），則這100元即不具備用於用餐、上網咖等多種用途，所以你也無從選擇。即使不限定這100元的用途，但你覺得目前不須要購買文具用品，對上網咖也沒興趣；對你而言，將這100元用於這兩項行為都不具價值，則唯一用途只剩用餐一項，自然也毋須決策。

二、機會成本

　　此外，當人們進行決策時必須付出成本，此一成本代表著進行決策時必須放棄的最大價值，稱為機會成本（opportunity cost）。舉例來說，如果某一決策可有三個選項，第一選項可獲得1萬元利益，第二選項可獲得5萬元利益，第三選項可獲得10萬元利益。當選擇第一選項時，必須放棄第二選項的5萬元利益及第三選項的10萬元利益，則最大的損失為第三選項的10萬元；同理，當選擇第二選項時，必須放棄第一選項的1萬元利益及第三選項的10萬元利益，最大損失亦為第三選項的10萬元，因此，選擇第一及第二選項時的機會成本都是放棄第三選項時的10萬元。若選擇第三選項時，必須放棄第一選項的1萬元利益及第二選項的5萬元利益，最大損失為第二選項的5萬元利益，故其機會成本為放棄第二選項的5萬元。

　　綜合以上所述，當人們選擇將資源用在某一種用途時，勢必要放棄該資源使用於其他用途的機會，此時因為選擇而必須放棄的諸多用途中價值最高的部分，就稱為該決策的機會成本。這就應驗了俗話所說「有得必有失」，我們可以說：「失」就是「得」的機會成本。

三、比較利益

其次，當機會成本概念應用在專業與分工時，選擇機會成本較低的產品進行生產，代表具有生產上的比較利益（comparative advantage）。1776年，亞當斯密出版的《國富論》（*The Wealth of Nations*）指出，一國的經濟要強盛、財富要增加，只靠保護主義是無法達成的；相反的，採取開放政策，由各國生產具有絕對優勢的產品再相互貿易，方能有效地整合全世界的資源，進而提高全世界的總產值，讓各國分享經濟成長的果實。例如，當各國（或個體）投入同量的生產要素生產相同產品，某個國家（個體）若能比其他國家生產出較多數量的產品（或產量相同，但使用的生產要素較少），可說該國在這種產品的生產上具有「絕對利益」。

李嘉圖（David Ricardo, 1817）在《政治經濟與賦稅的原理》（*The Principles of Political Economy and Taxation*）中，將亞當斯密的絕對利益說法進行延伸，提出比較利益說（comparative advantage）。他指出，各國只要生產其具相對優勢的產品（或生產力相對較高的產品），再與他國進行貿易，就能從中提升利益。這就表示，一個在多種物品的生產上皆具備「絕對利益」的國家（或個體），並不需要生產所有這些物品，應將其生產要素集中於「每單位的產量利益相對較高的」物品的生產與出口；而不具任何「絕對利益」的國家，並非不能生產任何物品，仍然可以選擇「劣勢相對較小」的物品來進行生產及出口。

舉例來說，某甲每天可做2張桌子或5張椅子，某乙每天可做1張桌子或4張椅子，不論是桌子或椅子，某甲均比某乙具備絕對利益。但每做1張桌子，某甲必須少做2.5張椅子，某乙則是4張椅子；也就是說，某甲做1張桌子的機會成本是2.5張椅子，而某乙的機會成本則是4張椅子。這表示，某甲在桌子的生產上具有比較利益。反過來看做1張椅子的機會本，某甲為0.4張桌子，某乙為0.25桌子，這就表示某乙具有生產椅子的比較利益。

如此一來，即使某甲不論是生產桌子或椅子均比某乙具備絕對利益，某甲還是應該專門生產桌子，而讓某乙專門生產椅子，再彼此進行交

易，如此專業分工，雙方均可獲利，如表11-1所示。

表11-1　生產一單位產品之機會成本

產品 ＼ 廠商	某甲	某乙
桌子	2.5張椅子	4張椅子
椅子	0.4張桌子	0.25張桌子

四、資源配置

以上論及決策、機會成本、比較利益時，均與資源的配置有關。在經濟社會中，資源就是生產要素，指的是生產各類產品時所需的最基本元素，包括人力資本與非人力資本。人力資本包括勞動與企業家才能，非人力資本則指土地與（財貨）資本。土地泛指一切自然界天然資源，如土地、海洋、礦產、森林等，我們所有的產品均取自於此。勞動指的是勞動者在生產過程中以獲取報酬為目的，提供包括勞心與勞力的活動，以便將自然資源轉換為產品。資本則指生產過程中所使用到的財貨，包括廠房建築、機器設備、存貨等等，可以說是生產工具的總稱。至於企業家才能則指生產者結合以上三種生產要素，以從事生產的經營能力及承擔風險的能力，也可以說是生產的決策者。

Boskin and Lau（1992）則指出，國家經濟成長的三個主要生產要素為：資本、勞工，以及科技發展。資本指的是用來生產商品及服務的其他商品及服務，包括機器、建築物、工具和對自然資源的改善。勞工則指所有提供勞務以參與生產的人，亦指人力資源或人力資產。而科技發展可以說是全部生產要素的加強。

如前所述，以上這些資源並不是無限的，而是有限的；因此，這些資源該如何進行配置方能具有效率，即成為經濟社會的重要議題。

在傳統經濟（traditional economy，又稱為自然經濟）體制之下，資

源配置是根據傳統的社會風俗和慣例進行分配，這種傳統的經濟社會，不論是生產方法或是消費分配，都是由社會中的領導者依據傳統法則進行產品配置，因此，這種經濟體制下的資源配置較為穩定，且具備可預測性。然而，這種經濟體制也有嚴重的缺點：制度改革與技術創新的空間會受到嚴重的限制，最後導致經濟規模受限，沒有大幅成長空間。

在集權經濟（command economy，又稱指令型經濟或計畫經濟）體制中，由於大部分資源由政府擁有，所以資源分配仍然是由政府決定，而不是由市場價格決定。由於缺少私人競爭，以至於難以有效提高生產效率，導致價格也不能透過競爭而有所調整，從而個人的收益或報酬也無從提升，經濟規模也就難以成長。

至於市場經濟（market economy，又稱為自由市場經濟）體制，是目前被普遍採用的方式。在此體制中，資源配置是由社會大眾所決定，也就是說，產品和服務的生產及銷售完全由自由市場的自由價格機制所引導，而不是像計畫經濟一般由國家所引導，在市場經濟裡並沒有一個中央協調的體制來指引其運作。市場將會透過產品和服務的供給和需求產生複雜的相互作用，進而達成自我調整的效果。不過，市場經濟中，並非每個人都可以自由決定他想要從事的活動，必須受限於他所能掌握的有限資源。

肆 需求與供給

在前述的市場經濟體制中，資源配置——產品和服務的生產及銷售，完全由自由市場的自由價格機制所引導。價格是指買方在購買財貨或勞務時應該支付給賣方的金額，而價格是由市場的需求與供給共同決定的。這是因為在完全競爭市場中，有很多的買方與賣方，個別的買家或賣家的力量都很小，所以，個別的買方或賣方對商品都沒有影響力，他們全都是市場價格的接受者。

一、需求

　　需求（demand）指的是人們有能力購買，並且願意購買某種物品的欲望。某種商品是許多消費者需要（need）或想要（want）的，但並不一定每個人都買得起；因此，這個物品在市場中的需求量（quantity demanded）就會受到限制。總結來說，在一個市場裡，某種物品在既定價格之下，所有消費者所選擇購買的數量，稱之為需求量。

　　當其他因素（例如，所得、其他物品的價格、生產技術）不變的情況下，某物品的價格上漲時，該物品的需求量將會減少，這種現象稱之為需求法則（law of demand）。若將該物品的價格與需求量的關係以圖形表示，稱之為需求曲線（demand curve）。例如，當某商品的價格原來是100元，它的需求量是2,500個，標記為A點；當它漲至200元時，需求量減少至1,000個，標記為B點；如此將所有價格與需求量標記點連線，即為需求曲線，如圖11-4所示。

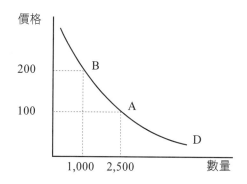

圖11-4　　需求曲線

　　上述情形描述的是在其他因素不變的條件下，該物品的價格與需求量的關係，因此總在需求線上移動。若在該物品的價格不變的狀況下，其他因素改變（例如，所得增加），使得消費者對該物品的購買量增加，造成價格與需求的關係改變。例如，當某商品的價格是100元，如前所述，原來的需求量是2,500個，標記為A點；當價格不變、所得增加時，需求量

增加至4,000個，標記為C點，代表價格與需求的關係改變，不再是原來的需求曲線，需求曲線已由D$_1$右移至D$_2$，如圖11-5所示。

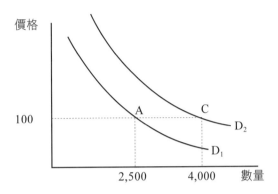

圖11-5　需求曲線右移

以上所言，是指該物品為正常財（normal goods）時的狀況。若該物品是劣等財（inferior goods），所得增加時，對該物品的需求反而減少，則需求曲線會左移，即由D$_2$移至D$_1$。

二、供給（supply）

與需求量相似的是供給量（quantity supplied），指的是在市場上，某物品在不同價格下，生產者願意且能夠提供的數量。一般情況下，供給法則表示：假設其他因素不變，當某物品的價格上升時，其供給量將會增加，反之亦然。

例如，當某商品的價格原來是100元，它的供給量是2,500個，標記為A點；當它漲至200元時，供給量增加至3,000個，標記為B點；如此將所有價格與供給量標記點連線，即為供給曲線，如圖11-6所示。

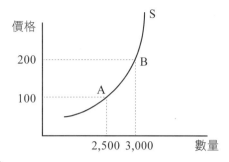

圖 11-6　供給曲線

　　若在該物品的價格不變的狀況下，其他因素改變（例如，工資下跌導致成本降低），使得生產者願意增加供給量，造成價格與供給的關係改變。例如，當某商品的價格是100元，如前所述，原來的供給量是2,500個，標記為A點；當價格不變、工資下跌時，供給量增加至3,500個，標記為C點，代表價格與供給的關係改變，不再是原來的供給曲線，供給曲線已由S_1右移至S_2，如圖11-7所示。

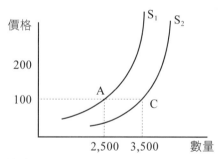

圖 11-7　供給曲線右移

三、供需均衡

　　依據前述需求曲線及供給曲線的例子，將原始的需求曲線及供給曲線繪於同一圖形，則兩線的交點即為均衡量價格與均衡交易量，如圖11-8所

示。

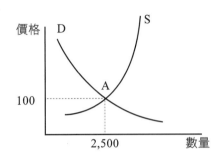

 11-8　均衡交易

伍　結語

　　生產、分配與消費為人類經濟社會和行為的表現，屬於經濟學範疇，其涵義既深且廣，理論體系已相當完備。本文以經濟行為衍生出對市場以及貨幣的需求為始，逐步說明貨幣概念、決策、機會成本、比較利益、資源配置、需求與供給等重要概念，並適度加入消費行為及科技管理概念，以求觀念之連貫。

參考書目

中文部分

李榮謙（2003）。**貨幣金融學概論**。貝塔／智勝。

張清溪、許嘉棟、劉鶯釧、吳聰敏（2004）。**經濟學理論與實際**。高雄：復文。

萬哲鈺、高崇瑋（2002）。**貨幣銀行學**。華泰。

謝登隆（2009）。**國際貿易理論與政策**。智勝。

楊雅惠（1998）。**貨幣銀行學**。三民書局。

英文部分

Boskin, M. J., and Lau, J. (1992) "Capital, Technology, and Economic Growth." In Rosenberg, N., Landau, R., & Mowery, D. (eds.), *Technology and the Wealth of Nations*, Stanford University Press, Stanford CA.

Khail, Tarek. (2000) Management of Technology: The Key to Competitiveness and Wealth Creation. McGraw-Hill Education.

Lieberman, M., and R. E. Hall (2008) Introduction to Economics, 3rd ed., Thomson.

Orléan, André. (1992) "The Origin of Money." Understanding Origins. Ed. F. Varela and J-P. Dupuy. Netherlands: Kluwer, 113-43.

第 12 章

資訊科技與社會

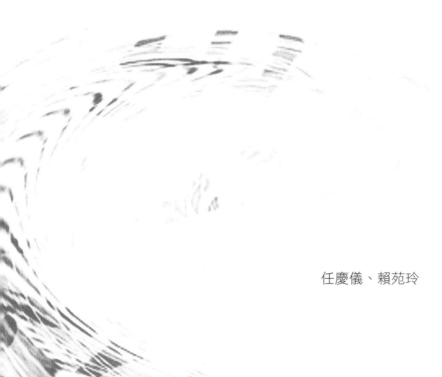

任慶儀、賴苑玲

本章綱要

前言

　　當人類文明的發展不斷的受到社會事件的影響，繼而產生變化時，就形成了不同的社會趨勢。而這些趨勢卻也造就了人類不同階段的文明。因此未來學專家Toffler指出，人類史上有三次的大波動：第一波：農業革命取代狩獵群聚社會的文化；第二波：17世紀到20世紀中期的工業革命；第三波：1950年代後期的「後工業社會」（http://www.wordiq.com/definition/Alvin_Toffler）。然而，另一位著名的未來學專家Naisbitt則指出，第三波的變動並不是「後工業社會」，而是全新的「資訊社會」。而引發第三次社會變動的則是1957年蘇俄發射人類史上第一顆人造衛星——Sputnik（詹宏志譯，1985：33）。在當時，許多的專家均認為Sputnik的發射只是美蘇兩國在冷戰時期一種國家科技的競爭而已。但是今人想不到的是，當我們回溯這段歷史時，才驚覺Sputnik的影響遠大於當時的想像，因為它正是引發「全球衛星通訊」時代的觸媒，讓今天的全球溝通的夢想得以實現。許多人不得不承認它對「……全球資訊經濟的影響，大大超過它對太空探險的貢獻」（詹宏志譯，1985：33）。而人類從「工業社會」進入了「資訊社會」，其所代表的意義是社會的思潮、價值、信仰和行動等都有劇烈的變遷，當然也包括了對教育與學習的觀點。

資訊科技的發展

　　就資訊的發展歷史來看，對人類社會有重大的影響，首推文字的發明，其次是紙和印刷術，再來就是電腦和網際網路。今天的資訊科技發展大都從50年代的電視和人造衛星傳播開始，80年代以後的個人電腦和網際網路則持續並且加速其發展。電腦科技的發展，源自於人類開始使用機器作為計算的想法。直到80年代，個人電腦開始發展，一般民眾才開始感覺到電腦和生活的關係。隨著蘋果電腦的崛起和不斷的改良，以及

1974年個人電腦的發展，讓人類的生活逐漸與電腦產生了密不可分的關係。但是這種關係仍然停留在處理和儲存資料的功能，而真正和民眾生活產生重大關係則是在網際網路開始之後。這種關係又隨著網際網路與電腦科技的進步得以更進一步的擴展，對人類的生活產生了更深層的融合。舉凡生活的一切均與此項資訊科技的發展有關，而兩者之間不斷產生關係的變化，時至今日可以說無一日可缺電腦與網際網路。

1969年，美國國防部為了讓通訊網路被核武攻擊時，還能夠使用其他替代的網路，因此研發阿帕網（ARPANET）。國防部進階研究計畫署（Advanced Research Projects Agency, ARPA）終於在1969年於美國西部架設了一個實驗網路，連接加州與猶他州四所大學中的電腦設備，將政府部門和大學的電腦系統聯線在一起，並且以高速的方式相互傳輸資料（http://vm.nthu.edu.tw/ science/ shows/ sci058.html）。首封電子郵件即是由Tomlinson經ARPANET所發出。至此，遠程終端模擬、檔案傳輸與電子郵件三種服務，可說是Internet最早提供的應用服務。Berners-Lee於1990年底推出世界上第一個網頁瀏覽器和第一個網頁伺服器，推動了全球資訊網的產生，開始了網際網路應用的迅速發展。此後，多媒體、使用便利的WWW及瀏覽器之出現，讓民眾不再害怕使用電腦網路，使得Internet急速地在世界各地發展。

參 資訊科技與社會變遷

「資訊社會」所帶來的變遷，除了資訊科技本身，如：電腦、衛星通信、網際網路、光學纖維等技術的提升與改進以外，更重大的影響是來自它所引發的社會各層面的改變，包括社會、政治、文化和經濟的面向。面對如此巨大且範圍廣泛的變遷，如何能聚焦的說明社會是如何的變遷呢？Naisbitt（1982, 1990）以其「內容分析」的研究，指出資訊科技在「資訊社會」中所扮演的角色導致社會變遷的趨勢如下：

一、從產業社會到資訊社會

職業人口與新興職業的改變不同，是造成產業社會和資訊社會最大的差別。根據統計，1956年是美國史上第一次從事科技、管理和職員的職業白領勞工數目超過以勞力維生的藍領工人；自此，以生產為主的社會已經被資訊工作所取代。1980年代，農業人口只剩下3%，卻有60%的人口靠資訊的創造、處理和分配維生，例如：律師、教師、會計師等（詹宏志，1985：25）。

不僅許多新興的資訊職業加入了原有的職業範圍，而且將舊有的產業賦予資訊科技化，例如：鐵路業者將原有的售票系統資訊化，這些都是受到資訊科技的影響所致。1957年，Sputnik引發了「全球衛星通訊」的時代。衛星通訊的技術瓦解了原有的「資訊流程」，使得知識或資訊的取得更自由、更快速，人人都可以在同一時間裡得到全球的資訊。不僅資訊的速度加快，資訊的量也呈現驚人的成長。因此，「資訊爆炸」也是這個社會的現象。根據Naisbitt指出，人們面對這個知識、資訊密集的社會，其對基本的讀、寫、算的技能需求將更高（詹宏志譯，1985：25）。許多國家的教育政策開始注重在資訊社會的要求，紛紛提出所謂的「關鍵能力」，例如：聯合國、澳洲、歐盟、紐西蘭等。在各國的關鍵能力中，值得注意的是，它們都將搜尋資料、閱讀資料、運用資訊的能力，作為「資訊時代」中學習的關鍵（許芳菊，2006：26-7）。

二、從強迫科技到高科技／高接觸

這是指人類對科技的人性反應。當高科技產品充斥在生活的每一個層面時，許多人會被迫使用它。舉例來說，為了要即時通訊，手機似乎是最方便的工具，許多人雖然不想被手機所牽絆，但是仍然抵擋不住這股潮流，只好從善如流。愈來愈多的人參與進香團、路跑活動、元極舞蹈，正因為它們是屬於高接觸人性的活動。所以，愈多高科技的產品進入生活中，人們愈想有接觸人性的反應。

視訊會議和網路購物難以取代面對面的樂趣，原因無它，就是人類愈使用高科技，就愈嚮往和人群的接觸，這是一種對高科技的人性補償作用使然。

三、從國內經濟到世界經濟

因為資訊流程的瓦解，讓資訊得以快速的溝通，使得企業界能夠蒐集到資訊，可以作材料、製成、管理的重新分配。這種「世界化產品」將是未來產業的主要型態。值得注意的是，在「世界經濟」的觀點中，商業溝通的語言主要還是英語。因此，說英語也將是未來全球化資訊溝通的工具。

但是，當大家都說英語的同時，以為大家會愈來愈相似，卻發現各國的文化和語言開始復興了。換言之，在全球化之下，中國人變得更像中國人，瑞典也更瑞典化了。因此，多元文化以及在地文化的復興也在同時進行著。

四、從短期思考到長期思考

在「產業社會」中，企業一向把「報酬制度」建立在犧牲未來、成就短期成功的思潮裡。過去的數十年中，對於環境問題和不可再生資源的辯論、說明，透過資訊科技之傳播和宣傳，讓全球的人開始獲得相關的資訊並思考這些議題，同時開始計畫企業的「永續經營」策略。氣候的變遷和環境的污染，讓美國前副總統高爾協調各國在1997年12月簽訂「京都議定書」（Kyoto Protocol），以及2006年的《不願面對的真相》（An Inconvenient Truth）紀錄片在日舞影展首度放映，這些資訊都是藉由資訊傳播，讓全世界的人們在同一時間受到了相當程度的震撼。

「短期到長期」的觀念也在教育界開始發酵，人們開始從有限的「短期的」學校教育，轉向「終生教育」以及「再訓練」的觀念。所以，「終生教育」也成為這一波的教育改革的新觀念。

五、從集權管理到分權管理

在產業社會中，企業的構成需要將龐大的勞力、原料、資本和設備集中在工廠中。分權管理是資訊社會裡的管理概念，而資訊科技則是讓這種經營的型態變成可能的重要關鍵。

教育的領域也逐漸走向分權的管理。政府對學校教育的干預能力愈來愈薄弱，起而代之的是學校的自主。我國在實施九年一貫課程綱要中，也明顯的將中央與地方政府的權限劃分出來，並賦予學校具有課程發展與設計，以及選擇教科書的權力，其所代表的意義也正是具有分權的意涵。

六、從制度救助到自我救助

地方的環境問題、治安問題、教育問題等，政府似乎無力解決，因此，許多的縣市和鄉里便開始自己著手處理。鄉里的守望相助團體、社區重建委員會等，就最好的例子。另外，白玫瑰運動就是由人民團體自發性的結合群眾以抗議司法的濫權與無能（http://www.xteam.tw）。這些例子都突顯了人們不再相信「大政府」的功能，開始以結合地方民眾的方式自己解決問題。但是，過程中如果沒有資訊科技的助力，這些民眾的結合將會是加倍困難的。

七、從產業區到資訊重鎮的人口遷移

過去的產業社會，人們為了工作方便，紛紛遷移到產業區，所以，產業社會的一個特徵是人口由郊區向都市集中。但是到了資訊社會，都市中的土地已經沒有多少空間可以容納新興的資訊產業，因此，人們在這樣的經濟誘因之下，開始朝向資訊產業集中的區域遷移。在臺灣最明顯的都市是高雄與新竹。高雄一直是臺灣重工業的所在，由於它的產業沒有提供更多的工作機會，居民往往外移至其他縣市；反觀新竹，人口數的成長與地區繁榮的發展，讓許多原本居住在北部城市和南部城市的人往此區移動。

另外，由於電腦網路的發達與衛星傳播的無遠弗屆，讓許多人不願意生活在煩躁的都市中，反而選擇郊區居住，其原因也因資訊科技的發達能滿足生活的一切。

八、從少數選擇到多重選擇

資訊科技的主要貢獻是讓資訊流通的速度和管道變得快速，而且沒有限制。但是隨著資訊科技的發達，多重選擇的觀念也逐漸深入生活中其他的領域，例如：宗教、藝術等，甚至是對家庭和性別種類的新定義。過去婦女在選擇職業的時候，大概脫離不了教師、護士、秘書等行業。過去被視為女性專長的護士、秘書、接線生、賣場的結帳人員，現在也有許多男性加入。過去男主外、女主內的觀念，也被許多走入家庭的男性的現象所打敗。這些觀念被改變，事實上也受到資訊傳播的影響，讓大家形成共識與社會的認同。

九、女性主義的抬頭

正因為許多企業的工作不再需要以勞力、體力，以及大規模的工廠設備作為基礎，反而是需要更多的腦力工作，這一點讓女性能具有更多的機會進入企業。其次，女性的價值觀和管理的風格也是資訊社會中所需要的。因此在兩者的推波助瀾下，女性開始在企業界裡占據了管理階層以及高層的領導者地位。例如：前英國首相柴契爾夫人成為連任三屆的首相，希拉蕊成為美國女性的外交部長，她們的領導方式和風格都是以協調、鼓勵和睿智而獨樹一格。

十、個人勝利的時代

透過資訊科技傳播的效率與便利，讓個人可以獲得全世界的資訊，使得個人能夠在世界的任何一個角落自我學習，並成為一個個人的工作

者。在企業界，知識開始取代勞力成為立基的主要資源，微軟、Yahoo、Google等都不是需要有非常壯觀的工廠和設備，反而是腦力和創造力是企業立基的「資本」。微軟的比爾・蓋茲和雅虎創辦人楊致遠，都不是從大集團、大企業、大資本的情況下起家的，在資訊社會中，誰擁有資訊的科技就是最好的「資本」，它可以讓個人有機會得以成功，而不需要依靠財團和大企業的支持。在此同時，資訊社會也同樣要求個人要為自己的行為負責，個人的成功就是社會的福祉。

肆 資訊倫理

　　資訊網路科技的發達改變了人們的生活型態，不論在工作、生活、學習與社交等各方面，都出現不同的面貌。資訊科技的應用雖然帶來了許多便利與豐富的資訊，但隨之衍生而來的問題卻也層出不窮，如：網路詐欺、網路色情、網路駭客、網路毀謗、網路上侵害個人資料保護等不當的行為。依據《大美百科全書》對「倫理」的解釋，是從道德責任與義務來探討，指須符合個人道德規範或是某一專業團體的行為標準，像「好」與「壞」，或「對」與「錯」。倫理是更細緻的一種道德，用來規範某些特定的團體、族群或社會階層，如：家庭倫理、政治倫理、醫學倫理、企業倫理、校園倫理等，就表示屬於該群體成員適用之道德規範。各行各業都有相對應的專業倫理，在電腦資訊領域中，專業倫理就是資訊倫理。

　　自從電腦網路發展以來，便有「電腦倫理」與「網路倫理」，而現在對於一切資訊、通訊科技的使用，通稱為「資訊通訊科技倫理」，簡稱為「資訊倫理」（周倩，2009）。莊道明（1996）認為，資訊倫理是探究人類使用資訊行為對與錯之問題，而人類使用資訊的行為，包括對資訊的蒐集、檢索、整理、儲存和散播等。許孟祥和林東清（1997）將資訊倫理定義為，決策者在面對資訊相關的倫理議題時之權利與義務，及賦予決策者在倫理決策或行動上，判斷是非善惡的基準。郭鴻志（1998）認為，資訊倫理的適用對象包括廣大的資訊從業人員與使用者，其範圍包含資訊的生

產、組織、處理、分析、傳送、保管等活動。Siponen與Kajava（2000）指出，資訊倫理是指與資訊科技有關的道德哲學、道德或一般倫理與倫理困境。資訊倫理所涉及的對象即資訊的使用者，除了必須遵守法律的規定之外，尚須藉助倫理道德的規範，以提供使用者一個遵循的方向。資訊倫理的目的是關懷與教育，希望經由教育的良性溝通，讓使用者能培養資訊倫理素養，成為資訊社會中高品質的公民（莊淇銘，1999）。

美國學校圖書館館員學會（American Association of School Librarians, AASL, 2007）在《21世紀學習者的標準》一書中，依據1998年的資訊素養標準，列出中小學生應有的資訊倫理指標，如：學生應尊重創造者與製造者的著作權與智慧財產權、學生在蒐集與利用資訊時應遵守倫理與法律的準則、學生須能使用資訊，以得出結論並作出合理的決定、學生能合理的與有責任的利用資訊與科技、學生能在個人電子溝通與互動中安全的操作與遵守道德的行為。

資訊倫理涉及與影響層面非常廣泛，不只是個人、專業工作，也成為社會大眾共同的課題之一。Mason（1986）認為，資訊倫理是指發展和使用資訊科技有關的倫理議題，多半是屬於人們對資訊科技和資訊的誤用；其提出有關資訊倫理的四個議題（PAPA）為：資訊的隱私（privacy）、資訊的正確性（accuracy）、財產權（property）和資訊的擷取（access）。茲分述此四大議題如下：

一、隱私權（privacy）

什麼資訊可以在什麼條件下透露？個人可保有資訊及使用行為，即蒐集、處理與散布個人隱私資訊時，所必須尊重的隱私權問題。

二、正確性（accuracy）

如何辨別資訊的正確性？提供錯誤的資訊應負何種責任？資訊管理者未盡善管理之責，使資訊遭人入侵竊取或修改。即資料提供者供應準確資

訊給使用者，以作成重大決策的義務與權利。

三、財產權（property）

　　資訊的使用涉及某情況下須採取的行為，如：付費、徵得所有權人的同意及侵權之責任，即利用、傳播與重製資訊產品的權利與義務。

四、資訊的擷取（accessibility）

　　維護個人對資訊使用的權利，即對於資訊的讀寫權利與資訊資源的掌控權等問題。

　　資訊倫理所涉及的議題相當多，除了上述的PAPA議題外，尚包括網路禮儀、網路安全、網路侵權行為與網路色情氾濫，茲分述如下：

五、網路禮儀

　　網路禮儀為在網路上從事活動或利用資訊的行為時，使用者彼此間的互動禮儀。依據教育部之規定，可分成下列幾點來討論：

（一）言論

　　由於網路是一個開放的空間，而使用者又具有匿名性特質，社會規範首先有一般性的規範，如：文字簡潔清楚、儘量少使用語意難辨的注音文等。網路上的言論也有需要注意與遵守的規範，如：應該要尊重他人，切忌出現揭露他人隱私的言論；不宜在網路上不經當事人同意而公布他人資料；在網路互動上不要使用過度激烈的言詞，以免造成謾罵攻擊；不可在網路上散播謠言，若有謠言傳來，也要要求自己當一個停止謠言的智者，不轉寄謠言信件。

(二) 頻寬

使用網路的過程是建立在不僅讓自己使用網路方便，也使他人使用網路自在的互重基礎上。如果頻寬是與他人共享，在使用上要特別注意傳送檔案之大小。若多人使用網路、頻寬擁擠時，不宜傳送或下載大型檔案。

(三) 尊重他人網路行為

在網路上與人互動時，若對方打字動作慢、語法有誤，應表現友善的態度，包容網路新手，並協助對方逐漸熟悉網路操作。切忌嘲笑對方，甚至將之公諸於網路上，這是非常不道德的行為。

(四) 分享經驗

由於網路是一個互動的園地，同時也是一個資訊交流的場域，因此若有人在網路上提問，應就自己的能力所及儘可能分享知識與經驗，使這個資訊交流的場域豐富且人人受益。

(五) 遵守網站規範

每個網站的使用介面都不盡相同，每個網路介面都有其使用規範，在使用網路的過程中，應先了解各介面的使用規範，並加以遵守，尊重網站管理者。

其他還須注意的有尊重他人隱私權、著作權、勿從事非法行為（http://eteacher.edu.tw/Read.aspx?PostID=11）。

案例：

宋小文是某大學機械系三年級的學生，也是機車一族，舉凡上學出遊都是靠他的野狼一二五。某日，宋小文前往居家附近的一家機車行，詢問有關機車輪胎的價錢，但是當天他並沒有在該機車行更換機車輪胎。事後，他在某網站留言版上，發表了一篇標題為「黑店」的文章，該文章的內容是有關他詢問

該機車行機車輪胎的心得感想。該文章中指稱該機車行是「黑店」，以及「將二手胎整理得跟新的一樣，還拿來當作全新輪胎賣」等，具體指責該車行誇大商品的效果，並抬高售價欺騙消費者的行為。該文章還以該機車行的老闆T恤背後印著「非常機車」的字樣，調侃該老闆「應該是二手車店騙不夠，再出來騙的吧！」。該機車行老闆王大宇原本並不知道被人上網批評，後來經由上網友人的告知，並將宋小文的文章列印下來給他看，王大宇得知後氣憤難耐，認為宋小文在網站留言版上張貼內容不實的文章，供不特定人士上網瀏覽觀看，並任人轉寄散布，已經嚴重損害他的商譽，導致該機車行生意一落千丈。王大宇先是向該網站留言版的版主提出抗議，其後並向警政署刑事警察局偵九隊提出毀謗罪告訴，並要求宋小文賠償損失新臺幣10萬元。

在本案例中，王大宇在其機車行中之商品銷售與定價乃私人行為，並非可受公評之事，且涉及私德而與公共利益無關。宋小文未經查證即意圖散布於眾，故意在網路上，「指摘」足以毀損王大宇名譽之不實謠言，造成王大宇名譽上的損害，依刑法第310條的規定：「意圖散布於眾，而指摘或傳述足以毀損他人名譽之事者，為誹謗罪，處一年以下有期徒刑、拘役或五百元以下罰金。散布文字、圖畫犯前項之罪者，處兩年以下有期徒刑、拘役或一千元以下罰金。」。王大宇是觸犯刑法第310條第1項之誹謗罪（周天，2005）。

六、網路安全

網路安全的範疇廣泛，不論軟體、硬體都有各種安全問題存在，常見的網路犯罪類型有：網路駭客、電腦病毒、網路賭博、網路誹謗、販賣違禁品與網路詐欺等各種不同的犯罪類型。因此，網路安全措施包括防毒軟

体、防火牆、存取控制、認證機制等，以確保電腦上的資訊不被破壞，並確保資料在網路上傳輸的安全。教育部規定的防護措施包括：（一）使用密碼管理電腦使用者，並且密碼應避免過於簡單或容易猜測。（二）不要隨便安裝或執行來路不明的程式，如不明來源郵件的附加執行檔。（三）擁有安全掃瞄與評估的軟體機制，如掃毒軟體的自動偵測，可以針對可疑的程式動作進行偵察，且定期更新防毒軟體的病毒碼。（四）可透過學校或圖書館許可的連結來蒐集資料，而不是以瀏覽搜尋引擎作為資訊來源（http://eteacher.edu.tw/Read.aspx?PostID=11）。

案例：

　　程利宏就讀某大學應用數學系碩士班，眼看學期即將結束，幾個星期以來，程利宏將他的時間與精力，全部投注在專題研究期末報告的撰寫上。為了求得精確無誤的研究數據，他利用家中的桌上型電腦，一遍又一遍的試算。正當他的研究工作進入緊鑼密鼓的階段，他突然發現電腦「中毒」了，電腦當機而完全無法使用，讓他心急如焚，最後差一點延誤了繳交報告的最後期限。暑假中，他想到這次有驚無險的經驗，讓他對於「電腦病毒」產生了許多好奇，於是上網瀏覽了很多介紹有關電腦病毒的資訊，以及歷次電腦病毒造成危害的重大事件，他開始嘗試利用自己撰寫電腦程式的能力，也撰寫了一個病毒的電腦程式。為了測試這個電腦病毒的威力，並且掩人耳目以防止自己的身分曝光，他以匿名申請了一個免費的電子郵件信箱，利用網咖中的電腦發了一封標題為「地獄祕笈，For your eyes only」的電子郵件，夾帶這個名為「地獄祕笈」的電腦病毒附加檔案，傳送給許多他認識或根本不認識的「地獄」線上遊戲的愛好者。因為好奇而開啟該電子郵件附加檔案的收信人，他的電腦主機便會被植入這個電腦病毒，造成該電腦常常發生無預警的自動關機，最後終至無法開機，許多電腦使用者因而損失慘重。

270

程利宏的行為已構成無故以電腦程式干擾他人電腦或其相關設備，致生損害於公眾或他人，觸犯刑法第360條之「干擾他人電腦使用罪」，該條規定：「無故以電腦程式或其他電磁方式干擾他人電腦或其相關設備，致生損害於公眾或他人者，處三年以下有期徒刑、拘役或科或併科十萬元以下罰金。」此外，對於此類電腦病毒的程式設計者，觸犯刑法第362條規定：「製作專供犯本章之罪之電腦程式，而供自己或他人犯本章之罪，致生損害於公眾或他人者，處五年以下有期徒刑、拘役或科或併科二十萬元以下罰金。」（周天，2005）。

七、網路侵權行為

在網路上下載、貼上、轉寄或編輯有著作權的資訊，除了合理使用外，原則上應事先得到著作權人的同意或授權，才是合法的行為。如在未經授權情況下，將歌曲、影片、圖片放在部落格上任人下載，即是侵權的行為。我國著作權法對此侵權行為之規定如下：（一）不要在網路上隨便免費下載音樂、影片、軟體。（二）不要將他人的文章、音樂、影片、軟體隨便轉寄。（三）不要將他人的文章、照片隨便張貼或移花接木。（四）不要將他人的流行歌曲或音樂放在部落格上（http://www.copyright.net.tw/ch/ArtHtml_Show.aspx?ID=53bfc912-bc4e-4e50-991a-f0e09c4f01e4&path=189）。

經濟部智慧局有鑑於網路侵權日益猖獗，於2009年鼓勵著作權人使用「創用CC」標誌，以避免侵權行為發生。「創用CC」是一種開放性的公眾授權，目的在於藉由創作者的互助合作，豐富文化的共用資源。「創用CC」每個標誌都有不同的意義，也可以同時使用，等於是替自己的著作訂定遊戲規則，包括著作可不可以轉載、要如何轉載等，都標示得很清楚，同時顧及著作權人與使用者。「創用CC」授權有四個核心授權要素：（一）利用人必須按照作者或授權人所指定的方式，表彰其姓名；但不得以任何方式暗示其為利用人（或利用人使用該著作的方式）背

書。(二)利用人不得為商業性目的而使用著作。(三)利用人不得改變、轉變或改作原著作。(四)利用人改作自原著作的衍生作品,必須採用和原著作相同或類似的創用CC授權條款(http://isp.moe.edu.tw/ccedu/introduction.php)。

案例

李美月今年暑假剛考上某國立大學的會計資訊系,她打算利用開學前好好娛樂自己一下,所以她上個週末在大賣場中購買了一片美國電影《冷山》的DVD,以便回家欣賞。她在觀賞這片DVD時,覺得影片開頭的「協和影視」字樣以及相關的著作權聲明畫面,例如:「著作權人僅授權本光碟組成影片之全部或部分內容在家庭內放映,並不得在任何公共場所放映,包括學校、工廠……」、「任何未經授權之盜錄、剪輯、出租……皆須負民事賠償責任,並可能引起刑事起訴」等字樣,不但非常礙眼,而且還需花費一些時間將該畫面快轉略過,她覺得如果能夠將上述畫面刪除,以後再度欣賞該片DVD時,就可以不必浪費時間了。李美月經過同學范建國的介紹,在網路上下載了一個名為「Movie Perfect」的剪輯軟體,可以提供該軟體的使用者,進行影片檔案的剪輯。因此,她便將上述DVD影片複製到其個人電腦的硬碟中,並利用該影片剪輯軟體,將該DVD影片片頭這些著作權聲明畫面,成功地加以刪除,並將這個已經刪除著作權聲明畫面的DVD影片檔案,燒錄成兩份DVD光碟,一份留給自己以後欣賞,另一份則贈送給范建國,以感謝他所提供的寶貴資訊。

李美月未經該DVD視聽著作之著作權人許可,利用影片剪輯軟體移除著作權人所表示的權利管理電子資訊,明顯侵害著作權,觸犯著作權法第80條之1第1項之規定:「著作權人所為之權利管理電子資訊,不得移除或變更。但有下列情形之一者,不在此限:一、因行為時之技術限制,非移除或變更著作

權利管理電子資訊即不能合法利用該著作。二、錄製或傳輸系統轉換時，其轉換技術上必要之移除或變更。」及第2項之規定：「明知著作權利管理電子資訊，業經非法移除或變更者，不得散布或意圖散布而輸入或持有該著作原件或其重製物，亦不得公開播送、公開演出或公開傳輸。」其侵害著作權之行為，應依據著作權法第90條之3之規定：「違反第80條之1或第80條之2規定，致著作權人受損害者，負賠償責任。」須負民事責任。並依據著作權法第96條之1之規定：「違反第80條之1規定者，處一年以下有期徒刑、拘役，或科或併科新臺幣二萬元以上二十五萬元以下罰金。」（周天，2005）。

八、網路色情氾濫

網路色情是指在網際網路上，公開張貼或散布裸露、猥褻或低俗不雅的文字、圖片、聲音、動畫與性交易等資訊（http://eteacher.edu.tw/ Read. aspx?PostID=11）。由於大部分的網路內容並沒有分級，網站上充斥著色情暴力或不宜的資訊，兒童之身心與人格又尚未成熟，容易受到不當網路內容的影響，進而影響身心發展。網路色情大致以圖片、影片、聲音、色情文字、線上即時互動式情色交談、色情商品廣告、仲介色情及尋找性伴侶等型態在網路傳播。目前缺乏有效管制法令來約束網路世界，應用網路過濾或封鎖軟體雖能讓色情資訊先被軟體攔截下來，不會暴露在兒童的視線裡，但最重要的是父母從旁協助，一起參與兒童上網活動，學校也要協助學生建立正確的電腦施用規則和知識，以及加速政府立法取締的效率，網路色情對於兒童和青少年的危害才能完全遏止。

案例

張曉輝就讀於南部某科技大學休閒管理系二年級，個性活潑外向，是一個充滿年輕活力的陽光男孩，最喜歡和好友們

聚在一起，無憂無慮談天說笑，打打鬧鬧。同學們也喜歡和他在一起，因為他是一個搞笑大王，只要有他在的地方，便充滿了歡笑。某日，因為是他二十歲的生日，一干死黨好友與他一起到KTV慶生，大家又唱歌又喝酒，氣氛high到不行，大家都玩瘋了，竟然有人提議，為了慶祝張曉輝的「成年禮」，起鬨要張曉輝拍下他人生的第一張裸體寫真。在酒精的催化下，張曉輝半推半就地由好友用手機拍下了一張裸露性器官的裸體照片。為了讓更多人分享他二十歲生日的歡樂，事後他將當天在KTV慶生的三十多張照片，張貼在該校他的個人網路相簿上，供大家上網瀏覽，其中也包括那張裸體照片。許多網友發現後深覺不雅，向某報紙爆料，痛批有礙觀瞻。經該報記者向該校校方查證，該校證實確有此事，已要求張曉輝立刻將該張照片刪除。

　　該生觸犯刑法第234條第1項之「公然猥褻罪」，上述條項規定：「意圖供人觀覽，公然為猥褻之行為者，處一年以下之有期徒刑、拘役或三千元以下罰金。」該網路系統管理者如仍然容許該猥褻圖片繼續張貼，而不要求會員加以刪除或逕自加以刪除，觸犯刑法第235條第1項之「散布猥褻物品罪」規定：「散布、播送或販賣猥褻之文字、圖畫、聲音、影像或其他物品，或公然陳列，或以他法供人觀覽、聽聞者，處二年以下有期徒刑、拘役或科或併科三萬元以下罰金。」（周天，2005）

伍 校園網路使用規範

　　面對日益頻繁的網路使用，教育部有鑑於此，遂於2001年12月26日核定校園網路使用規範（電創184016號），提供各級學校有關網路使用可資遵循之準據，以促進教育及學習。因此，各校紛紛依據該文，成立網路規

範委員會以處理以下之問題：

一、各校之網路相關法律問題。

二、採取適當之措施以維護網路安全。

三、宣導網路使用之相關規範，並引導網路使用者正確使用資訊資源、重視網路相關法令及禮節。

四、其他與網路有關之事項。（http://www.edu.tw/moecc/content.aspx?site_content_sn=5266）針對智慧財產權、網路系統、網路管理與網路隱私權提出相關的規範與處理原則。

陸　資訊社會的教與學

面對資訊爆炸和資訊流程縮短，如何培育資訊社會中的學習能力，以及終生學習的能力，是現代學校的責任。根據Naisbitt在《大趨勢》以及《2000年大趨勢》這兩本研究著作中指出，人類在1957年開始進入了所謂的「後產業社會」，也就是所謂的「資訊社會」，社會改變的十大趨勢之一是知識爆炸與資訊流程的改變（詹宏志譯，1985：35）。這種改變讓教育專家開始思考新的知識是什麼，以及如何學習的問題。當知識和學習面臨如此巨大的改變時，由於資訊科技不斷的創新，讓自我的學習可以得到滿足，其所凸顯的是學校教育的落伍。因此，許多國家紛紛提出所謂學習的「關鍵能力」這樣的呼籲。聯合國教科文組織在1998國際教育會議中首先提出了「學習的四個支柱」，其中之一就是「學習動手做」（learning to do），意即培養自主學習與終生學習的能力（許芳菊，2006：27）。根據聯合國的精神，歐盟於2001年提出八大關鍵能力，其中，「學習如何學習的能力」被定義為「蒐集資訊、有效運用資訊的能力」（許芳菊，2006：26）。澳洲則以七大能力為訴求，其中包括「蒐集、分析、組織資訊的能力」。由此看來，各國的教育均以「有效的利用資訊學習」作為教學的目標之一。面對這樣的呼籲，教師如何能培育學生在這個層面的能力，也成為許多教學理論注目的焦點。不可否認的是，這些都是欲藉由解

決資訊的問題作為學習的方法，其中除了搜尋資訊的策略以外，還要培育學習者閱讀能力，將資訊轉化為知識，因此，閱讀能力勢必受到重視。所以，從各國近年來均非常關心閱讀評比的現象可略窺一二。

柒 結語

資訊科技的發展將人類從「工業社會」帶入「資訊社會」，其所代表之意義非凡。資訊科技讓人類在生活中得到前所未見的便利，但是相對的也看到了許多資訊社會中黑暗的一面。我們很慶幸的是，人類在如此高度的科技社會中還是能夠從科技的迷失當中找回更人性的另一面。但是也要警惕我們在面對社會的變遷時，要能掌握其趨勢，遵守法律規範，才不至於被孤立於社會之外。

參考書目

中文部分

尹萍（譯）（1997）。J. Naisbitt & P. Aburdene著。*2000年大趨勢*（Megatrends 2000）。臺北市：天下文化。

正義聯盟（2010）。**白玫瑰運動**。2010年11月10日。取自 http://www.xteam.tw/2010/11/。

吳顯東、張文鐘（2001）。**網際網路的誕生**。2010年11月10日。取自http://vm.nthu.edu.tw/science/shows/sci058.html。

周倩（2009）。**資訊素養與倫理大學通識課程**。臺北：教育部。

周天（2005）。**大學校園網站法律案例教材研發計畫**。2010年11月10日。取自 http://www.edu.tw/moecc/content.aspx?site_content_sn=5284。

許芳菊（2006）。全球化下的關鍵能力。**天下雜誌*2006*年教育專刊**，22-27。

許孟祥、林東清（1997）。資訊倫理守則現況：以社會層級及倫理議題分析。**中山管理評論**，5(2)，383-412。

教育部（2001）。**校園網路使用規範**。2010年11月14日，取自http://www.edu.tw/moecc/content.aspx?site_content_sn=5266。

教育部（2009）。**中小學網路素養與認知**。2010年10月5日，取自http://eteacher.edu. tw/Read.aspx?PostID=11。

教育部數位教學資源入口網（2010）。**創用**CC。2010年10月11日，取自http://isp.moe.edu.tw/ccedu/introduction.php

莊道明（1996）。**圖書館專業倫理**。臺北：文華。

莊淇銘（1999）。**網路上的言論與規範**。2010年10月14日，取自http://www.chu.edu.tw/boards/Music/20/1.html。

郭鴻志（1998）。從網路倫理談資訊倫理教育，**應用倫理研究通訊**，50，19-20。

詹宏志（譯）（1985）。J. Naisbitt & P. Aburdene著。**大趨勢**（Megatrends）。臺北市：長河。

蔡伸章（譯）（1975）。A. Toffler著。**未來的衝擊**（Future shock）。臺北市：志文出版。

英文部分

American Association of School Librarians (2007). *Standards for the 21st century learner*. Chicago: ALA.

British Council (2010). *Connecting Classroom*. Retrieved. Nov. 29, 2010, from http://www.britishcouncil.org/learning-connecting-classrooms.html.

Encyclopedia Americana Online. (2010). *Ethics*.

Mason, R. O. (1986). Four e thical issues of the information age. *Management Information Systems Quarterly*, 10 (1), 5-12.

Naisbitt, J. & Aburdene, P. (1990). *Megatrends 2000*. New York: William Morrow.

Siponen, M. T. & Kajava, J. (2000). *Computer ethics-the most vital social aspect of computing: Some themes and issues concerning moral and ethical problems of IT*, Retrieved Oct. 13, 2010, from http://www.ifi.uio.no/iris20/Proceedings/ 12.htm.

Wikipedia. (2010). *Alvin Toffler*. Retrieved Nov. 11, 2010, from http://www.wordiq.com /definition/ Alvin_Toffler.

第 13 章

全球化與城鄉發展

梁炳琨

本章綱要

前言

　　全球化已經是當代區域與社會發展的重要現象，也是地球人活動與行為不可或缺的知識，因此在教育學習過程應具備此概念。其次，全球化造成的空間再結構，使得城市與鄉村的發展有了改變，影響每個人身處的環境。本章就全球化概念、全球化形成的動力、全球城市區域、全球農業與鄉村、永續農業與鄉村五個單元進行討論。

一、全球化的興起

　　由於運輸與通訊技術的改善，肇致「時空壓縮」（time-space compression），[1]改變了原本完整的地理尺度組織（包括國家、區域、乃至地方）的社會與經濟發展過程，外在的全球性社會經濟組織成為支配性的力量，而壓縮了既存的社會地理單元（Harvey, 1989），浮現全球尺度的社區。「全球化」概念的出現，大約是在1960年代加拿大學者麥可盧漢（Marshall Mcluhan）所提出的「地球村」（global village）一詞開始，意指受到新的交通技術革新，衝擊當代社會與文化的生活，世界已經捲縮成一個村的規模社區。而1970年代西方經濟的不景氣，為加速生產與消費的轉換，借助資訊與交通的技術，建立了後福特彈性積累，將生產的條件、方式，彈性地布局到最有利資本累積的區位，如低廉的勞力地區，進

1　「時空壓縮」是指隨著交通運輸及通訊科技的進步，令我們對時間和空間的體驗
　　產生變化的一個過程——在生活中經歷跨越空間所需的時間愈來愈短，而空間距
　　離對我們所造成的阻隔亦愈來愈少。

一步促成世界經濟活動的全球化（Harvey, 1989）。全球化擴大了經濟、社會、政治互動的地理尺度，包含國際貿易、進出口的相關運輸、資本和投資轉換移動（mobility）的擴張、觀光業的成長、全球會議和運動的增加，以及與日俱增的跨國交換的電子郵件、電視節目、電影、出版、組織成員、電信、網際網路等活動與現象。

二、全球化與流動

全球化的論述相當多，有重視金融市場的重整、知識結構或專家系統重要性的提升、科技國際化發展等面向。但是，Appadurai（1996）持續關心全球文化流動與地域（locality）的生產。由於全球運輸與通信網路技術的發達，影像快速生產與傳遞，形成想像世界（imagined worlds）。在網路科技的鋪陳與大眾追逐社會福利生活的賦權中，促成了各式文化的全球流動。

想像世界觸發的全球文化流，有族裔景觀（ethnoscapes）、媒體景觀（mediascapes）、科技景觀（technoscapes）、金融景觀（financescapes）和意識景觀（ideoscapes）（Appadurai, 1996: 33-36），文化流彼此相互關係著。族裔景觀是指人的景觀，由觀光者、遷移者、流亡難民者、外籍勞工和其他流動團體與個體所構成，對國家（或國家間）的政治影響超乎過往。科技景觀是指科技與相關層面的全球架構，無論是高低的技術、機械或資訊，都高速地穿透以往所不能穿透的邊界。在金融景觀方面，全球資本較以往的貨幣市場、國家股票交易和期貨，更加神奇、快速，透過國家金融機制的運轉，以無法理解的速度，將各種小的利潤與時間單位捲入。媒體景觀是指透過報紙、雜誌、電視臺和電影工作室，生產和提供影像、敘事和族裔景觀給世界各地的觀眾，由於吸引各公司部門的投資，因此，世界商品和世界新聞與政治是高度的混合，模糊了真實與虛構的地景。意識景觀意涵想像產生的效應，是時常直接涉入政治，無論是配合國家意識型態或進行意識型態的反對運動，藉以獲取國家的權力；意識景觀常包含相關的觀點和想像，如自由、福利、權力、主權、再現和民

主。

　　全球化的各式文化流（人、物、想像、論述），甚少是同時代、輻輳、同形或空間一致性的，它們是斷裂分離的（disjuncture），各有不同的速度、軸向、起訖點，流經不同區域、國家或社會的制度結構，觸發各個地方各式的問題（Appadurai, 2000: 5）。換言之，全球體系已經成為複雜體系，而複雜體系中（地方）自我組織的重要性，亦成為探究地方和全球關係的關鍵。因此，全球文化流所觸發的地方活動，不僅是受既有地方脈絡所驅動，更進行了新的地方性生產（Appadurai, 1996: 186），以地方知識作為主體，接合全球文化流時空地方化的脈絡生產。

三、全球與地方連結

　　全球與地方的連結，文化理論學者指出四個明顯的現象：（一）全球性的情感（globalist sentiment），地方有來自世界性的價值觀；（二）全球性（globality），地方受他處事件的影響；（三）時空壓縮（time-space compression），透過電信與世界其他地區直接互動；（四）去鑲嵌（disembedding），許多地區的遷移者仍維持其舊有的生活方式（Albrow, 1997: 53）。因此在全球與地方的連結中，無論是價值觀、事件、移動，地方都直接與全球互動，傳統的空間階層關係面臨挑戰，產生了空間關係的重新想像。

　　羅伯森（Robertson）（1992）提出「全球在地化」（glocalization）的概念。所謂「全球在地化」係指跨國企業（組織）考量世界各地的特殊情況，將公司或其生產的商品或服務作業作適當的調整，以符合當地文化和社會特性及需求，並藉以增加銷售成果。例如，全球化的麥當勞在世界各地推出不同的麥當勞叔叔造型與商品，如臺灣的「米漢堡」。「在地全球化」（loglobalization）是指將地方的特色擴及到全球，如丹麥哥本哈根的美人魚故事，到家喻戶曉的迪士尼美人魚影片；亞特蘭大奧運播放臺灣布農族郭英男的歌曲，深刻影響世界原住民的音樂。

參 全球化形成的動力

一、時空收斂[2]

　　Janelle（1968）以兩地旅運所花費的平均時間比率的遞減，來定義收斂的比率，指出運輸技術的革新，讓地方之間在時間—空間更加接近。由於運輸技術的革新，讓人、物的移動性與易達性提高，促成時空收斂。臺北與高雄兩點之間，戰後約須花費16小時、柴油化鐵路運輸8小時、電氣化鐵路運輸4小時，而目前的高鐵僅須2小時。1940年代末期，東京到倫敦航空所須花費的時間為7日，路線須經過香港、曼谷、仰光、加爾各答、喀拉蚩、巴林、巴格達、貝魯特、開羅等9個都市，時至1980年代中期，兩地之間可以直達，僅須花費12個小時。拜交通運輸技術之賜，時間—空間的距離縮短了。時空收斂使得運費降低和旅時縮短，致使產業活動產生集中化和專業化，形成區域專業化，如農業生產專業區、高科技生產專業區；都市因時空的收斂而擴張，進而擴及郊區化；區域專業化之間的交互作用促成空間的重組，例如，臺灣的新竹科學園區與美國矽谷高科技生產鏈的連結。

　　另一方面，2007年1月5日臺灣的高鐵通車，啟動了臺灣西部平原的「西岸一日生活圈」。「一日生活圈」一下子成為臺灣真實生活的一部分。2008年7月4日兩岸直航，開啟了臺灣與大陸之間所謂的「兩岸一日生活圈」。不管是「兩岸一日生活圈」或「西岸一日生活圈」，都是因為快速的交通運輸系統及資訊科技所致。

---

2 時空收斂指的是區域間的交流不再受實際空間距離所限，旅時縮短、往來密切。

二、區域經濟的形成與領域界限的模糊

　　運輸技術的革新致使空間距離阻礙的降低，跨國界的區域互動更為緊密，促成全球性貿易組織的形成，如世界貿易組織（WTO）、東南亞國協（ASEAN）、北美自由貿易協定（NAFTA）、歐洲聯盟（EU）、亞太經濟合作會議（APEC）等。各組織的會員國取消或降低貿易限制，使資金、勞務與商品得以跨越國界，致使領域界限趨於模糊。全球金融、資金、勞務與商品的跨越國界移動，不僅促成全球經濟的再結構，而超越國界的投資能力則降低了國家管制的能力，國家的權力逐漸向上轉移到跨國形式的治理（如歐盟），或向下轉移到地方，促成區域經濟的形成與領域界限的模糊。臺灣近年來積極與中國洽談ECFA（經濟合作自由貿易協議），也是區域經濟的形式之一。

三、運輸通信技術和跨國公司促成當代全球化

　　運輸和跨國公司被視為是促成當代全球化的重要關鍵（Friedman, 2005）。運輸技術的革新讓人與物的移動減少了空間的障礙、降低了花費的成本；資訊網絡的發達讓訊息的傳遞更為即時、便捷，兩者讓全球的連結更為便利快速。在客、貨運輸方面，馬車與帆船時代，運輸速度最快大約是時速16公里；到了噴射機時代，增加為每小時800～1,120公里。在運量方面，航空運輸載客量不斷增加，如目前空中巴士A-380載客可達850人。在運費成本方面，1990年代海運運費只有1920年代的30%，空運運費只有1930年代的16%，越洋電話更降到1930年代的1%。而1970年的光纖使用，以及電腦、通訊衛星，使得網際網路成為目前訊息傳輸的重要工具。

　　運輸與通訊技術的革新，提供跨國企業全球布局的條件，而跨國公司的擴張對於全球化的促成是明顯的因素。由於跨國公司不像國家固定於一地，跨國公司可以依循市場的資本、人才、資源、有利條件和稅制環境、勞力和消費而全球布局。跨國公司透過全球化生產、全球化銷售、全球化

第13章 全球化與城鄉發展

採購和全球化研發活動，以全球尺度來整合，把世界各國經濟連結為一個緊密的整體。據聯合國貿易發展會議統計，2003年全球跨國公司占全球生產總量的40%、全球貿易總量的65%、全球技術交易總量的80%、全球跨國直接投資的90%和全球高新技術研發的95%以上。運輸通訊技術作為全球化的平臺，跨國公司便是促成的重要行動者。

肆 全球城市區域

全球化強化競爭的論述，區域競爭中具有金融、銀行、跨國公司的大城市成為承接全球經濟的重要節點（node），形成所謂的全球城市區域（global city-regions）。[3]全球城市區域之間的連結，架構了新的世界經濟空間形式（Scott, 1998）。

一、全球城市的運輸網絡

Scott and Storper（2003）指出，今日全世界快速成型的超聚集或城市區域，是最驚人的聚集形式。Scott（2001）進一步指出，全球化的新區域主義（new regionism）的主要三種全球城市區域空間型態是：（一）接近全球城市的大都會區，包含核心城市及其大小不等的腹地；（二）組合或集合城市，如南加州；（三）合作形式連結的城市，有時跨越邊境，如美國聖地牙哥與墨西哥提璜那。

全球城市—區域的發展也塑造了全球的機場地理。全球城市區域通常擁有多個機場，例如，美國舊金山灣區乘客所使用的機場，包含奧克蘭（Oakland）、聖荷西（San Jose）、舊金山（San Francisco）三個機場。倫敦擁有斯坦斯特德（Stansted）與盧頓（Luton）兩個機場。在區域、國

---

3 學者們對於「城市—區域」（city-regions）最簡單的定義，即視之為「形構世界經濟重要空間的節點」，且為「扮演具世界政治舞臺上特殊角色的區域」。

家或都市各地理尺度，交通運輸網絡的完善是吸引跨國公司或總部進駐的重要條件。臺北市的松山機場於2010年起與上海虹橋機場、東京羽田機場開始對飛，目前也正與首爾的金浦機場洽談中，全球城市—區域機能將更加完整。全球城市和區域經濟的形成，跨國之間的全球城市網絡的經濟連結，可能強過於國家內部的都市間連結，因此也造成國家內的城市經濟規模差距加大，例如，紐約與芝加哥之間。

全球經濟改變了運輸和運輸資源（易達性）分配的需求。由於高科技商品、終端產品和消費者直接連結的趨勢，使得城市之間直接連結的需求增加。特別是全球城市間，點對點直接連結的輻輳空港（hub-and spoke）網路，[4]在空運與空運、空運與陸運之間，必須有效地以交通運輸。城市之間直接連結的服務，易達性較高者容易產生較高的比較利益，提升在國家內或國際間的都市層級。例如，倫敦、巴黎、阿姆斯特丹、法蘭克福、成田、香港、紐約、洛杉磯、芝加哥等，這些輻輳空港在國際間競爭頗為激烈。另外，高科技產業運作不像傳統重工業受限於鄰近港口區位，而是可以深入內陸城市，為符合商務協調者和知識創新者得以面對面的溝通，城市內的運輸網路必須提供更為擴散普及的需求，如城市捷運系統。

無論是城市之間或城市內部運輸更緊密的連結，相對地也容易產生交通壅塞、交通事故、增加二氧化碳的問題。因此，智慧型運輸系統（Intelligent Transportation Systems, ITS）[5]結合運輸與通訊系統的整合，利用資訊、通訊、電腦等進行傳統運輸系統的管理，以增進交通安全、降低交通擁擠、提高運輸機動性、提高經濟生產力、降低環境衝擊等。

---

[4] 表示一種典型的美國空中客運模式：乘客在大型的中心機場（hub）之間被運送，然後再轉機前往靠近目的地的支線機場。

[5] 乃是應用先進的電子、通信、資訊與感測等技術，以整合人、路、車的管理策略，提供即時（real-time）的資訊而增進運輸系統的安全、效率及舒適性，同時也減少交通對環境的衝擊。

二、全球城市經濟再結構因素

全球經濟趨勢具有雙重的地理性質，一為空間的分散化，另一為具全球整合性組織經濟活動的空間集中。全球經濟的空間分散化現象，由於資訊網路技術與金融產業的國際化擴張，跨國公司得以執行與掌控生產的全球布局，促成人與物於生產到消費間各商品鏈結之間的移動。但是另一方面，跨國公司的總部或國際金融中心則集中於大城市，扮演經濟活動協調統合的節點性角色。例如，全球城市：紐約、東京和倫敦；特殊貿易部門中心：芝加哥、新加坡；區域中心：馬德里、聖保羅、布宜諾斯艾利斯、墨西哥、臺北和布達佩斯。

此外，生產性服務業[6]的高獲利、高就業、高投資，讓這類企業遍布全球各地，提供全球城市浮現的重要條件。近年來高科技產業的區位選擇，也擴散到全球城市以外的城市。例如，美國前十大的高科技中心的區位排名，舊金山、波士頓、西雅圖、華盛頓、達拉斯都排名於全球城市的芝加哥和洛杉磯之前；亞特蘭大與鳳凰城的排名也都超越紐約。

全球的經濟再結構與新興產業的區位選擇，導致經濟空間的擴散。雖然目前全球城市之間仍然主導主要的運輸流量，但是許多次級城市的運輸量都有大幅度的成長，如歐洲的阿姆斯特丹、蘇黎世、都柏林；美國的孟菲斯（Memphis）、底特律、明尼阿波里斯（Minneapolis）；亞洲的上海、北京、廣州、大阪、吉隆坡。

6　生產性服務業是指依附於製造業企業而存在，貫穿於企業生產的上中下游環節中，以人力資本和知識資本作為主要投入品，是二、三級產業加速融合的關鍵環節。例如，現代物流業、國際貿易業、信息服務業、金融保險業、現代會展業、中介服務業。

伍 全球農業與鄉村

一、全球農業與貧窮的區域差異

　　進入21世紀，農業仍然是減少貧窮和永續發展的基本途徑。發展中國家每4個貧窮人口中，就有3個生活在農村，並以農業維生。近年來發展中國家貧窮率（每天1美元標準）下降，從1993年的28%降至2002年的22%，主要是農村貧窮率下降，而非城市；同時，農村貧窮人口的大規模下降，主要集中於東亞和太平洋地區。

　　2008年，世界發展報告將農業國家分為三類，第一類為傳統農業國，農業對國內生產總值增長貢獻率平均達到32%，70%貧窮人口居住在農村地區，主要國家分布於撒哈拉以南的非洲國家，約有4.17億農村居民。第二類轉型中國家，農業對國內生產總值增長平均貢獻率僅為7%，82%以上貧窮人口滯留於農村，主要國家分布於東亞、南亞、太平洋地區、中東、北非等地，例如，中國、印度、印尼、摩洛哥和羅馬尼亞為典型的轉型中國家。第三類為城市化國家，農業對經濟增長的直接貢獻最低，平均為5%，貧窮人口主要分布於城市，但仍有45%貧窮人口居住於農村；然而二、三級的農企業、食品企業、服務產值占總產值的三分之一。主要分布於拉丁美洲、加勒比海地區、東歐、中亞等地區。此三種不同類型的農業國家，各有農業發展的努力目標，傳統農業國應實現增長和保障糧食安全；轉型中國家應致力於縮小城鄉收入差距和減少農村貧窮；城市化國家則應該將小農與現代化食品市場聯繫起來，提供好的工作機會。

二、農業的現代化與全球化

(一) 農業現代化與生產主義

第二次世界大戰以來,由於世界人口與都市人口的增加,國家為確保糧食供應的安全,大都以增加糧食生產為優先的農業政策;尤其開發中國家透過生產技術的改良,機械化、化學肥料,以及新品種作物等增加農業產量,興起綠色革命,[7]促成了農業的現代化。農業現代化呈現集約化(intensification)、集中化(concentration)和專業化(specialization)的生產主義(productivism)特色。[8]此時,鄉村被賦予生產糧食的目的,以追求經濟成長為目標。

(二) 農業全球化與農業商務

1970年代起,由於歐美地區農產量的增加,急欲尋找農產的出口。1980年代,運輸、通訊技術的發達,導致時空的壓縮,促成農業產品的跨國流動。1990年代,農業商務(agro-business)隨著國際貿易的自由化,已開發國家產業的重新布局,農業商務趨向全球化,農業食物已經成為重要的跨國商品。全球農產品出口的比重在1970年後逐年增加,2003年至2005年農產品增加的出口金額為2,847,895,239美元,成長率達38%(表13-1)。

---

7 綠色革命(Green Revolution)始於1940年代墨西哥的洛克斐勒基金會的國際玉米與小麥改進中心,目的在提供增加農作物產量的方法。20世紀中期,一些發達國家和墨西哥、菲律賓、印度、巴基斯坦等許多發展中國家,開展利用「矮化基因」,培育和推廣以矮稈、耐肥、抗倒伏的高產水稻、小麥、玉米等新品種為主要內容的生產技術活動,其目標是解決發展中國家的糧食問題。

8 集約化是依賴機械、增加化學肥料與生物技術的使用,進行生產的擴張。集中化是農場面積與產量的增加與集中,並且減少農場總數。專業化是農民由多樣性的生產,轉變為單一性的生產,訂契約賣給單一買主,集中生產規模,專業契約工人排擠通才農業工人。

表13-1　世界農業產品出口的成長率（%）

出口	1964-66	1974-76	1984-86	1997-99	2003-2005
牛肉產品	9.4	10.3	12.2	16.4	33
豬肉	5.7	6.0	7.9	9.6	41
家禽肉	4.0	4.7	6.3	13.9	29
所有肉類	7.4	7.9	9.4	12.7	33
牛奶	6.0	7.6	11.1	12.8	28
成長率	6.5	7.3	9.38	13.08	38

資料來源：Woods，2005；世界銀行，2008。

　　農業商務是指食品關聯的產業或企業，遵循企業資本邏輯，追求利潤，擴大組織；主要由批發與國際貿易業所組成，加強與食品加工業、飼料、種苗行業等的產業連鎖關係。全球的農業商務產生全球農業食物商品鏈關係，例如，智利供應美國新鮮水果的過程，是從國內外的種子供應商提供種子、栽種水果者、水果包裝、水果的跨國海空運輸、美國海空港的接收，以及美國國內的批發到零售等環節所形成的跨國商品鏈。然而，大型企業也會形成控制農業食品市場的現象，例如，雀巢（Nestle）、卡夫（Kraft）、莎莉（Sara Lee）、寶潔（Procter & Gamble）及德國的Tchibo，合計控制了全球約五成的咖啡出口。

　　農業從傳統糧食作物的生產，轉變到大幅度的商業性農業生產，農產品的銷售更擴及世界市場，成為全球農業食物。農業的經營型態由傳統家庭的小規模經營、永續性的農業，轉向大規模農場、資本密集和專業技術的農業經營。外來資本和專業技術進入鄉村，正衝擊著鄉村的社會、經濟與環境。

永續農業與鄉村

　　農業與鄉村發展的永續策略，包含鄉野性（rurality）的建構、農業地方主義，以及農業的環境管制與研究順序調整。

一、鄉野性的建構

鄉野性的觀念提供鄉村永續性發展的思考。（一）鄉野性提供自然保護與鄉村保護整體性的概念。由於自然被論述為單純的、田園的、脆弱的，因此，鄉村環境需要避免人為的干擾，對於引入外來地景、現代技術的鄉村發展，都被視為是不自然的；同樣的，農業技術創新所使用的化學物質，亦被視為有害環境。因此，將人類抽離自然環境的現代化觀點，違背了鄉村生活的永續性。（二）全球經濟再結構中，鄉野性成為重要的賣點，鄉村空間已經被商品化，成為消費勝於生產的空間。如此在經濟價值上，美學價值的自然地景保護，超越導致環境惡化的資源剝奪，改變農民與自然的對待關係。然而，從功利主義的觀點，鄉村環境的自然被視為是荒野和恢復精力之地，致使透過馬路的開闢、橋梁的架設等建設，提供適合人類活動的環境，鄉村成為人類使用自然資源的空間，置入不自然的人為設施。總之，鄉野性的消費，一方面提供保護自然地景、維護鄉村生活的機會，但是也在功利主義的思考下，置入不自然的人為設施。

二、農業的地方主義

由於不永續農業是來自長而不透明的農業食物商品鏈，讓消費者不知道食物的生產者是誰？在哪裡生產？生產的條件如何？而不明瞭食物生產對當地環境、社會經濟的影響，在地生產與在地消費連結的地方主義，提供消費者理解到食物公司是如何透過食物供應鏈來支配生產者和消費者的分離，窮化社區和改變當地人的方式。地方主義企圖提供有機生產者和消費者的生產與消費在地連結。

三、農業的環境管制與研究優先順序

由於21世紀初趨向解除中央「命令和控制」的管制方式，走向市場機制，並不利於農業的環境保護。較大規模的生產者可能是投資者，政府

應遵從較嚴厲的環境管制，農業永續性不能缺少對於水、空氣污染的管制，更包含了資源的有效運用、減少不可逆資源的使用。政府可以透過抽取生態稅，撤銷農藥、化肥的免稅以保護農業環境，例如，挪威對農業化學抽取綠色稅15%。政府可以推動多功能性（multifunctionality）農業區概念，農業區除了生產食物之外，還應包含環境保護、洪氾控制、生態服務、地景與棲地的維護、鄉村發展、農業遺產和文化的維護等功能。此外，農業研究優先順序的調整，公私立研究機構大都關心單一作物的生產者、工業型態的家畜生產者，尚應鼓勵另類研究議題，關心環境或永續性研究，以及關心以家庭為主的生產者和有機農夫。

 結論

全球化是當代正在發生的現象，也是研究與學習的重要議題，而其對城市與鄉村的發展亦有著重大的影響。運輸通信技術的進步，觸發時空的收斂，促成跨國公司的興起與全球布局，加速全球化的過程，而區域經濟的崛起與各種組織的成立則模糊了全球領域的界線。全球化促成了全球城市區域的形成，城市的內外部在經濟、社會、空間都有明顯的改變。在全球化之下，商農務業與後生產主義農業的出現，進一步促成鄉村永續發展的思考。

參考書目

中文部分

中村泰三（2008）。容易理解的地理。文英堂。

世界銀行（2008）。2008年世界發展報告，以農業促進發展。北京：清華大學譯，世界銀行出版。

交通部高速鐵路工程籌備處（1991）。最新臺灣西部走廊高速鐵路建設計畫簡
　　介。**臺鐵資料季刊**，第270期。

夏鑄九、王志弘等譯（2000）。Castells, Manuel著，**網絡社會之崛起**。唐山。

陳國川（2009）。**地理**2。龍騰文化。

梁炳琨（2008）。農業食物在地化——臺東縣池上鄉米食產業的探討。**臺大地理
　　學報**，第53期。

張有恆（2005）。**現代運輸學**。華泰文化。

英文部分

Agnew, J. (1999) Regions on the mind does not equal regions of the mind. *Progress in
　　Human Geography*, 23(1): 91-96.

Albrow, M. (1997) Travelling beyond local cultures: Socioscapes in a global city. In
　　Eade, J. (ed.) *Living the Global City*. London: Routledge.

Friedman, Thomas L. (2005) *The World in Flat: A Brief History of the Twenty-First
　　Century*. New York: Farrar, Stauss and Giroux.

Harvey, D. (1989) *The Urban Experience*. Oxford: Bail Blackwell.

Janelle, Donald G. (1968) Central place development in a time-space framework.
　　Professional Geographer, 2: 230-67.

Janelle, Donald G., and Beuthe, Michel (1997) Globalization and research issues in
　　transportation. *Journal of Transport Geography*, 5(3): 199-206.

Keeling, David J. (2007) Transportation geography: New directions on well-worn
　　trails. *Progress in Human Geography*, 31(2): 217-225.

Lash, S. and Urry, J. (1994) *Economies of Signs and Space*. London: Routledge.

Massey, D. (1993) Power-geometry and a progressive sense of place. In Bird, J. Curtis,
　　B. Putnam, T. Robertson, G. and Tickner, L. (eds.) *Mapping the Futures: Local
　　Cultures, Global Change*. London: Routledge, 59-69.

O'Connor, Kevin (2003) Global air travel: Toward connection of dispersal. *Journal of
　　Transport Geography*, 11:83-92.

Robertson, R. (1992) *Globalization: Social Theory and Global Culture*. London: Sage.

Scott, A. J. (1998) *Regions and the world economy: The coming shape of global production, competition, and political order*. Oxford: Oxford University Press.

Scott, A. J. (2001) Globalization and the rise of city-regions, *European Planning Studies*, 9(7): 813-826.

Scott, A. J. and Storper, M. (2003) Regions, globalization, development. *Regional Studies*, 37: 579-593.

Woods, M. (2005) *Rural Geography*. London: Sage.

第 *13* 章 全球化與城鄉發展

第 14 章

臺灣新移民與
多元文化現象

張雪君

本章綱要

清朝漢人移民來臺主要是為了墾拓與求得安身，由於易於獲取廣大土地、執行社會功能角色之產生與紳士員額的增加，提供下層社會人士（尤其是佃農）獲取上升流動的機會，以乾隆元年至嘉慶25年計有八十五年為極盛時期。然而，當時臺灣地處邊陲地帶，疫疾流行、民亂與械鬥不斷、男女人口比例失調等，皆是移民必須面對的艱辛環境（蔡淵絜，1980）。歷經西班牙、荷蘭、日本的殖民統治，以及國民政府的撤退來臺，時至今日，臺灣社會的發展已進入開發國家之列，處於世界發展邊緣地位國家的人民為追尋更好的生活機會，透過婚姻、工作等方式來到臺灣，藉以改善家計或個人生活。

　　昔日漢人渡海來臺可說是「唐山過臺灣，心肝結成丸」，不僅飽受思鄉之苦，還要面臨不可知的未來。當時的臺灣移墾社會提供移民機會，但也有其環境上的限制，因此，漢人移民必須展現其能動性以尋求限制中蘊含的可能性。同樣的，今日來臺的移民主要包括外勞與外籍配偶，懷抱著「臺灣夢」，希望透過婚姻或工作來獲得更佳的生活機會。不管是個人堅強向上的動機，還是該國劣勢的經濟環境所驅使，這些移民都是為了追求自由與機會而遠離故鄉。

　　外來的移民正在改變臺灣社會的人口組成，也注入新的文化成分。根據內政部移民署與戶政司2010年的統計資料顯示，至2010年7月底，來臺外籍配偶人數總計約有43萬人，其中來自東南亞國家者占29%，大陸及港澳地區配偶占67%。另外，行政院勞工委員會的資料顯示該年的外籍勞工有37萬人，主要來自印尼、菲律賓、越南與泰國。臺灣「新移民社會」已逐漸形塑，欲了解此特殊社會現象，必須考量移民者的身分特質、移民的方式與動機、移出與移入地區的社會文化條件，以及對臺灣社會所造成的衝擊等因素。

　　來臺的新移民主要包括外勞與外籍配偶，臺灣在法令上正式允許引進外勞始於1989年10月引進低階外勞，主要是為了挽留國內資金繼續投

資，避免製造業向外發展。家庭幫傭、低階的外勞來自於比臺灣在世界體系中更邊陲的國家，如東南亞。事實上，臺灣移入的勞動力出現兩極化現象，聚集在勞動市場的上層，如專業技術人員，與勞動市場的下層，如低技術勞工，而政府的移民政策反映了階級篩選機制，針對藍領與白領外國人在臺的工作與居留規範有所不同。換言之，移民政策的制定是將移民回饋地主國經濟利弊視為首要目標，將社會經濟地位高的白領外國人視為可接受的移民，藍領外國人則否（曾嬿芬，2006）。

自1980年代起，臺灣商人前往東南亞投資做生意。隨著臺灣資本移至東南亞，臺灣男性前往東南亞娶新娘的趨勢亦逐漸興起，跨國婚姻或婚姻移民的現象已成為現今臺灣社會經驗不可或缺的部分（夏曉鵑，2000）。1992年7月政府公布「兩岸人民關係條例」為兩岸人民往來之重要的法律依據，之後至大陸探親、旅遊和經商的人數日益增加，兩岸通婚情形也隨之增加。臺灣政府對於東南亞配偶與大陸籍配偶的居留、定居、工作權等方面的規範，亦有所不同（江亮演等，2004）。

這些外來的移民除了提供臺灣社會所須的生產勞動力，也因為其來自不同的文化、宗教、經濟等背景，促使臺灣社會生活產生多樣的族裔地景與風貌。由於東南亞國家族群、文化與宗教上的多元化，各國的經濟發展型態殊異。因此，臺灣政府面對新移民不但關注如何給予他們均等的權利，肯認其文化，同時亦兼顧社會秩序的維持。事實上，西方移民國家如美國、澳洲、德國等，在發展過程中皆曾面臨移民議題，經歷從早期的同化主義模式發展至今日的多元文化主義，後者被視為是將移民納入社會並減少衝突的較佳方式。

多元文化主義者強調來自不同族群文化與社會階級團體的個人皆有相同的機會參與社會生活，他們能同時在主流社會共同文化與其族群文化中生活，並主張國家必須肯認各個族群的差異性（丘昌泰，2008；賴佳楓譯，2008；Banks, 1994）。雖然臺灣社會多元文化與族群的存在是個事實，但實質上，政策實踐方面對其文化多樣性的尊重與承認、對其他權利如工作權的保障，以及臺灣民眾對他們的態度，仍有待評估（魏玫娟，2009）。有關政府的移民政策，國內學者已加以介紹和評述（曾嬿芬，2004、2006；廖元

豪，2009；龔尤倩，2002），本文不再贅述。筆者首先將介紹五種多元文化主義作為了解臺灣社會新移民的參考架構，並以遷徙理論來說明移民的個人行動原因，以及其身處時空背景的影響，最後呈現新移民對臺灣社會所造成的文化衝擊——「族裔地景」的出現，希望本文的撰寫有助於讓讀者了解臺灣新移民社會多元文化現象的發展情形。[1]

貳 多元文化主義的形式

「多元文化」是西方社會面對伴隨工業發展吸引而來的移民，以及弱勢族群發起的社會運動中所產生的概念，挑戰以「同化」觀點對待移民與弱勢族群的做法，主張肯認不同文化的特色與社會參與機會的均等（黃尚文，2006；陳宗盈、連詠心譯，2006）。具體而言，「多元文化」一詞泛指社會上的文化多樣性，多元文化主義的發展最初是以「文化多樣性與獨特性」的維護與傳承之立論，訴請對弱勢族群或種族的公平對待，伸張社會正義。隨著多元文化主義的發展，社會上其他受到壓迫的團體，亦援引文化差異的論點，將自己所遭受到的不公平對待，歸咎於文化因素（張建成，2007）。

隨著臺灣政治民主化、自由化、經濟發展的資本主義化，以及受到全球文化的影響，西方多元文化主義論述亦出現在臺灣的社會，關注的重點包括女權運動、原住民權益、國家認同政治，以及新移民的權利（魏玫娟，2009）。本文將介紹Kincheloe與Steinburg（1997: 3-26）所提出的五種多元文化主義，此種分類方式已被運用在發展國內多元文化教育的理論（游美惠，2010）、檢視原住民新聞採訪報導原則（張錦華等，2003），以及探討移民婦女貧窮問題（吳秀照，2009），茲將五種類型分述如下。

---

[1] 本文除了相關理論的介紹，還會佐以個案加以說明。相較於中國大陸，東南亞文化與臺灣相差較大，來臺所面臨的文化衝擊與影響較深，因此，本文將聚焦於東南亞籍外勞與外配的實例。

一、保守派的多元文化主義（conservative multiculturalism）或單一文化主義（monoculturalism）

持此觀點者努力將所有的人同化到白人中產階級的文化，強調西方白人文化的優越，而將非洲人以及原住民視為較歐洲人低下的人種，無法享受與歐洲人相同的權利，反映出另一種的殖民心態。這些人以二分方式對人群作分類，「我們」是有美德、文明的、同質的、好的公民，而「他們」則是低劣、無能的社會負擔。

他們並攻擊1960年代的解放運動、民權運動與婦女運動，無視於社會現存的種族、性別與階級的偏見，以及忽略社會邊緣團體在學校以及其他社會制度中所遭遇的不平等對待。其中，Allan Bloom是此論點的代表者，他在其著作"*The Closing of the American*"中描述美國康乃爾大學中黑人研究學程（black studies program）的發展，彷彿西方文明被野蠻人蹂躪。

二、自由主義的多元文化主義（liberal multiculturalism）

秉持自由主義觀點的多元文化主義者相信來自不同種族、階級與性別群體的個人擁有平等的權利，以及共同的人性；然而過度強調相似性，易忽略了造成社會不平等的結構因素，例如，20世紀的西方社會白人控制較多的資源，以及工作機會。和前述的保守論點一樣，社會中的壓迫與不平等往往被視而不見，強調同化觀點，這些情形反映在學校課程，以及流行文化中。這樣的意識型態出現在美國的電視影集The Cosby Show中，影集製作人完全不觸及數百萬非裔美國人所面對的社會與經濟上的不平等，劇中主要傳遞溫馨、感覺好的，以及整合的社會面向。

三、多元論的多元文化主義（pluralist multiculturalism）

多元論的多元文化主義強調相異之處，這個論點很明顯是和前述自由

多元文化主義強調人與人之間的相同之處是截然不同的。伴隨1960年代起西方社會出現解放運動，在認同政治的情境下，多元論者主張民主不僅要關懷所有公民的權利，還要關懷邊緣群體的歷史與文化，幫助婦女以及少數團體獲得平等的機會。在學校課程上，他們鼓勵培養學生的多元文化能力，閱讀婦女、猶太人、黑人、原住民所撰寫的文獻，讓來自主流社會的成員能夠擁有在文化差異環境中活動的能力。同時，教師應營造多元文化的學習情境，讓學生分享他們的家庭特殊傳統，協助來自不同文化背景的學生製作家庭的食譜等。雖然多元論者強調種族與性別的差異，但總是從白人的立場出發，被認為是一種對他者差異文化的安全呈現方式。換言之，並沒有真實呈現種族、階級，以及性別上的征服。例如，倡導文化之旅，白人旅客參觀美國和加拿大境內的印地安保留區之後會覺得失望，因為其並未呈現真實的美國原住民文化。

四、左派本質論的多元文化主義（left-essentialist multiculturalism）

「本質論」指的是一種信念，認為人類、客體或文本擁有界定其「真實性質」的潛藏本質（essence），本質是固定而不會改變的。例如，男人被認為本質上是非個人、抽象、具攻擊性、尋求權力的；女人則被視為比較會照顧人、有母性、合作且和平（王志弘、李根芳譯，2003：134-135）。換言之，本質論強調某些基本而不會改變的特質。左派本質論者則傾向於以某一歷史時期所發展的輝煌文化作為其族群認同發展的本質，來界定團體成員以及與其他團體的關係。例如，保守基督教的美國白人帶有右翼的意味，有非洲傳承的個人倡導非洲主義則帶有左派的意味，如此一來，容易造成該團體成員的道德優越感，會排除與其他團體成員合作的可能性。左派本質論者強調自我宣稱（self-assertion）甚於追求社會正義，其論點反映在學校的單一群體課程設置上，如婦女研究、非洲研究、同性戀研究，以及原住民研究，會造成局外人無法加入該團體的排外現象。

五、批判的多元文化主義（critical multiculturalism）

　　批判的多元文化主義之理論根源自批判理論，旨在關懷在工業化與現代化的社會中宰制如何發生。批判理論學家努力促進個人了解宰制的觀點——霸權——如何塑造其性別角色、種族等自我意象。同樣的，批判多元文化主義者亦致力於解除人類的苦難以及平等，強調來自優勢團體的個人必須能夠感受到他或她和受壓迫團體享有不同的權力。他們挑戰保守與自由多元文化主義的看法，也就是社會是一個開放的系統，任何人不論其性別、種族與出身背景，只要努力皆能獲得向上的社會流動。批判多元文化主義者質疑學校老師所傳授的知識有利於來自中上階層家庭學生的學習，扮演文化複製的守門人；他們主張教育活動應該提供學生機會來檢視不同觀點，以及反省他們所發現觀點之間的矛盾。

　　綜合言之，保守派的多元文化主義與自由主義的多元文化主義皆強調共同的文化價值觀，後者雖然主張社會成員享有相同的權利，仍舊忽視了造成不平等的社會結構因素。多元論的多元文化主義則是從社會主流的觀點來探討族群之間的差異，左派本質論的多元文化主義則過於強調該群體的基本特質，容易造成我群的優越感。批判的多元文化主義揭露社會中宰制的意識型態，致力於人類的解放。

　　一般而言，移民團體在接待社會中的政治、經濟與空間方面容易被邊緣化，他們容易集中在某些地區，被社會中其他人孤立與忽略，而且被視為是社會問題的製造者（賴佳楓譯，2008）。隨著來臺的東南亞籍移民增多，逐漸出現具東南亞特色的文化空間，印度人類學者Arjun Appadurai（1994）定義這樣的空間為「族裔地景」。本文傾向從批判多元文化主義的立場介紹臺灣社會的新文化地景，希望大多數的臺灣讀者能夠檢視自己的觀點，與發揮同理心來理解新移民所需要的生活空間。

參 臺灣社會的移民類型

來臺灣的移民主要包括外籍配偶與外籍勞工兩者，臺灣是採取同質的血統主義來認定社會成員的國家，[2]因此，將外籍勞工視為短期勞動力不足的補充，是一種契約工，只允許東南亞的外勞在臺灣停留一段時間；外籍配偶則被視為永久移民，提供與再生勞動力，用來解決長期勞動力老化的困境（王宏仁，2001；曾嬿芬，2004）。

一、外籍配偶

根據內政部移民署與戶政司2010年的統計資料顯示，至2010年7月底，臺閩地區外籍配偶有432,859人，依性別分，男性配偶有29,194人，女性配偶有403,665人。依國籍分，大陸配偶（含港澳地區）最多，合計288,398人；越南籍配偶次之，計有82,934人。外籍配偶以女性占大多數的比例，國籍上又以大陸與越南居多，兩者合計超過八成（見表14-1）。自1992年7月政府公布「兩岸人民關係條例」為兩岸人民往來之重要的法律依據，之後至大陸探親、旅遊和經商的人數日益增加，兩岸通婚情形也隨之增加。1994年政府宣布「南進政策」，鼓勵臺商至東南亞投資，加上透過婚姻仲介的媒介，臺灣男性迎娶東南亞籍配偶的人數增加（江亮演等，2004）。透過跨國婚姻來臺的女性，在臺灣勞動市場上扮演兩種角色，一方面補充全國經濟性勞動力，[3]另一方面則再生產新生勞動力（王宏仁，2001）。

---

2 公民身分取得的法律原則有二：一為血統原則，也就是身為該國國民的後裔；另一為出生地原則，亦即在該國領土出生（賴佳楓譯，2009：309）。

3 為了解中國籍與外籍配偶嫁來臺灣後的生活狀況，移民署委託臺灣社會工作專業人員協會，調查中國籍與外籍配偶的生活處境，完成700份問卷，結果發現六成以上的外籍配偶必須扛起家計，成為家庭經濟的主要來源。這些外籍配偶來臺後，多半都是從事一些勞動力的工作，例如，來自東南亞的外籍配偶大部分在工廠擔任作業員，中國籍配偶多集中在服務業，像是餐廳服務生、洗碗工、店員等，收入並不高，薪水未達我國17,280元最低薪資額度（蘋果日報，12/1/2009，

表14-1　在臺外籍配偶人數——國籍與性別組成（至2010年3月底）

國籍別 ＼ 性別	男	女	合計
越南	231	82,703	82,934
印尼	411	26,133	26,544
泰國	2,452	5,655	8,107
菲律賓	417	6,319	6,736
柬埔寨	1	4,334	4,335
大陸地區	12,010	264,552	276,562
港澳地區	5,441	6,395	11,836
其他	8,231	7,574	15,805
合計	29,194	403,665	432,859

註：統計資料年為1987.01～2010.03。

資料來源：內政部出入國及移民署全球資訊網（http://www.immigration.gov.tw/
aspcode/9903/外籍配偶人數與大陸（含港澳）配偶人數.xls）。

二、外籍勞工

　　根據行政院勞工委員會職業訓練局2010年的統計資料顯示，至2010
年9月底，來臺的外籍勞工人數有372,785人。依性別分，男性勞工有
136,725人；女性勞工有236,060人，占來臺的外勞人數60%以上。依國籍
分，印尼勞工最多，有151,372人；越南勞工次之，有79,161人。從事的
行業方面，女生主要從事看護與幫傭工作，印尼籍人數最多，有130,217
人；男生則是從事第一級產業與第二級的製造業、營造業，泰國籍人數最
多，有54,525人（見表14-2）。可見在臺的外籍勞工從事的行業集中在國
人較不願從事的行業，這些工作較具危險性、薪資低、體力負荷大；以及
社會評價低等特質。

　　就性別組成來分析，可以發現來臺的新移民呼應了國際人口流動的特

　　A2版要聞）。

徵──移民女性化（吳秀照，2009；Tastsoglou, 2006）。關於女性遷移的主要
因素，邱琡雯（2005：35）提出四點：為了家族的團聚，為了尋求女性專
屬的職業，為了家族的生存，以及為了尋求女性的自立或解放。

表14-2　在臺外籍勞工人數──國籍、行業與性別組成（至2010年9月底）

行業別 國籍別	產業外籍勞工		合計	社福外籍勞工		合計	總計
	男	女		男	女		
印尼	17,740	2,481	20,221	934	130,217	131,151	151,372
馬來西亞	10	0	10	0	0	0	10
菲律賓	25,705	28,545	54,250	408	22,768	23,176	77,426
泰國	54,525	9,021	63,546	200	1,069	1,269	64,815
越南	36,912	14,611	51,523	291	27,347	27,638	79,161
蒙古	0	0	0	0	1	1	1
總計	134,892	54,658	189,550	1,833	181,402	183,235	372,785

資料來源：行政院勞工委員會職業訓練局（http:http://www.evta.gov.tw/
files/57/721056.pdf，http://www.evta.gov.tw/files/57/2140038.pdf）。

肆　遷徙理論

　　今日在國家之間流動的人群主要包括五種：旅遊者、移民、流亡
分子、移工，以及難民（Appadurai, 1994）。其中，移民與移工是為了追
求自由、移動，以及經濟機會，從一個原鄉、祖居地散播出去的離鄉人
（Hilsdon, 2007）。為了解移民遷移的動機、遷移的經驗，以及遷移對移
居人口產生的影響，本文擬介紹相關理論──「推拉」理論（push-pull
theory）、歷史結構觀點（historical-structuralist perspective），以及跨國
主義（transnationalism）（賴佳楓譯，2008；Brettell, 2000），以及佐以相關個
案加以說明。

一、推拉理論

　　「推拉」理論植基於現代化理論中，早先用來說明鄉村人口流向都市的情形。「推力因素」是迫使人們離開原居地的因素，包括低生活水準、缺乏經濟機會與政治壓迫。「拉力因素」是吸引人們到特定地區的因素，包括高薪資、充分的經濟機會、政治自由。此理論假設個人本身有能力決定遷移，也就是能夠對留在原地或遷移至其他地區作理性的利益得失比較。產生移民潮的先決條件是不同地區間存在經濟發展的不平等情形，因此，遷移者從勞力充沛但資本缺乏的區域，遷移到勞力缺乏但富有的地區，平衡不同地區的資源與人口壓力，有助於移出社會與接待社會的經濟發展（Brettell, 2000）。

　　此理論假設移民本身能夠充分運用資訊與理性來作遷移的決定，然而我們發現遷移者掌握的資訊有限，如透過「跨國婚姻」來臺的外籍配偶，她們不僅不會說中文，對於夫家以及臺灣社會文化環境的了解甚少（張雪君、劉尤貴，2010）。另外，遷移者大都來自於中間社會經濟地位的人（賴佳楓譯，2008）。例如，菲律賓籍勞工主要不是來自貧窮的地區，而是經濟發展程度較高的區域。最窮及長期失業的人很少出國工作，因為他們缺乏動機、充分的資訊與資源。國際勞動市場的招募過程中，取得優勢的是高教育、擁有若干技術、工作經驗、有企圖心及經濟資本的應徵者（藍佩嘉，2002；Hilsdon, 2007）。

二、歷史結構觀點

　　歷史結構觀點受到馬克思思想、依賴理論與世界體系理論學者的影響，將移民現象置於全球經濟以及邊陲與核心國家的關係來討論。隨著全球資本主義的發展，勞動移民或國際分工是輸入勞工的高薪資國家控制輸出勞工的低薪資國家的一種方式，使第三世界持續依賴第一世界。換言之，富裕國家剝削貧窮國家的勞工，使自己變得更加富有。此論點視移民為受到世界資本體系所操弄的被動者，因為全球的資本流動與國家政策是

個人無法控制的（賴佳楓譯，2008；Brettell, 2000）。在這方面，Tyner（2004: 57）指出，遷徙的產生是社會建構的過程，為政治經濟策略所引導，如菲律賓海外移工是為了協助該國資本的累積。

三、跨國主義

　　跨國主義的出現主要是因為現代交通運輸與通訊科技，使移民更容易與母國維持緊密的聯繫，縮短了移民與其母國的社會距離。此理論強調移民在定居國外後，仍然維持與母國的經濟、政治、社會連帶，例如，穩定而持續的匯款與投資，經常聯繫原生家庭親友，透過僑界團體發揮對母國政治的影響力等。這些移民往返於母國與新國家，經由建立家庭與朋友的人際網絡，逐漸了解與適應當地文化，並發展出對當地的歸屬感。雖然他們的生活空間是跨國度的，而其國家與文化的認同是被協商或建構的（賴佳楓譯，2008；Brettell, 2000）。

　　綜合言之，推拉理論假設遷移者能夠運用充沛的資訊與理性，從勞力充沛但資本缺乏的區域，遷移到勞力缺乏但富有的地區，強調個別遷移者的動機與適應。歷史結構觀點則將遷移行為鑲嵌於世界經濟分工結構中來了解，忽略了遷移者的能動性。跨國主義偏重於解釋遷移者的能動性，發展社會網絡，以適應新環境。這些理論讓我們了解個人在遷移過程中要面臨制度環境的結構性限制，但同時也發展出個人或群體的能動性來面對，如本文擬介紹的臺灣東南亞族裔地景之形塑。

　　來臺的東南亞籍配偶以越南籍居多，國內相關研究探討包括她們來臺所面臨的語言、飲食、文化等生活適應與人際關係（王秀喜，2004；張雪真，2003；張鈺珮，2003），她們在家庭中與先生的家務分工狀況（王宏仁，2001；許雅惠，2004），以及與孩子互動的教養經驗（黃鈺樺，2008；徐美澐，2008；楊慧真，2004）。隨著來臺時間變長，當她們的語言能力達到一定程度之後，生活範圍從家庭逐漸延伸擴大至社區與職場等處。例如，邱琡雯（2007）探討越南女性經營餐飲店如何採取一些策略，以克服污名化以及爭取更多的顧客。陳若欽（2004）的研究發現，她們努力融入家庭與當地

社會，但在尋求認同的過程中並不順利，也是藉由一些策略來掩飾污名身分。這些研究均呈現越南籍女性新移民在臺灣的處境。接著，本文將介紹越南該國的情形，有助於進一步了解近年來的移民現象。[4]

　　根據世界銀行的資料，2008年越南的總人數有8,600萬人，國內生產總值（GDP）為90,645百萬美元，每人平均GDP為2,700美元，該年GDP年成長率為6.2%，人民的平均壽命為74.4年。[5]越南經濟方面的成長應歸於自1980年代中期開始放棄社會主義經濟的原則，由混合市場經濟體系取而代之。越南亦面臨第三世界國家發展過程中所遭遇的區域不平衡現象，都市發展過快，吸引大量人口遷移到都市，都市中常見非正式部門的經濟活動，例如，攤販。越南約有半數的貧窮人口，每天無法溫飽；約有九成的窮人是居住在鄉村地區（李美賢、楊昊譯，2010；Flanagan, 2002）。

　　越南首都河內是北部的政治文化中心，市區主要分為新河內與舊河內，新河內較晚開發，過去較偏僻，現在則高樓林立，電線埋在地底下，市區景觀整齊，如圖14-1所示。舊河內包括36條老街，市區景觀較為凌亂，如蜘蛛網般的電線、市民在路邊擺攤販，甚至在路旁理頭髮、洗頭髮皆可以看見，如圖14-2所示。整個都市正在發展中，不論在新河內或舊河內，都可以看到正在施工的建築物，如圖14-3所示。河內的路邊經常有人擺攤，讓人買彩券、簽數字賭博（請參見圖14-4）。整體而言，此都市的外觀兼具現代與傳統的特色。

---

[4] 文中所引用的越南照片為作者於2010年8月底至9月初前往該國拍攝。

[5] 世界銀行網址http://search.worldbank.org/data?qterm=Vietnam&language=EN&format=html&os=0

🔘14-1　河內市區的下班情景

🔘14-2　河內古街（舊市街）旁洗
　　　　頭的婦人

🔘14-3　河內市區內的建築工地

🔘14-4　河內路邊賣彩券的攤商

　　越南不僅城鄉生活差異甚大，鄉村生活的情景也是迥異。會安位於
中部直轄市峴港的東南方，屬於廣南省，因古老的街道與百年古厝被列為
世界文化遺產。離會安約30公里的路程，該地農民種植玉米、辣椒和檳
榔，用水牛耕田，用手割稻，在路旁曬稻穀，如圖14-5所示。相對的，在
胡志明市的近郊可以看到路旁懸掛吊床的店面，可以悠閒的躺在吊床內
休息或喝咖啡，當地人稱為「吊床咖啡」，如圖14-6所示。北越下龍灣上
許多船家一家人以船為家（如圖14-7），船上放置一些當地水果，如紅毛
丹、石竹等，向航行緩慢的觀光船上的遊客兜售。美托是距離胡志明市
70公里的南方小鎮，是進入湄公河三角洲的港鎮，可發現向路人乞討的
小孩（如圖14-8）。

圖14-5　會安近郊於路旁曬稻穀的　圖14-6　懸掛吊床的店家
　　　　農民

圖14-7　北越下龍灣上的船家　　　圖14-8　向路人乞討一萬越盾的南
　　　　　　　　　　　　　　　　　　　　越美托小孩

伍 族裔地景的形成

　　來臺的東南亞新移民身在異鄉為異客，對故鄉的眷戀情感，展現在其以語言或風俗習慣劃定活動空間，建構自成一體的社群感，隱含Clifford Geertz（1973）所稱的「原生情感」（primordial sentiment）。本文先介紹Arjun Appadurai定義這樣的空間為族裔地景，然後說明臺灣出現類似的東南亞族裔地景，包括消費性與宗教性族裔地景。

一、「族裔地景」的定義

印度人類學者Appadurai是以全球化觀點來反省舊有的人類學觀點，反對將全球的文化經濟化約成簡單的中央－邊陲模式。受到Benedict Anderson 提出的「想像的國家社群」（imagined national community）的啟發，他提出五種想像的世界地景，分別為族裔地景（ethnoscapes）、科技地景（technoscapes）、財經地景（financescapes）、媒體地景（mediascapes），以及意識型態地景（ideoscpaes），用來解釋新的全球經濟與文化現象。這個多元的圖像使我們可以觀察與分析人群、科技、金錢、影像與意念，如何在多重的想像世界中不斷往返流動與變化（陳清僑，1997；趙恩潔，2007；Appadurai, 1994）。移民攜帶其原生文化對接待社會的衝擊與影響，最明顯者為族裔地景的出現。Appadurai（1994: 32）對族裔地景的定義如下：

> 人們所組成的生活環境，為一不斷流動的世界，其中包括旅客、移民、難民、流亡分子、外地勞工（guest worker）及其他遷移團體。不同族群人口的流動是這個世界的基本特徵。雖然展現史無前例對國家內部及國家之間政治關係的影響，但這並不是說那些相對穩定的社群已消失，以親屬、朋友、工作、休閒、出生地、居住地及其他血緣關係為基礎的團體仍然存在。當愈來愈多人及群體大規模地移民至他鄉時，印度的村民移民到杜拜和休斯頓，斯里蘭卡的難民到瑞士，苗族被吸引到倫敦和費城。當國際資本隨其需要而轉變，生產及科技亦產生不同需求時，民族國家亦改變其難民政策。因此不管移民群體的意願多強，亦無法讓他們在想像世界的世界中有一個永久安身立命的地方。

這五種全球經濟文化面向互相影響，目前很多國家是多國企業的所在地，例如，利比亞的鋼鐵廠可能接受來自日本、中國、蘇聯與印度的資

第 14 章 臺灣新移民與多元文化現象

313

金投資和技術的提供，全球資本與資訊的流動更甚於以前。透過報紙、雜誌、電視等媒體，讓訊息的傳遞無遠弗屆。同時擁有和控制這些媒體者也創造了世界的意象，因此呈現在觀眾面前的訊息，有時使得真實和虛構之間的界限變得模糊了（Appadurai, 1994: 32-34）。在這方面，Appadurai嘗試連結後現代與全球化的議題。

Appadurai（1994: 35-36）指出，在現代世界中的一股中心力量，也就是消除地域疆界的過程（deterritorialization），將勞動人口帶進較富裕國家的低社會階級位置。同時，此過程也替影片製造公司、旅行社與藝術表演者創造出新的市場；消除地域疆界的概念也可以運用在金錢經理人尋求投資市場上。換言之，在此過程中，金錢、財貨，以及人捲入其中，無止盡的追逐彼此。

Appadurai注意到日益增加的移民潮對北美社會的影響，同時伴隨著文化流動的現象。這些移民為了追求經濟機會來到異鄉，為了適應新的環境，於當地社會創造出新形式的生存空間與區域——族裔地景，例如，在歐美社會中普遍出現的族裔餐廳（ethnic restaurant）。這種族裔餐廳的出現不僅是該族群團體產生此空間用來合法化其於該時空的存在，是一種族群記憶的領域化；也是用來滿足尤其是都市中文化雜食者（cultural omnivore）追尋新飲食口味的興趣（Taylor, 2000）。

二、臺灣的東南亞族裔地景

本文中的「族裔地景」，主要是指涉東南亞移民運用其對原生地方文化的記憶，在新的移居地運用想像，藉由文化標記來建構新的認同與歸屬空間，得以適應或融入臺灣當地生活。在臺的東南亞新移民——移工與外籍配偶——所形塑的族裔地景，主要有消費族裔地景[6]與宗教族裔地景。

6　此概念的使用出現於王志弘（2006：151）對桃園市火車站移工的休閒消費空間之研究，他的定義如下：「本文使用『族裔地景』一詞，除了指涉移民和移工的流動網路，也借取了『地景』一詞的空間涵義，而企圖掌握族裔認同形構的空間

前者如東南亞小吃店、餐廳、雜貨舖、美容院與攤商，滿足了新移民飲食、休閒和購物的需求（王志弘，2006：181-182）；後者主要是教堂，滿足了新移民信仰上的慰藉。這些社會空間的形構對於局內人（新移民）的意義，包括立足謀生、文化經驗的延續、社會網絡的建立、協商族裔認同與對抗雇主的場域（王志宏、沈孟穎，2006；吳挺鋒，1997；林開忠，2006；藍佩嘉；2002）。對於局外人（臺灣民眾）的意義，則包括恐懼地景、移民病理區與排他地理（吳美瑤，2004；邱琡雯，2007；許弘毅，2000）。本文將以臺中市第一廣場與復興路天主教堂為例，說明東南亞族裔地景的形成、意義與影響。

第一廣場位於中正路上，鄰近火車站；天主教堂則位於復興路三段，離火車站約10分鐘的步行距離。如同其他研究（吳美瑤，2004；吳挺鋒，1997）指出，這些在臺東南亞人士聚會地點出現在交通便利的地區。尤其在假日時，這兩個地點很明顯地出現大量的東南亞移民。第一廣場滿足東南亞移民日常生活消費上的需求，天主堂則主要提供菲籍移民宗教上的需求，藉由這些日常活動來延續其原生國的文化經驗、交換訊息等。

臺中第一廣場一樓的店面有越南雜貨店、手機店、服飾店和電影院；二樓有一家服飾店，販賣越南物品，如報紙、雜誌、CD與化妝品的店面；三樓則有販售手機與隨身聽的店家，以及越南、菲律賓美食館。這些店家大多數為東南亞移民經營，其餘如手機店與隨身聽的店是臺灣本地人經營，顧客主要是東南亞人士。中秋節當天由於放假之故，三樓的餐館內東南亞外籍人士一邊用餐喝酒，一邊唱卡拉OK，非常熱鬧（請參見圖14-9與圖14-10）。越南受到漢文化的影響，許多節慶都與華人地區一樣，例如，農曆春節、端午節、中元節與中秋節（洪德青，2009）。由於越南人也是在農曆8月15日過中秋節（請參見圖14-11），所以，當天第一廣場越南雜貨店前亦擺售應景的中秋月餅，如圖14-12所示。

向度，尤其是其交織在消費場域的狀況，故名之為『消費族裔地景』。」

圖14-9　第一廣場二樓的越南餐廳
（張雪君／攝，9/22/2010）

圖14-10　第一廣場二樓的菲律賓
餐廳
（張雪君／攝，9/22/2010）

圖14-11　河內路旁販賣中秋月餅
的攤販
（張雪君／攝，8/30/2010）

圖14-12　第一廣場越南雜貨店前
擺售月餅
（張雪君／攝，9/22/2010）

　　除了前述的日常生活觀察，東南亞餐廳的出現亦提供來臺東南亞人士的就業經濟機會，並滿足其文化認同。如同林開忠（2006：73-74）所言：「在文化認同中，語言與食物是最常成為外籍新娘『文化邊界的標誌』……不論是來自印尼、泰國或越南的外籍配偶，各自家鄉的食物與語言是她們藉以形成各自群體認同的重要依據，也是她們的文化認同中最外顯的標誌。」然而，臺灣民眾對於這種社會空間的產生，秉持負面看法者將其視為產生社會問題之場所。在這方面，王志弘（2006）調查桃園市火

車站後站區域成為外籍移工活動圈，當地居民會刻意避開這些地區，他們反映生活環境變髒，同時對這些移工產生恐懼與反感，乃起因於人身安全顧慮。邱琡雯（2007）則指出，專賣越南料理的女性越南店家面對臺灣社會民眾將這類小吃店視為移民病理區，她們會運用個人自身的特質及實力加以克服，這些策略包括對人好、外表乾淨、吃苦耐勞、親切禮貌又健談、主動打招呼、國臺語的流暢等。

另一宗教文化空間的建立則說明了教堂對菲籍外勞的重要性。吳比娜（2003）與許弘毅（2000）皆描述臺北市中山北路聖多福教堂，以及附近商店成為菲勞假日的生活空間。除了做禮拜，電話卡的買賣、書報、雜誌、CD、飲食、服飾，甚至加拿大工作仲介業等各式服務業，都因應而發展。

臺中市復興路天主教堂旁邊有傳統菜市場，對面有一間中菲餐廳，以及販售電話卡的攤位。星期日做禮拜之前，穿著牛仔褲、T恤的年輕菲律賓外籍勞工會在市場買東西、到餐廳聚會、向攤商買電話卡。菲律賓籍外勞從市場、餐廳、電話卡攤位，走進天主堂。有些搭計程車、公車，有些騎摩托車，亦陸續進入天主堂，如圖14-13與圖14-14所示。

有位菲律賓神父在主持彌撒，活動地點主要在二樓，空間頗大，約可容納400人左右。參加活動的菲勞有的晚到沒有座位，就會站在外面、甚至樓梯上。教堂二樓進行禮拜活動，一樓處則有仲介公司的小姐發放一些關於菲律賓的消息，以及受雇於加拿大的申請說明。索取資料的菲勞相當踴躍，有的跟仲介小姐相當熟稔，會向她們請教一些問題。例如，申請來的身份是「caregiver」（看護工），但被雇主要求做其他的工作；或者是雇主不給假期等困擾。透過假日參與教堂活動，讓菲籍外勞得以放鬆與舒緩身心。吳挺鋒（1997：71）亦說明：「……參加教堂的彌撒成了幫助菲勞搭建與豐富個人與她／他人社會關係的一個行動上的重要起點。特別是菲律賓女性，許多從事家庭幫傭與家庭監護工這兩類工作，長時間被禁閉在各個家戶裡，若再加上沒有家鄉的親友也在臺灣工作的話，那可以說是完全處在一個自我禁閉的孤零狀態。」

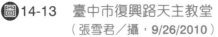
圖 14-13　　臺中市復興路天主教堂　圖 14-14　　進入教堂做禮拜的外勞
（張雪君／攝，9/26/2010）　　　　　　　（張雪君／攝，9/26/2010）

　　臺灣新移民來自不同文化、宗教、教育、經濟等背景，這些不同背景讓他們在臺灣社會的生活產生多樣的風貌（紀駿傑，2009：177）。在臺的東南亞籍移民藉由消費空間的建立和經常出入活動，在臺灣社會中劃設出屬於我群的認同疆域，轉化了特定公共空間的意義，作為交換物資、資訊和情感的族裔網絡得以形成（王志宏、沈孟穎，2006）。但是臺灣民眾多少會污名化這樣的空間，有時新移民的群聚活動亦會造成與本地居民的緊張關係，而視這樣的場所為「恐懼地景」或「移民病理區」。

 結語

　　昔日漢人為了能夠安身立命，渡海來臺尋求更多的發展機會；今日新移民希望藉由婚姻或工作來臺，以改善自身的生活或原生家庭的經濟狀況。來臺的新移民主要包括外籍配偶與外籍勞工兩者，本文除了呈現與分析新移民人口統計資料外，並著重於介紹臺灣社會因移民而帶來的多元文化現象。

　　新移民攜帶其原生文化讓臺灣社會產生不同的面貌，增添在地的異國風情，明顯可見的是「族裔地景」的出現，包括消費性族裔地景與宗教性族裔地景。這些地景的出現，對東南亞移民而言，除了滿足其在臺的生活

需求外，更為一文化延續、社會網路的建立、協商族裔認同與對抗雇主的場域；對臺灣民眾而言則截然不同，可能視其為恐懼地景與移民病理區。

新移民對臺灣社會有所貢獻，然而，政府也多了對社會秩序維持的考慮。西方國家發展成工業、資本社會過程中曾面臨移民的議題，處理的態度與做法，歷經同化論以及相抗衡的多元文化主義。源起於西方民主社會的多元文化主義旨在關懷社會中的弱勢族群，處理社會內部的正義問題，強調社會各群體或族群在社會、經濟與文化上受到平等的尊重與對待，有平等的政治參與權利。臺灣的多元文化主義論述源自於西方，尤其是美國社會所發展出的多元文化主義，希冀本文所介紹的不同多元文化理論流派能夠讓讀者了解臺灣社會的新移民現象。

參考書目

中文部分

王志弘（2006）。移／置認同與空間政治：桃園火車站周邊消費族裔地景研究。**臺灣社會研究季刊**，第61期，149-203。

王宏仁（2001）。社會階層化下的婚姻移民與國內勞動市場：以越南新娘為例。**臺灣社會研究季刊**，第41期，99-127。

王志弘、李根芳譯（2003）。**文化理論與詞彙**。臺北市：巨流。

王志弘、沈孟穎（2006）。**族群認同的時空鑲嵌：臺北市安康市場──越南街研究**。發表於世新大學社會發展研究所舉辦第三屆「跨界流離」國際學術研討會，臺北市。

王秀喜（2004）。**高雄市旗津區「越南與印尼」外籍配偶生活適應與人際關係之研究**。國立臺南大學臺灣文化研究所教學碩士論文，未出版，臺南市。

丘昌泰（2008）。族群、文化與認同：連鎖關係的再檢視。**國家與社會**，第5期，1-35。

吳比娜（2003）。*ChungShan*──**臺北市菲律賓外籍勞工社群空間的形成**。國立

臺灣大學建築與城鄉研究所碩士論文，未出版，臺北市。

吳秀照（2009）。發展多元文化社會資本因應移民婦女貧窮問題之探討。**社區發展**，第127期，42-54。

吳美瑤（2004）。**霸權空間的破綻——以外籍移工假日聚集的臺北車站為例**。國立中興大學行銷學系碩士論文，未出版，臺北市。

吳挺鋒（1997）。「外勞」休閒生活的文化鬥爭。東海大學社會學研究所碩士論文，未出版，臺中市。

江亮演、陳燕禎、黃稚純（2004）。大陸與外籍配偶生活調適之探討。**社區發展**，第105期，66-89。

李美賢、楊昊譯（2010）。**東南亞多元與發展**（*part 2*）。臺北市：賽尚圖文。

林開忠（2006）。跨界越南女性族群邊界的維持：食物角色的探究。**臺灣東南亞學刊**，3(1)，63-82。

邱琡雯（2005）。**性別與移動：日本與臺灣的亞洲新娘**。臺北市：巨流。

邱琡雯（2007）。「移民區病理vs.網絡集結點」的衝突與克服：以在臺越南女性的店家為例。**教育與社會研究**，第13期，95-120。

紀駿傑（2009）。族群關係。載於王振寰、瞿海源（主編），**社會學與臺灣社會**（第三版）（頁157-182）。臺北市：巨流。

洪德青（2009）。**你一定要認識的越南**。臺北市：貓頭鷹出版。

許弘毅（2000）。中山北路聖多福教堂地區菲籍外勞的空間使用及其影響之研究。淡江大學建築學系碩士論文，未出版，臺北縣。

許雅惠（2004）。臺灣媳婦越南情：一個質性角度的觀察。社區發展季刊，第105期，176-196。

黃尚文（2006）。**多元文化思潮之爭議及其對臺灣多元文化教育之啟示**。國立臺灣師範大學教育研究所碩士論文，未出版，臺北市。

黃鈺樺（2008）。**在臺灣的國小學生的越南籍新住民母親教養能力轉化歷程研究**。國立臺灣師範大學社會教育學系博士論文，未出版，臺北市。

夏曉鵑（2000）。**資本國際化下的國際婚姻——以臺灣的「外籍新娘」現象為例**。臺灣社會研究季刊，第39期，45-92。

徐美游（2008）。**那邊與這邊：一位越南籍母親教養經驗之研究**。國立臺北教育大學幼兒與家庭教育學系碩士論文，未出版，臺北市。

陳宗盈、連詠心譯（2006）。**多元文化主義與全球社會**。新北市：韋伯文化。

陳若欽（2004）。**文化適應與自我認同——以臺灣的越南新娘為例**。淡江大學東南亞研究所碩士論文，未出版，新北市。

陳清僑編（1997）。**身分認同與公共文化：文化研究論文集**。香港：牛津大學出版社。

張建成（2007）。獨石與巨傘——多元文化主義的過與不及。**教育研究集刊**，53(2)，103-127。

張雪真（2003）。**越南新娘在臺之生活調適：以苗栗縣頭份鎮為例**。國立清華大學人類學研究所碩士論文，未出版，新竹市。

張雪君、劉由貴（2010）。從多元文化觀點探討來臺女性新移民的文化衝擊——兼論苗栗縣政府的作法。**區域與社會發展學報**，第1期，103-126。

張鈺珮（2003）。**文化差異下跨國婚姻的迷魅——以花蓮縣吉安鄉越南新娘的生命經驗為例**。國立花蓮師範學院多元文化研究所碩士論文，未出版，花蓮市。

張錦華、黃浩榮、洪佩民（2003）。從多元文化觀點檢視新聞採寫教科書——以原住民族群相關報導為例。**新聞學研究**，第76期，129-153。

游美惠（2010）。多元文化教育的理論基礎。載於譚光鼎、劉美慧、游美惠編著，**多元文化教育**（第二版）（頁41-59）。臺北市：高等教育。

曾嬿芬（2004）。引進外籍勞工的國族政治。**臺灣社會學刊**，第32期，1-58。

曾嬿芬（2006）。誰可以打開國界的門？移民政策的階級主義。**臺灣社會學刊**，第61期，37-107。

楊慧真（2004）。**越南籍女性配偶家庭親子互動經驗之研究**。中國文化大學青少年兒童福利研究所碩士論文，未出版，臺北市。

廖元豪（2009）。全球化趨勢中婚姻移民之人權保障：全球化、臺灣新國族主義、人權論述的關係。載於夏曉鵑編，**騷動流移**（頁165-200）。臺北市：臺灣社會研究雜誌社。

蔡淵洯（1980）。清代臺灣社會上升流動的兩個個案。**臺灣風物**，30(2)，1-32。

賴佳楓譯，S. Castles與M. J. Miller著（2008）。**移民：流離的年代**。臺北市：五南。

趙恩潔（2007）。人類學與國家的距離。**當代**，第233期，34-49。

蔡淵絜（1980）。清代臺灣社會上升流動的兩個個案。**臺灣風物**，30(2)，1-32。

藍佩嘉（2002）。跨越國界的生命地圖：菲籍家務移工的流動與認同。**臺灣社會研究季刊**，第48期，169-218。

魏玫娟（2009）。多元文化主義在臺灣：其論述起源、內容演變與對臺灣民主政治的影響之初探。**臺灣社會研究季刊**，第75期，287-319。

龔尤倩（2002）。外勞政策的利益結構與翻轉的行政實驗出探──以臺北市的外勞行政、文化實踐為例。**臺灣社會研究季刊**，第48期，169-218。

英文部分

Appadurai, A. (1994). Disjuncture and difference in the global cultural economy. In P. Williams & L. Chrisman (Eds.), *Colonial discourse and post-colonial theory-a reader* (pp. 25-48). NY: Columbia University Press.

Banks, J. A. (1994). *Multiethnic education: Theory and practice* (3rd ed.). Boston: Allyn & Bacon.

Brettell, C. B. (2000). Theorizing migration in anthropology: The social construction of networks, identities, communities, and globalscapes. In C. B. Brettell & J. F. Hollifield (Eds.), *Migration theory* (pp. 97-135). NY: Routledge.

Flanagan, W. G. (2002). *Urban sociology: Images and structure* (4th ed.). Boston: Allyn and Bacon.

Geertz, C. (1973). *The interpretation of cultures.* NY: Basic Books.

Hilsdon, Anne-Marie (2007). Transnationalism and agency in east Malaysia: Filipina migrants in the nightlife industries. *The Australian Journal of Anthropology*, 18(2), 172-193.

Kincheloe, J. L., & Steinberg, S. R. (1997). *Changing multiculturalism*. Philadelphia: Open University Press.

Tastsoglou, E. (2006). Gender, migration and citizenship. In E. Tastsoglou & A. Dobrowolsky (Eds.), *Women, migration and citizenship: Making local, national and transnational connections* (pp. 201-230). Burlington, VT: Ashgate Publishing Co.

Taylor, I. (2000). European ethnoscapes and urban redevelopment: The return of Little

Italy in 21st century Manchester. *City*, 4(1), 27-42.

Tyner, J. A. (2004). *Made in the Philippines: Gendered discourses and the making of migrants*. NY: Routledge Curzon.

第 **15** 章

全球關聯現象、問題與國際組織

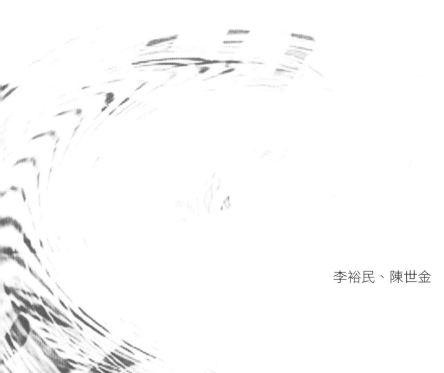

李裕民、陳世金

本章綱要

前言

　　人類正在進入一個全球化時代，全球化是一個人類歷史的轉變過程，其基本特徵是在生態、經濟一體化的基礎上，在世界範圍內產生一種互動的、內在的、不可分離的和日益加強的全球關聯體系。2007年，美國次級房貸泡沫化，投資銀行將衍生性金融商品風險轉移給社會大眾，全球資金紛紛從歐美市場退出，進而衝擊到冰島、烏克蘭、南韓等新興國家市場，原本蓬勃發展的全球金融市場瞬間潰堤，市場信心脆弱，股市重挫、匯市大貶、消費降低、投資減少，失業率不斷攀升，各國金融體系發生變化，經濟劇烈波動，國際市場呆滯，由原本美國單一國家的金融問題，卻引發連鎖反應造成全球性的金融海嘯。

　　18世紀工業革命以來，因生產工具與方式蛻變，給人類更豐富、便捷的物質生活，日新月異的工藝技術與無止盡的使用資源卻引來更大的環保議題。人類大量使用煤、石油、天然氣等化石燃料，製造出二氧化碳、甲烷、氟氯碳化物、氧化亞氮等溫室氣體，所形成的厚重毯子，把日光、熱能困住，造成地球溫度上升，加上無止盡地砍伐樹林、焚燒樹林以增加耕地等，讓二氧化碳來不及被吸收，全球暖化日趨嚴重。此現象導致全球氣候異常，威力強大的暴風雨和旱災、冰河融化、海平線上升、氣候模式驟變及傳染病散播等危機，使得人類對地球的影響已不再單純。非洲國家每年所排放出來的溫室氣體僅占工業國家微乎其微的分量，但劇烈的氣候變遷導致氣溫升高，旱災、水災不斷；位於極地地區，北極冰圈以每十年約9%的速度減少，浮冰不斷融化，迫使北極熊必須游更長的距離才能覓食，甚至因飢餓而死亡或體力不支而溺斃；馬爾地夫也因海平面不斷上升，導致國家有即將被大海吞噬的恐懼而不得不向他國買地建國。

　　上述的全球暖化與金融海嘯這兩個例子，都清楚地告訴人類，全球化（Globalization）的腳步已經蔓延至全世界的每個角落，不論是現代科技文明的西方國家或是原始的部落民族，亦或是高山極地的冰凍世界，人類、萬物皆因為全球化而間接、直接地將彼此牽連起來，不管你要或不

要，不管你知道或不知道，不管你做或不做，全球化讓萬物彼此形成一緊密的生命共同體。

早在一個半世紀以前，社會學家馬克思（K. Marx）便已藉由資產階級的行動，洞悉了全球化發展的趨勢。在他的著作中有著如下的敘述：

> 美洲的發現、繞行非洲的好望角，為新興的資產階級開闢了新的場所。東印度和中國的市場、美洲的殖民化，以及殖民地的貿易、交換工具和一般商品的增加，給商業、航海業和工業空前未有的刺激，因而使瀕臨崩潰的封建社會內部的革命因素迅速發展起來。為了不斷擴大產品銷路的需要，驅使資產階級奔走於全球各地，它必須到處落戶、到處創業、到處建立聯繫。藉由全球市場的剝削，資產階級賦予了每個國家生產和消費都具有世界主義的特徵。不管反動派怎樣懊惱，資產階級還是拔起了立足於國家土壤的工業基礎。所有古老的民族工業不是被消滅了，就是每天逐步被消滅。它們被新的工業排擠掉了，新工業的建立成為所有文明國家攸關生命的問題；這些工業所加工的，已經不是本地的原料，而是來自極為遙遠的地區的原料；它們的產品不僅供本地消費，而是提供給全球每一地區來消費。（K. Marx, 1848）

馬克思的前瞻遠見，描繪出19世紀資產階級開始步入多國國際生產與消費的特徵，但也只點出了資本主義生產方式的跨國性，離真正的全球化腳步還稍稍有段距離。不可諱言的，普遍的學者都認為資本主義與自由主義是促進全球化發展的重要驅力，但仍有許多因素，例如，政治、經濟、文化、社會、環保、人權等相關議題左右著全球化的內涵。全球化使得地理的距離逐漸喪失其重要性，相對而言，民族國家間的領土界線也因全球化而趨於模糊，地方、國家與全球的事務相互糾結，形成一有系統且緊密而不可分的互賴關係。

全球關聯與全球化相關概念

一、全球關聯的時空背景

在21世紀，描述或強調人類與國家間更緊密的結合在一起，形成一網絡共同體，使用的詞彙主要有「全球化」、「國際化」、「地球村」及九年一貫課程中的「全球關聯」等，這些概念容或本質上有些差異，但其關係卻無法分割；尤其全球關聯與全球化更只是在全球互動的進程中，時序上略有先後差異而已，甚至全球發展到一定階段，更形成兩者相互影響，進而產生效果相乘的作用。因此在探討全球關聯議題前，須先釐清全球化的概念。

全球化的開始時間頗有爭議，不同的學者站在不同的角度而有不同的看法（如表15-1）。例如，K. Marx認為全球化是由現代資本主義而體現，開始的時間是15世紀；A. Giddens認為現代化（工業化）是全球化的體現方式，開始的時間是18世紀；R. Robertson認為政治、經濟、社會、文化等多項度的變革是全球化的體現方式，開始的時間是1870～1920年。因此，至今還沒有一個確切的時間點能說明全球化究竟是從何開始，但多數的學者大抵都認為全球化的具體存在是近代才有的。而全球化的起源為何，學界普遍認為是從近代的西歐開始的，當時的西歐擁有較高的經濟優勢與交通便利性。運輸與通訊工具的革新與進步，大幅縮短了空間距離與減少生產成本，知識的普及與網際網路的發明，擴大了人們的視野與想像的空間，人類活動從此由單一點擴及到跨國的多點，彼此的依賴與關聯更是緊密到不可分。個人、跨國公司、社會、國際組織與民族國家是不斷推動全球化發展速度的最大功臣，在這幾個角色交互作用影響下，全球化的內涵才能更加豐富。

表15-1 幾種關於全球化開始時間的代表性觀點

作者	全球化開始的時間	體現的形式
馬克思（K. Marx）	15世紀	現代資本主義
華勒斯坦（I. Wallerstein）	15世紀	資本主義的世界體系
羅伯遜（R. Robertson）	1870～1920年	多向度的
紀登士（A. Giddens）	18世紀	現代化
波爾穆特（H. Perlmutter）	東西方衝突的結束	全球文明

資料來源：J. N. Pieterse（1995），轉引自楊雪冬（2003），《全球化》。臺北：揚智文化，頁5。

二、全球關聯與相關概念的界定

(一) 全球關聯的界定

「全球關聯」（Global Connection）一詞首先出現於教育部2003年發布之「國民中小學九年一貫之課程綱要——社會學習領域」的第九大主題軸中。再者教育部所頒訂的社會學習領域主題軸，大部分是參考自美國社會科委員會（National Council for the Social Studies, NCSS）所研擬的社會科課程標準，甚至更明確的說，我國社會領域課綱中的第九大主題軸——全球關聯，即是完全參照NCSS的Global Connections之課程標準。NCSS在社會科課程標準中將第九大主題定為「全球關聯」，並認為本主題即為學生提供研究「全球關聯和相互依賴的經驗」。若進一步分析其課程標準內涵，其重要內容有三項：

1. 分析國家利益與需要優先解決的全球問題之間的矛盾，有助於尋求解決歷來已久及新近出現的各種全球性爭端的途徑。例如，健康福利、經濟發展、環境質量與基本人權等。

2. 分析世界不同文化的特點及其相互關係。如經濟競爭與合作、由來已久的種族對立、政治和軍事聯盟等，有助於學生認真分析如何在權衡國家和全球關係中作出決策。

3. 列舉出不同學習階段中，學生能夠感受並理解全球範圍內一些事件的影響力。
   (1) 低年級學生可以採開放式的方式，讓學生自行探索並調查關於全球關聯的一些基本議題，以及他們所關心的問題，提出並制定積極的應對計畫。
   (2) 中年級學生可以初步分析國家之間的相互影響，以及各國在應對全球重大事件及變化時表現出的文化差異。
   (3) 高年級學生應系統性的思考有關個人、國家與全球間如何決策、相互影響及因果關係等問題，例如，和平、人權、貿易及全球生態等一些重大議題（引自高峽、楊莉娟、宋時春，2008）。

　　國內學者進一步依據教育部頒訂的社會學習領域全球化相關內涵分析，認為全球關聯主題軸之內涵，約略可歸納為四個層面：1.全球關係網路；2.全球重要議題；3.跨文化理解；4.國際關係互動（嚴朝寶，2008）。

　　參考教育部2009年國民中小學九年一貫課程綱要之內容，試著將全球關聯定義為：世界在全球化潮流的席捲下，全球的生態環境互相關聯，個人、社會、民族國家、跨國企業與國際組織緊密連結，形成一縝密且開放的網絡系統，於此網絡中，因為彼此的密切交流互動而有了合作、衝突、適應、創新等新關係。全球關聯的核心概念是變遷與互賴，而它的媒介是全球化，透過全球化，全球的人、事、時、地、物彼此都有了關聯。並期望藉由全球教育的實施，理解各文化雖有其獨特性及多樣性，但可透過公民意識的倡議，使得人們願意共同面對全球化下所帶來的各項議題，例如，環保、犯罪、疾病、正義、貧富、氣候變遷、權力分配、全球經濟體系與全球治理等議題。全球化下的國際關係互動密切，國際組織如雨後春筍般的出現，除了代表全球人民更能體認彼此間的深厚關聯性，更重要的是希望藉由這些國際組織來解決國際間產生的問題與衝突，以發揮國際組織的角色與功能。

(二) 全球化的界定

關於全球化的界定，跟前述的全球化開始時間類似，不同的學者其論點不同，就有不同的界定意義，因此，全球化的定義可謂眾說紛紜。U. Beck認為：「全球化是距離的消失，被捲入經常是非人所願、未被理解的生活形式」；A. Giddens認為：「全球化指涉的是空間與時間（概念）的轉變，是一種對遠方（或接受遠方）的效應」；W. Robertson認為：「全球化是一種概念，指的不但是世界的壓縮，也是世界為一整體意識的密集化」；P. Wilding & V. George認為：「全球化經由知識與科技的進步，以及政治事件與決策，而帶來時間與空間的壓縮，促使世界日漸相互關聯」；P. M. Sweezy認為：「全球化是一種過程，而不是一種情境或現象」；M. Waters認為：「全球化是一種社會過程，其中地理對社會和文化安排的束縛降低，而人們也逐漸意識到這種束縛正在降低。」（侯東成，2007）

另外，也有學者從社會發展的各種角度，認為全球化大致有以下幾種界定：第一種概念是從信息和通訊技術角度定義的，認為全球化是人類可以利用先進的通訊技術，克服自然地理因素的限制，進行信息自由傳遞的過程。第二種是從經濟角度著眼，全球化被視為經濟活動在世界範圍內的相互依存，特別是世界性市場的形成，資本超越了民族國家的界限，在全球自由流動，資源在全球範圍內進行配置。第三種概念是從危及全人類共同命運的全球問題角度出發，全球化被視為人類在環境惡化、核威脅等共同問題下，達成了共識和形成的利益與共的現實。第四種是從體制角度，全球化被視為資本主義的全球化或全球資本主義的擴張。第五種是從制度角度，把全球化看作是現代性的各項制度向全球的擴展。最後一種是從文化和文明角度，把全球化視為人類各種文化、文明發展要達到的共同目標，有的學者更用極端的眼光看全球化，把它等同於西方化、美國化（俞正樑等，2000）。

綜上所述，學者將全球化界定為：（一）全球化是一個多維度的過程；（二）全球化在理論上創造著一個單一的世界；（三）全球化是統一和

多樣並存的過程；（四）現在的全球化是一種不平衡發展的過程；（五）全球化是一個合作和衝突並存的過程；（六）全球化是一個觀念更新和典範（paradigm）轉變的過程。因此，簡單的說，全球化是指在經濟、政治、文化、社會、乃至於環保等各面向上，受到跨區域、跨國界式的影響，個人、地方、國家與全球的事務相互糾結，形成一有系統的互賴關係；全球化是一種社會過程，經濟、社會與文化逐漸超越時空的制約，國家主權受到跨國活動的削弱過程，是一種合作與衝突、多元與一統等多維度的混合化過程。

三、與全球化相關的概念

關於全球化的相關概念，學者將其分為兩種角度，一種是從運動進程和發展趨勢出發，另一種則是以觀念影響力出發。

（一）從作為一種實際運動進程和發展趨勢角度出發：表述的方式是「XX化」。例如，區域化、國際化、跨國化、超國化、世界化、美國化、麥當勞化等。

（二）從作為一種觀念影響力出發：表述的方式是「XX主義」。例如，全球主義、跨國主義、區域主義、超國主義和世界主義（楊雪冬，2003）。

四、全球化的爭論

全球化的內涵與形式引起了大大小小的爭議，不同的派別有不同的見解。大抵而言，關於全球化的爭論可以分為三派，分別為超全球主義論（hypergolobalizers，也被譯作誇大論）、懷疑論（skeptics）與轉型主義論（transformationalists，也被譯作過程論），內容如下（如表15-2）：

(一) 超全球主義論

自由市場化成為解決全球化問題的力量，民族國家的各種舊制度在經

濟全球化面前,已經完全過時或是正在失去存在的價值。

(二)懷疑論

全球化只是某種迷思,現在的全球化僅只是國際化,民族國家仍擁有實質掌握權,是經濟範圍的管理者。全球主義宣稱的民族國家沒落的觀點不但與事實相違,而且帶有強烈的意識型態與偏見。

(三)轉型主義論

把全球化看作各種的革新過程,因此強調全球化的多維度與多動因。肯定全球化現象的存在,強調全球化的動態性和漸進性。

表15-2 全球化的具體概念化:三種傾向

	超全球主義論	懷疑論	轉型主義論
新穎之處	全球時代	貿易集團、地域統治能力較前期弱	以全球網來聯繫程度達到歷史巔峰
主要特徵	全球資本主義、全球管理、全球公民社會	世界互賴程度低於1980年代	密集型全球化(指擴張性與強度)
國家統治能力	衰退或腐蝕	強化或提高	復甦或重建
全球化的驅動力量	資本主義與技術發展	國家與市場	各種現代勢力的結合
階級型態	舊階級體系崩潰	南方國家利益逐漸邊際化	世界秩序的新階級體系
中心思想	麥當勞之類的多國籍企業	國家利益	政治社群的轉型
全球化的概念化	全球化是人類行為架構的重新安排	全球化即國際化與區域化	全球化是國際關係與遠距離行為的重新安排
歷史軌跡	全球文明化	區域集團與文化衝突	含糊而不確定:全球整合與分裂
簡要結論	民族國家型態結束	仰賴國家默許與支持的國際化	全球化促使國家權力與世界政治的轉型

資料來源:沈宗瑞等譯,David Held et al.著(2001)。《全球化大轉變:全球化對政治、經濟與文化的衝擊》,頁14。臺北:韋伯文化出版社。

五、全球化的發展進程時序

Malcolm Waters（2001）認為，全球化發展進程於經濟、政治與文化等三大場域（如圖15-1）中產生效果。經濟場域的趨勢是朝向市場化，意即不受指揮、限制、地位和階級獨占；政治場域的趨勢是自由化與民主化，意即權力分散；文化場域的趨勢是普遍化，意即價值和標準的抽象化達到一非常高度的普遍性，這將允許極度的文化分化。

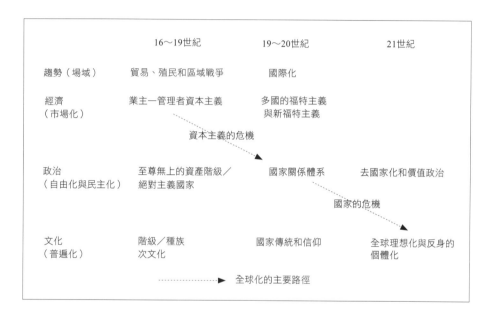

圖15-1　全球化發展路徑的時序

資料來源：Waters, M. (2001). *Globalization* (2nd ed.). p.22. New York: Routledge.

參　全球關聯的現象與問題

全球化發展以來，社會由原先的工業時代社會進入了資訊時代社會，工藝技術的進步、運輸工具的革新、自由主義的宣揚與通訊網路的發

明，使世界各地的人們交流更加密切，也更加便利，宛如「地球村」一般緊密的關聯在一起。然而，全球化就像一把雙刃的利劍，雖然技術的進步、生產價格降低、知識的普及等，帶給人類不少的利益，但是也帶來了許多難以計算的風險與問題。德國社會學家貝克（U. Beck）在其著作中便描述了「高科技、高風險的原因和後果，而許多現代風險完全超越了地域限制，和環境污染、物種滅絕、生態破壞、氣候異常……等等議題般，都擴及到全球的範圍」（顧忠華，2001）。而這些問題卻是生存在地球上的萬物所必須共同去面對的代價。

一、政治方面

面對國家疆域界限日益模糊，大前沿一認為，當代的全球化標誌著一個新時代的到來，在這個時代裡，資本把市場自由化的邏輯推向全世界，圖謀打破民族國家及其一切壁壘，建立資本暢通無阻的全球市場，各個民族日益服從於全球市場的監控和約束。而M. Waters（2001）則觀察到在全球化的發展歷程上，政治從早期的絕對主義國家（Absolutist States）步入國際關係體系（International Relations System）中，最後則走向去國家化（Disetatization），權力分散的結果便是朝向自由化與民主化。Michael Hardt和Antonio Negri（2000）則提出了資本主義生產和交換的全球化，意味著經濟關係愈來愈脫逃於國家的政治控制，在這種新秩序的衝擊下，民族國家的政治主權已經衰落，其影響力大為下降，逐漸讓位於一種新的主權形式──全球性主權（李智，2003）。

因此，全球化帶給民族國家一重大衝擊：國家主權、權威、地位、作用、功能、影響力等皆正逐漸削減中。例如，歐盟國家為了安全與經濟之考量而形成一強大同盟國家，內部主權管轄分散於國際、國家與地方層級，各會員國仍保有獨立主權，人民卻可在會員國間自由往來，並且使用統一貨幣──歐元來消費。全球化發展使得民族國家不再擁有崇高至上地位，國家不能對其領土內所發生的任何事務保有絕對的主控權，國家疆界的界限變得日益模糊。

二、經濟方面

(一) 貧富差距問題

全球化時代，資本主義者打著經濟市場化之名，以最小成本來獲取最大利潤，到世界各地去建立立場，去剝削開發中國家。Anthony Giddens（2001）據聯合國於1999年發表的人類發展報告指出，世界最富裕和最貧窮國家的差距在1820年大約為3：1，1913年為11：1，1950年為35：1，1992年為72：1（趙旭東、齊心、王兵、馬戎、閻書昌等，2003）。也就是說，資本主義促進了全球化發展，也進一步擴大了貧富差距。另外，世界體系理論的華勒斯坦（Immanuel Wallerstein, 1974）從體制（system）的角度來分析社會變遷，認為因國際貿易與資本國際的運作，使各個國家不由自主地納入全球資本主義的世界體系中，核心國家以高科技、資本密集的優勢，控制、剝削那些只能以低廉的人力和自然資源來與核心國家往來的半邊陲及邊陲國家，造成核心國家得到最大的利益，半邊陲及邊陲國家卻僅能依賴核心國家給予的資金、技術，造就一個全球性的不平等結構，貧富差距因此不斷地擴大。

(二) 南北問題

全球百餘個國家中，彼此的政治制度、經濟活動、社會發展和生活方式各不相同，居於北半球的工業國家因擁有較多的資金與國民所得，以及較高的技術、教育水準和民生制度，因此，與以發展農業為主的南半球國家形成迥異的生產模式，造成「北半球工業、南半球農業」、「北半球對南半球進行經濟宰制」等不平等現象。現實主義者Kenneth Waltz（1970）提及全球化的發展是不平衡的，並不是全球各個角落均衡地「全球化」、同等地變成「全球性」的，全球化主要指地球南北關係的北方（可悲的是，南北的差異依舊很大）的全球化，而尚未實現完全意義上的全球化。在全球化過程中，不能讓「相互依存」一詞巧妙地遮蔽國家間能力上的不平等，而使人愉快地承認了互惠互利式的依賴關係，因為它強烈地暗示了

所有國家似乎在從事同一種遊戲的假象。事實上，南北相互依存的不對等、不平衡，必然造成不平等的南北關係，反而可能成為國際衝突的激發因素。

三、文化方面的霸權主義

全球化的另一個現象就是文化逐漸步入普遍性的階段，雖然發展過程中，不同文化間難免會遇到意識型態、傳統習俗、社會制度等文化上的障礙，但經由磨合、了解、認同後，文化逐漸出現了妥協後的一致性。而文化的普遍性，意味著在全球化的時代裡，某些普世接受的文化價值，例如，尊重人權、尊重信仰之自由等，得到了普遍性的認同，為不同文化間取得了一統的標準尺度。然而，大眾傳媒的發達，除了傳遞普世的文化價值觀外，同樣的，強勢國家也藉由其向其他國家傳遞其意識型態，例如，美國大卡司的電影將西方的文化、價值觀藉由電影傳給其他的國家，資本家或是既得利益者也將有利於他們的意識型態、價值觀傳遞下去，形成馬克思所謂的虛假意識（False Conscious）。當然，並非每個國家的人民都甘於全盤接受歐、美、日等強權文化，在文化主權的領導下，弱勢文化反彈上來的力量也是不容小覷。學者觀察到西方發達資本主義的文化挾經濟、政治和軍事上的巨大威力，在全球範圍內明目張膽地蔓延、滲透和擴張，卻反而激起欠發達民族國家的文化對西方文化價值觀的反感、警覺、批判、抵抗（李智，2003）。

四、社會方面

(一) 跨國犯罪與恐怖主義

全球化不僅發生在文化、政治、經濟層面上，同樣的，犯罪行為也跟著步入全球化的腳步。藉由交通工具與通訊技術的進步，國際間的貿易往來更加地快速便利，犯罪者也藉由這些進步的工藝技術實行跨國界的犯

罪行為。全球化宣揚者主張經濟市場的自由化，認為民族國家應該減少干預，讓經濟回歸到市場的自由機制。民族國家在經濟上釋出了善意，也對犯罪者提供了有利的犯罪環境。例如，犯罪者利用合法的貿易行為夾帶非法物品，因為國家機器的檢疫機構無法逐一檢查大量的貿易物品，這為毒品、走私、武器等提供了犯罪管道，引發了後續更多的犯罪問題；其中，毒品買賣是全球化發展中獲利最大的犯罪行為，恐怖組織甚而由此獲得龐大的資金來支付全球恐怖主義犯罪的所有開銷。跨國犯罪還利用國家法律或經濟制度上的漏洞來降低被拘捕的風險，例如，逃往沒有邦交的國家，政府警察司法單位就無法進行引渡；在實行帳戶保密的金融機構中從事非法的洗錢活動。軍火走私、人口販賣、偽造貨幣、信用卡盜刷等犯罪行為，也因為全球化後有著驚人的增加趨勢。另外，恐怖主義組織打著極端的宗教、民族意識型態，藉由暴力、武力進行政治性的目的，在大眾傳媒的推波助瀾下，將恐怖主義散布到全世界，以達成國際性的心理威脅，這也是全球化下的另一重大問題。

(二) 人為風險

電腦的發明與網際網路的運用，加速了全球化的發展腳步，人們大量依賴電腦來從事商業工作與私人行為，硬碟裡儲存著帳戶、密碼的機敏資料，使得有心人士藉由電腦或網路的漏洞製造出一隻隻的電子病毒，目的就在於癱瘓電腦、盜取個人的基資，或是將中毒的電腦當作跳板以從事各種電腦的犯罪行為。

便捷的民航交通也造成了威脅性，透過國際貿易，在國內就能吃到新鮮空運的牛肉；然而，一旦所食用的牛肉患上「狂牛症」，則食用牠的人類也會得到狂牛症，造成腦部病變而死亡，而這些患有疾病的屍體要是處理不當，甚至會經由食物鏈，將病毒傳遞到一個個生物體內，引起更大的傳染力，造成不可收拾的地步。其他像是「口蹄疫」、「禽流感」等，各國防疫單位皆深怕病菌經由全球化下的國際貿易偷偷地進到本國來，影響了國人或是動物的健康。近年來，臺灣的SARS與H1N1病毒疫情就是經由國際航班，從境外傳染到境內的。因此，全球化勢必讓未來的疾病防疫更

顯重要，也將是各國政府最為頭疼的一項健康議題。

(三) 人口爆炸與糧食危機

工業革命不僅開啟了全球化的發展趨勢，在人口變遷上也代表著極為重要的分水嶺。翻開歐洲近三百年的人口史，工業革命以前，因為糧食供應不足與疾病的流傳，形成高出生率與高死亡率，使得人口數並沒有顯著的增減。工業革命後到1930年時期，隨著社會經濟的改善以及醫療衛生的進步，死亡率大幅下降，出生率則維持在很高的水準，這是人口成長的爆炸期。1930年代以後，人類醫藥科技有著跨時代的進步，先進國家的醫療技術隨著全球化的腳步也傳遞到各個國家去，人口成長的速度是空前的、是前所未見的。為了應付大量的人口成長，因此大量使用自然資源，造成資源的快速消耗與糧食短缺危機。

俞正樑（2000）研究指出，在過去的兩百年裡，地球上的人已經用掉世界礦物能源總儲量的一半左右；僅僅在20世紀，人類社會用掉的能源就超過了有史以來所消費掉的能源總和。英國人口學家T. R. Malthus（1798）提出的人口論認為，人口是以幾何倍數成長，而食物是以算數級數成長，人口成長往往超過食物供給，大量的人口將無法獲得食物，最後造成飢荒與貧窮。馬克思（K. Marx）則認為，資本主義有足夠的能力去生產糧食來供應大量擴張的人口成長，人口過剩的最大問題在於低度生產，既得利益者想藉由人口過剩的假象以壓低勞工工資，這樣才可以使他們降低生產成本以獲取最大利益。

五、環境方面

環境問題是全球化問題中最重要的核心問題，因為它關係著人類是否能繼續生存於這個已經問題重重的環境生態中。人口的快速成長與無止盡使用自然資源，忽略了環境保護，已造成了眾多的全球性環境問題。例如，為了追求經濟成長或是償還債務，熱帶雨林國家選擇大量砍伐森林來增加收入、增加耕地，森林減少了，大量焚燒森林，造成工業所排放

出來的二氧化碳來不及被吸收，間接使得氣候暖化，地球的氣候產生了劇烈的變化，例如，聖嬰現象、反聖嬰現象、空前的水旱風災等，物種也因為少了原生的棲息地而快速且大量的滅絕。而全球化所帶來了環境問題，最令世人熟知的莫過於「全球暖化」的議題了。為了追求更高的利益與經濟成長，人類大量使用煤、石油、天然氣等化石燃料，製造出二氧化碳、甲烷、氟氯碳化物、氧化亞氮等溫室氣體，藉由溫室氣體所形成的厚重毯子，把日光的熱能困住，造成地球的溫度上升，南北極的冰源大量融化造成海平面上升，全球的氣候因而產生劇烈的變化。

學者更進一步將全球環境問題分為八大類，分別為：（一）物種滅絕加劇，生物多樣性消失；（二）臭氧層耗損；（三）溫室效應與全球變暖；（四）酸雨的危害加重；（五）森林銳減，水土流失；（六）草原退化，土地荒漠化；（七）大氣、水質、土壤污染；（八）有毒、有害物質隨意處置與越境轉移，垃圾污染（俞正樑等，2000）。

 ## 國際組織的角色與功能

隨著全球化的發展腳步，國與國間的關係日益緊密，國際互動熱絡，不僅在政治、經濟、文化、軍事等範疇上有深入的往來，更重要的是，人們發現全球化帶來了更多跨社會的爭議性議題，因此，有了全球治理（global governance）概念的萌發，希望藉由普遍約束力的國際規則來解決全球性的問題。然而，處理這類跨國問題往往牽涉到敏感的政治問題，民族國家不願意放棄主權的主導性，也不願意自身利益遭到削弱，因此，國際組織在這樣的時空背景下出現，用以解決全球化議題或是國際間政治、經濟等方面的利益合作。在這樣的時空背景下，這類的國際組織都多半帶有「工具性」之功能色彩，因此，或許我們可以稱此類國際組織為「工具性的行為主體」。

一、國際組織的種類

國際組織分類的方式有很多種，像是依據所要解決事物的性質來區分，可分為政治性、經濟性、文化性等國際組織；若按照行為主體是否具有「主權」性質來區分，則可分為國際政府組織（International Governmental Organizations, IGOs）與國際非政府組織（International Non-Governmental Organizations, INGOs）兩類，一般皆認為此分類法較具有意義。

學者將國際政府組織定義為由兩個或兩個以上的國家，以條約（treaty）或行政協定（executive agreement）所建立的組織，其主要目的在求得各有關國家在政治、經濟、社會、軍事、文化等領域內的合作、互助與互利（劉富本，2003）。它具有下列特徵：在條約和宗旨規定的範圍內，享有參與國際事務活動的獨立地位，具有直接承受國際權利和義務的能力，很少受到國家權力的直接管轄，國際政府組織是國際政治中的合法行為主體（俞正樑等，2000）。

國際政府組織又可區分為全球性、區域性和專業性三類，敘述如下：

(一) 全球性國際組織

全球性國際組織的成員組成具有普遍性，凡是國際社會中的所有國家皆具有加入的資格，其所關注的議題或舉辦的活動皆具有國際性。例如，聯合國（The United Nations, UN）。

(二) 區域性國際組織

區域性國際組織與全球性國際組織類似，差別僅在於地理範圍的大小，區域性國際組織成員僅限於某一特定地區。例如，美洲國家組織（Organization of American States, OAS）、非洲團結組織（Organization of African Unity, OAU）等。

(三) 專門性國際組織

專門性國際組織指以某一特定目標為中心，像是以經濟貿易、軍事同盟、科技文化等為目標而成立的國際組織。例如，以經濟貿易為目的的有：石油輸出國家組織（Organization of Petroleum Exporting Countries, OPEC）、世界貿易組織（World Trade Organization, WTO）等；以軍事同盟為目的的有：北大西洋公約組織（North Atlantic Treaty Organization, NATO）、華沙公約組織（Warsaw Treaty Organization）等；以科技文化為目的的有：世界衛生組織（World Health Organization, WHO）、國際勞工組織（International Labor Organization, ILO）等。

現列舉較常見的國際政府組織，並簡要敘述其成立的時間、總部地點與成立目的，詳如表15-3。

表15-3　常見的國際組織

	聯合國	非洲團結組織	石油輸出國家組織	世界貿易組織	世界衛生組織
成立時間	1945年	1963年	1960年	1995年	1948年
總部地點	美國：紐約	衣索匹亞：阿迪斯阿貝巴	奧地利：維也納	瑞士：日內瓦	瑞士：日內瓦
成立目的	1.維護世界和平與安全。 2.促進世界發展與民主化。 3.保障人權。	1.團結非洲國家，促進區域經濟合作與一統化。 2.反對殖民主義，積極支持非洲民族獨立。 3.以「不結盟」精神為基礎，維護非洲國家的獨立與團結。	1.協調成員國石油政策和價格。 2.確保國際石油市場價格的穩定。 3.給予產油國適度的尊重和必不可少而穩定的收入。 4.給予石油消費國有效、經濟而穩定的供應。 5.給予石油工業投資者公平的回報。	1.提升生活水準與提高實際收入。 2.擴大貨物的生產和貿易。 3.持續發展和促進資源的最佳利用。 4.努力確保發展中國家在國際貿易中獲得與其經濟發展需要相適應的分額。 5.通過實質性削減關稅等措施，建立一個完整的、更具活力的、持久的多邊貿易體制。	1.使全世界人民獲得儘可能高水平的健康。 2.促進流行病和地方病的防治。 3.提供和改進公共衛生、疾病醫療和有關事項的教學與訓練。 4.推動確定生物製品的國際標準。
其他	設有國際法院、大會、經濟及社會理事會、安全理事會、秘書處與託管理事會。	2002年改為非洲聯盟。	是第三世界建立最早、影響最大的原料生產國和輸出組織。	最為人所詬病的就是不透明的「密室會議」（Green Room），即由少數會員代表所作出的決議。	為聯合國的下屬機構。

　　國際非政府組織係指相對於政府的民間組織，具有獨立性格且擁有跨越國界疆域的影響力，又可區分為跨國企業、恐怖組織與非政府（或稱非營利）組織。

(一) 跨國企業 (Transnational Corporations, TNCs)

　　指企業將總部設於某國，而在其他國家設立子公司，其目標是以最小的成本來獲取最大的利益。例如，新力（Sony）總部設立於日本，但看上開發中國家的低廉勞資，如中國、馬來西亞等，而於該地設立子公司從事生產活動，並將產品銷售到全世界。由總部提供資金、技術與工作機會，子公司提供廉價勞動力與工業補助等有利條件，將產品銷售到世界各地，其影響是非常深遠的。

(二) 恐怖組織 (Terrorism Organization)

　　指組織由某個精神領袖來領導，透過其領袖魅力（charisma）向組織成員宣導極端的暴力犯罪行為，以達成其政治目的。這類的恐怖行為多半與激進的政治、經濟、宗教、種族、民族主義等意識型態有關，例如，蓋達組織（Al-Qaeda Organization）、東突厥斯坦伊斯蘭運動（The Eastern Turkistan Islamic Movement）、奧姆真理教（Aum Shinrikyo）。

(三) 非政府組織 (Non-Governmental Organization, NGO)

　　聯合國文件將其定義為，「在地方、國家或國際級別上組織起來的非營利性的、自願的公民組織。非政府組織面向任務、由興趣相同的人們推動，他們提供各種各樣的服務和發揮人道主義作用，向政府反映公民關心的問題、監督政策和鼓勵在社區水平上的政治參與。它們提供分析和專門知識，充當早期預警機制，幫助監督和執行國際協議。有些非政府組織是圍繞諸如人權、環境或健康等具體問題。」從聯合國的定義可看出，具明確指出非政府組織的性質為「非營利性」的，也就是將營利性的跨國企業給區隔開來，因此，可將非政府組織稱為非營利組織（Non-Profit Organization, NPO）。學者Peter Drucker更稱其為獨立於政府、企

業之外的第三部門組織（third-sector associations）。例如，無國界醫生組織（Doctors Without Borders, Medecins Sans Frontiers, MSF），負責處理醫療衛生之問題；國際紅十字協會（International Committee of The Red Cross, ICRC），負責實施人道主義的救援。

　　現列舉較常見的國際非政府組織，並列舉其成立的時間、總部地點及成立之目的等項目，詳如表15-4。

表15-4　常見的國際非政府組織

	無國界醫生組織	國際紅十字會	國際勞工組織	國際特赦組織	透明國際
成立時間	1971年	1863年	1919年	1961年	1993年
總部地點	瑞士：日內瓦	瑞士：日內瓦	瑞士：日內瓦	英國：倫敦	德國：柏林
成立目的	不分種族、國家與宗教背景，義務協助在戰火和自然災害中受傷的人們得到醫治。	人道使命是保護戰爭和國內暴力事件受難者的生命與尊嚴，並向他們提供援助。該組織還指導和協調國際援助工作，以及推廣和鞏固人道法和普遍人道原則的工作。七項原則包括：人道、公正、中立、獨立、志願服務、統一和普遍。	尋求強化勞工權利，改善工作與生活狀況，製造就業，提供資訊與培訓機會。國際勞工組織的項目包括：職業安全與健康危害警示系統，勞動標準與人權項目。	廢除死刑；停止未經合法程序的刑罰與處決；維護囚犯權利；保證所有政治犯獲得即時及公平的審判；為社會上邊緣群體爭取經濟、社會和文化上的權利；保護人權捍衛者；停止在任何武裝衝突中的非法殺害；維護難民、移民與尋求庇護者的人權。	反對貪污腐敗的國際非政府組織。從1995年起制定公布清廉指數，以監督國家間的清廉、貪腐情形。

二、國際組織的功能

如果說國際政府組織是搭起國與國間合作的溝通橋梁，那麼，國際非政府組織便是負起溝通、協調民間與政府之關係的媒介。非政府組織少了利益性與國家意識型態的考量，因此，其作為大都以服務全球人類、萬物與環境為目的。而且非政府組織涵蓋的範圍極為廣泛，舉凡上天、下地皆能找到與其相對應的非政府組織。然而，少了國家機器的執行力與行政資源，非政府組織在某種程度上還是不及政府組織來得直接、快速。但不管如何，政府組織與非政府組織在國際組織上具有以下的目標：防止戰爭發生、緩和地區衝突、維護世界和平、實施人道救援、促進經濟發展、解決貧富差距、平衡南北發展、增進人權保障、解決環境問題等。

在國際組織的功能方面，學者Clive Archer（2001）認為，國際組織具有下列功能：

(一) 利益的連結與匯集

國際組織可以運用各種方式，如國際論壇，將成員彼此之間的利益連結與匯集在一起。

(二) 規範的功能

在許多國際組織的章程中，均包含了人類世界的共同價值。

(三) 社會化的功能

國際組織大多有其核心價值，經由這些核心價值，國際組織可以對成員產生一定的影響力，並進一步影響組織成員在國際上的行為。國際組織不會強迫成員去接受這種核心價值，但是這種情形通常不會發生。以國際法的角度來說，一個國家加入一個國際組織，即代表這個國家接受該組織的核心價值，並願意接受該組織的規範。

(四) 制定規則的功能

國際組織的規則來自於其會員的一致性（unanimous），或是接近一致性（near-unanimous）。以聯合國來說，聯合國大會的決議雖然不是國際法，但是由於大會決議幾乎是世界上所有國家共同通過的，國家在面對這些決議時，需要考量不遵守這些規範所導致的後果。

(五) 規則運作與審判的功能

由於國際組織不像政府一樣擁有中央機構，除了少數具有強制性的規則外，國家大多選擇性的接受國際組織所通過的規則。

(六) 資訊傳播與其他的功能

國際組織，特別是部分NGOs 在專門性上遠超過IGOs，配合科技的進步，使得這些組織可以運用媒體與網路等媒介，將組織的訊息傳播到世界各地，在金融與人道救援項目上。NGOs 也扮演積極的角色（李鐵沂，2006）。

世界公民意識的倡議與發揚

全球化帶領人類走向新的里程碑，不僅是經濟貿易的成長、消費文化的普及、科技技術的增進、國際關係的合作等等，在人類歷史上代表著明顯的分水嶺。於此之前，人類雖偶有零星的往來，但在國家疆界的區隔下，民族間的政治、文化、經濟等方面仍是具有代表性。然而，在全球化與網際網路的發展下，國家疆界的界線被突破了，國際間的密切往來將全球每一分子緊密地牽連在一塊兒，我們關心的不再是民族國家如何，而是關心全球萬物如何，我們從國家的認同轉而認同全球的共同體。我們體認到全球化不該只是一味地追求經濟成長，經濟數字成長的背後竟是對環境的大肆破壞。在國際組織的努力下，我們了解現今的環境議題已不再是單

一國家的責任、單一國家所須面對、單一國家所能解決的，它所影響的範圍是跨國家、跨區域且是全球性的。在有了「只有一個地球」的觀念後，全球「公民意識」的倡議與宣揚將是確保地球永續發展的重要課題。

全球公民意識是指一種共同的認同歸屬感，是一種建立在「我輩」（We group）或「我族情感」（We-feeling）基礎上的認同感，理解自己是全球人類的一分子，公民身分跨越了民族愛國主義的情操，超越了國界的藩籬；全球公民意識是一種聲音與意念的傳達，對公共議題積極的參與討論，並且自覺身為全球的一分子，有責任、義務去減輕分擔世界上所遭遇到的困難。而全民公民意識的培養，有賴於全球公民社會概念的蒙發。

什麼是全球公民社會呢？英國政治學家John Keane（2003）歸納了五個特徵：第一，全球公民社會指涉的是「非政府」的結構與行動。第二，全球化社會不僅是一個非政府的現象，還是一種社會的形式，全球化社會是一個緊密連接的社會過程（social processes）動態整體。第三，全球公民社會強調尊重他人，表現出有禮貌且接受陌生人的文明性（civility）。第四，全球公民社會包含了明顯特徵的多元主義（pluralism）與強大的潛在衝突可能性。第五，全球公民社會最明顯且最關鍵的就是「全球的」（global），意指政治上的框架與社會關係的限制，延展跨越了國家邊界與其他的政府形式。

除了上述五大特徵外，J. Keane還特別強調：全球公民社會還應該被理解為一個「規範性的理念」（normative ideal），其中的成員就像在行使自己的「公民權」一樣，以積極的公民行動參與各種結社組織，關心公共政策，並以和平、非暴力的方式進行「自治」。但所串連的範圍更擴及到國界之外，也更明白現代風險對於人類的共同威脅（如全球暖化、流行病毒和環境污染等等），從而願意承擔起「長距離的責任」（long-distance responsibility）（顧忠華，2007）。

另外，全球性的公共意志是公民意識不可或缺的重要條件。全球性公共意志的形成可為全球行動提供一種原動力，因為共同意志導致共同的行動，在文化條件的整合下，全體文化體系內的每一個行為體所受的文化影響和限制接近，國際社會就較易集中各行為體的意志而形成公共的行為意

志，以便就危害或促進國際共同安全、利益和事業的事態採取一致行動。因此，一旦公共意志形成了一股國際思潮，而此思潮的價值、意義超越了國界、疆界，變成全球文化的一環，則此思潮就提升為全球公民所信仰的普世價值，公民意識因此形成。而一旦公民意識形成確立，將對世界的和平與安全、環境的永續發展，帶來正面且積極的影響。

　　如今，我們意識到人類僅是生存於地球上的一個物種，並不能主宰這星球上所有萬物的生殺大權。我們恣意且無節制地使用自然資源，帶來了更多的環境問題，而這些問題正透過各種形式的力量進行反撲，也讓我們深刻了解到，解決問題不單只是企業、國家機器的責任，身為全球公民的我們也必須為地球之永續發展盡一分心力。此外，我們知道並非所有的人類都過著類似的生活，有著相同的文化與價值觀，全球化帶來了多層面的趨同性，卻讓我們反思意識到各種問題，例如，貧富差距、人權議題、文化衝擊等。作為全球公民的我們有一道義責任，我們不該只是自掃門前雪，而是該去伸手援助我們的鄰國鄰居，讓皆為全球公民的彼此，享有類似同等的生活品質與條件。

　　普世價值觀與積極的態度是「全球教育」的重要目標，公民意識的培養與倡導有賴於學校教育的灌輸與公共領域生活的薰陶，人們充分認知自己是全球社會的一員，理解彼此的行為、行動會互相影響並牽引著環境變化，擁有一種尊重萬物多樣差異性的態度，知道我們並不是孤立生存於個別社會裡，在地球的任何一端，我們都是緊密地互相關聯在一塊兒，體認到資源不可能無限量地被人們不斷利用，而且地球也就只有那麼一個，為了讓地球能永續發展下去，身為地球公民的我們必須有這樣的意識：為了下一代生存的權利，我們必須挺身保護這個遭到人類大肆破壞的環境，讓萬物皆擁有生存於這個星球的權利！為了人道援助的道義責任，我們應當積極的幫助任何需要幫助的人，無論他的國籍為何，因為在地球村的概念裡，我們同是這村裡的一分子！唯有讓生於地球村裡的每一位公民皆能培養全球公民意識、落實全球公民社會、形成全球性公共意志與實施全球教育，並以行動去面對全球化發展後所出現的各種問題，才能讓地球永續發展下去。

陸 結語：共同體的建立與未來

今天，全球化的影響已深植在世界上的每一個角落，全球化讓世界的聯繫更加頻繁，讓彼此的依賴更加提高，整個地球像是生活在同一體系內，個人與社會、國家、全世界交織成複雜的關係網絡，宛如地球村一般。

通訊技術的進步、資本主義的擴張，是促成全球化發展的重要元素。國際區域組織因經濟性、防衛性、安全性或是綜合性等原由而出現，讓世界各國更緊密在一起；通訊技術的進步，讓信息的傳遞不再是昂貴、緩慢且遙不可及；電腦的發明與網際網路的普及化，推動了知識的普及與擴大了人們的視角；跨國企業為了以最小的成本獲取最大的利益，到處在新興國家開闢市場，他們帶進了資金、技術與先進產品，讓依賴國家得以參與全球化的發展進程；便捷的民航網絡與貨櫃運輸，縮短了時間與空間的距離，大幅降低運輸成本，讓產品得以運送到世界各地，增進國際貿易。上述的種種原因，都是推動全球化發展不可或缺的要素。

全球化帶來了多面性的影響，在經濟上，我們看到了國際間的貿易往來熱絡，跨國生產帶來了價格低廉的商品，市場主義下的國際金融與貿易，讓各國經濟相互依賴的程度不斷增加；在政治上，我們看到了民族國家正一步步失去它的權威性，國家疆界的藩籬變得愈來愈模糊，國家機器的政治主權慢慢衰落，取而代之的是新秩序的全球性主權概念；在文化上，因為資本主義、工業生產入侵各個社會，主要是學習歐美先進國家的技術與觀念，某種程度而言，歐化與美國化成為開發中國家競相模仿的對象，文化的趨同性是全球化下的產物，不過在在地化（localization）的反驅下，也看到了文化雜化（Culture hybridity）的現象。

然而，我們也從全球化中觀察到了許多問題。社會學家U. Beck認為，這是全球化下所產生的風險社會。如前所言，我們看到了經濟層面上朝向市場自由化，各國的金融、投資、貿易讓彼此的依賴關係更為密切；但一個國家或是一個區域的金融危機所引發的問題卻是擴及全球性的，影

響非常深遠。另一方面，在資本主義與跨國企業的風潮下，加速了世界貧富差距與南北問題。在政治層面上，經濟市場化與自由化的結果，讓民族國家逐漸失去其角色的權威性，而且國家疆界界線逐漸模糊；然而一旦發生重大金融或社會等問題時，卻要國家機器承擔所有的風險。在文化層面上，趨同一致性使得先進國家以文化霸權的方式強行殖入其他社會中，我們看到既得利益者不僅將普世價值的主流文化傳進開發中國家，連帶的次級文化與虛假意識也一併傳入，各社會的固有文化及傳統民俗將面臨重大的考驗。在社會層面上，跨國犯罪與恐怖組織的犯罪行為層出不窮，全球化不僅提供世人便利性，也讓犯罪者有了有利的犯罪環境；商人的剝削壓榨、極端的種族、宗教意識型態的差異，是恐怖組織為了達成政治性目的的動因；電子病毒與致命性病毒，因為工作型態與交通工具的改變而提升其威脅程度。在環境層面上，為了追求經濟成長而大幅破壞環境已是不爭的事實，而現在地球正在對人類進行反撲，使得我們必須正視全球化下所帶來的環境問題。在這些種種議題下，我們聽到了另一派的聲音，「反全球化」者站在弱勢的立場，企圖阻止全球化的全面影響性。但換個角度想，反全球化也是全球化下的產物，說穿了也是另一種形式上的「全球化」，只是意識型態相悖罷了！

　　既然了解全球化發展帶來了這麼多的衝突與問題，人們終於決定要開始解決這些問題了。我們知道全球化下的事務是跨國家、跨區域且是全球性的，民族國家在政治上的功能性雖然式微，但在解決全球性問題的前提下，它有了新賦予的意義。國際組織的出現是全球化下的產物，是為了解決全球性的事務，它的存在是國家之間溝通的橋梁。在國際政府組織中，其成員是各個擁有主權的民族國家，為了防衛、安全、合作與綜合性目的所連結在一起的組織；而國際組織中還出現了另一股勢力：國際非政府組織，其成員不再是主權國家，它是由民間力量為了某種特定目的所集結的非營利組織，其目標是改善人類、萬物或環境的一切事務，其存在有助於全球公民社會的建立。在這些國際組織的努力奔走下，我們看到全球化下的問題有了解決的契機，生態環境在多方鼓吹宣導下，人類理解到問題的嚴重性，而有了永續發展的概念。

現在，在國際非政府組織、大眾傳媒及專家學者的努力下，我們意識到全球化不該只是經濟利益的追求，全球化不該是無止盡的消耗地球自然資源，既然自己是地球的一分子，就該有生命共同體之歸屬感，就該以發聲、行動去保護環境，去幫助鄰國，去分擔世界上所遭遇到的困難。我們應該宣揚及倡導公民意識，公民意識需要學校、家庭等社會化機制的幫忙，全球教育的灌輸與公民道德的實踐，將有助於公民意識的培養。我們理解到全球化後的彼此是相互影響的，唯有彼此尊重文化上的差異，共同分擔全球化後所帶來的問題，才是永續發展的最佳途徑。

未來，全球化究竟會如何發展？姑且不提「超全球主義論」、「懷疑論」與「轉型主義論」這三種觀點的喋喋不休，可以預見的是，全球環境會交織得更加緊密，生於斯的人類會更加地依賴彼此，不論是人類、自然生物與環境都是緊緊地相關聯著。經濟上會更加地自由化，但開始注意到開發中國家的利益，資本主義者了解到貧富、南北對立的問題將會造成更大的社會衝突，出於人道救援與關懷的資本家有愈來愈多的趨勢，真正做到落實公民意識與公民社會的互助精神。所以在政治上，自然出現一股「全球治理」的風潮，其支撐的理由乃是國際社會上的事務性質皆為全球性，國家疆界也日益模糊，因此，希望有一涵蓋全球地方的領導政府出現，世界由此政府管理統治，以解決全球性的各種事務。抑或是在政府間組織和國際間非政府組織形成一個交往網絡，這些行為體（actors）不同於民族國家，因為它們都是自願存在的，既沒有武裝，也不是某個特定國家為了擴張自己的權力和利益而設立的代理人，我們可以稱之為「全球共同體」（Global Community），它是建立在社會內聚性與共同價值觀的基礎上而組織起來的群體；參與者通常具有共同的成員身分與情感紐帶；成員在共同體內可以實現自己的需要，並透過發揮自己的影響以獲得自我實現，亦即具有強烈的共同體意識（sense of community）。

換言之，全球共同體是所有人類活動的舞臺，而不論他們的國家身分、法律地位和經濟狀況如何。雖然構成共同體的一些要素，包括共同的身分、特徵、文化仍然薄弱，更不能完全取代主權國家構成的國際社會與國際體系。但是為了人類的未來，我們仍應心存樂觀期待，只要國際組

織的持續努力，包括學者發明的「全球性話語」（global discourse），如
「全球化」、「地球村」、「世界公民」、「生態環境」、「共同體」，
正在培育和傳播超越國家界線的人類共同關切與全球意識，幫助人類想像
和建構一個不斷擴大的全球共同體。

參考書目

中文部分

王啟文（2010）。國際建制與霸權體系的維繫：以產品生命週期理論分析。《亞
　　太研究通訊》。第八期，頁140。臺北：中央研究院亞太區域研究專題中
　　心。

沈宗瑞、高少凡、許湘濤、陳淑鈴譯（2001）。《全球化大轉變：全球化對政
　　治、經濟與文化的衝擊》。D. Held, A. McGrew, D. Goldblatt, & J. Perraton
　　著。臺北：韋伯。（原出版年：1999）

李智（2003）。《全球化時代的國際思潮》。北京：新華出版社。

李鍇沂（2006）。《非政府國際組織在全球環境議題所扮演之角色》。中國文化
　　大學政治學研究所碩士論文。臺北：未出版。

俞正樑等（2000）。《全球化時代的國際關係》。上海：復旦大學出版社。

侯東成（2007）。全球化定義。侯東成教師教學網站，2010年8月4日讀取自網
　　址：http://staffweb.ncnu.edu.tw/hdcheng/myclass/GlobeLectures/01全球化定
　　義.ppt

高峽等譯（2008）。美國國家社會科課程標準：卓越的期望。北京：教育科學出
　　版社。

張時智，葛幼松（2009）。區域整合研究綜述。2010年10月31日讀取自網址：
　　http://218.85.72.113:81/modules/showContent.aspx?title=&Word=&DocGUID=9
　　a5a5ae43ece421b8a085454e025b9c5

楊雪冬（2003）。《全球化》。臺北：揚智文化。

趙旭東、齊心、王兵、馬戎、閻書昌等譯（2003）。Anthony Giddens著，《社會學》（第四版）。北京：北京大學出版社。（原出版年：2001）

劉富本（2003）。《國際關係》（第五版）。臺北：五南圖書出版，頁14-31。

聯合國（未載明日期）。聯合國新聞部——非政府組織。2010年8月4日讀取自網址：http://www.un.org/chinese/aboutun/ngo/qanda.html

顧忠華（2001）。21世紀非營利與非政府組織的全球化。收錄於吳英明、林德昌（主編），《非政府組織》（頁12-23）。臺北：高鼎文化出版社。

顧忠華（2007）。公民社會的全球變奏。《臺灣民主季刊》，第2卷第4期，頁184-187。

嚴朝寶（2008）。國小社會學習領域教科書「全球關聯」知識內涵之分析。《教育研究月刊》，第170期，頁44～58。

英文部分

Keane, J. (2003). *Global civil society*? Cambridge: Cambridge University Press. pp. 8-17.

Marx, K. and Engels, F. (1848). *The Communist Manifesto* (S. Moore, Trans.). London: Junius Publications. (Original Work published 1848).

Waters, M. (2001). *Globalization* (2nd ed.). New York: Routledge. p.22.

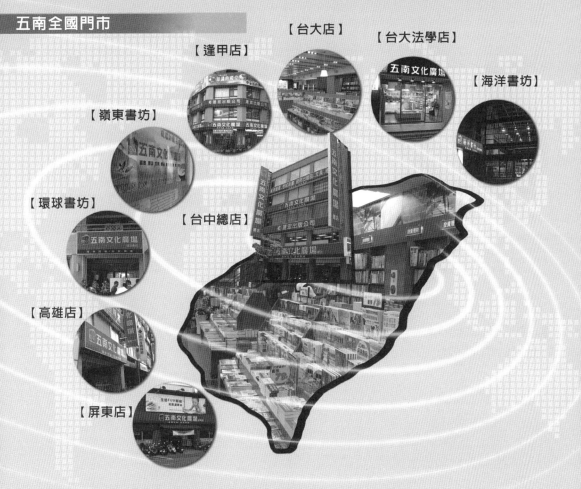

國家圖書館出版品預行編目資料

社會學習領域概論／李麗日主編. -- 初版.
-- 臺北市：五南圖書出版股份有限公司，
2012.01
　面；　公分
　ISBN 978-957-11-6538-7（平裝）

1.社會科教學 2.教學方案 3.九年一貫課程

523.35　　　　　　　　　　100027504

1IVU

社會學習領域概論

主　　　編 ― 李麗日（95.5）

作　　者 ― 陳新轉　張峻嘉　楊　翎　葉憲峻　許世融

　　　　　　江秀鈴　卓金璉　李麗日　陳斐虹　陳德鴻

　　　　　　陳昺麟　侯念祖　李裕民　鄧毓浩　賴志松

　　　　　　任慶儀　賴苑玲　梁炳琨　張雪君　陳世金

發 行 人 ― 楊榮川

總 經 理 ― 楊士清

總 編 輯 ― 楊秀麗

副總編輯 ― 黃文瓊

封面設計 ― 童安安

出 版 者 ― 五南圖書出版股份有限公司

地　　址：106台北市大安區和平東路二段339號4樓

電　　話：(02)2705-5066　　傳　　真：(02)2706-6100

網　　址：https://www.wunan.com.tw

電子郵件：wunan@wunan.com.tw

劃撥帳號：01068953

戶　　名：五南圖書出版股份有限公司

法律顧問　林勝安律師

出版日期　2012年1月初版一刷
　　　　　2023年10月初版四刷

定　　價　新臺幣550元

經典永恆・名著常在

五十週年的獻禮——經典名著文庫

五南，五十年了，半個世紀，人生旅程的一大半，走過來了。

思索著，邁向百年的未來歷程，能為知識界、文化學術界作些什麼？

在速食文化的生態下，有什麼值得讓人雋永品味的？

歷代經典・當今名著，經過時間的洗禮，千錘百鍊，流傳至今，光芒耀人；

不僅使我們能領悟前人的智慧，同時也增深加廣我們思考的深度與視野。

我們決心投入巨資，有計畫的系統梳選，成立「經典名著文庫」，

希望收入古今中外思想性的、充滿睿智與獨見的經典、名著。

這是一項理想性的、永續性的巨大出版工程。

不在意讀者的眾寡，只考慮它的學術價值，力求完整展現先哲思想的軌跡；

為知識界開啟一片智慧之窗，營造一座百花綻放的世界文明公園，

任君遨遊、取菁吸蜜、嘉惠學子！